企业品牌保护

主编 陈 远 史 源
副主编 卢 玮 张国华

浙江工商大学 出版社
ZHEJIANG GONGSHANG UNIVERSITY PRESS
·杭州·

图书在版编目(CIP)数据

　　企业品牌保护 / 陈远，史源主编 . — 杭州 ：浙江
工商大学出版社，2023.1（2024.4 重印）
　　ISBN 978-7-5178-5321-3

　　I. ①企… II. ①陈… ②史… III. ①品牌 – 企业管
理 IV. ① F273.2

　　中国版本图书馆 CIP 数据核字 (2022) 第 247460 号

企业品牌保护
QIYE PINPAI BAOHU

陈　远　史　源　主　编
卢　玮　张国华 副主编

责任编辑	徐　凌
责任校对	林莉燕　韩新严
封面设计	云水文化
责任印制	包建辉
出版发行	浙江工商大学出版社
	（杭州市教工路 198 号　邮政编码 310012）
	（E-mail：zjgsupress@163.com）
	（网址：http://www.zjgsupress.com）
	电话：0571-88904980，88831806（传真）
排　　版	杭州舒卷文化创意有限公司
印　　刷	杭州钱江彩色印务有限公司
开　　本	710 mm × 1000 mm　1/16
印　　张	16.25
字　　数	241 千
版印次	2023 年 1 月第 1 版　2024 年 4 月第 2 次印刷
书　　号	ISBN 978-7-5178-5321-3
定　　价	58.00 元

本书编委会

主　编　陈　远　史　源
副主编　卢　玮　张国华
编　委（按姓氏拼音排序）

陈　炬　　陈　琳　　陈双红　　陈　伟　　陈小涛　　褚皇琴
段亚芳　　范　振　　冯　欣　　符运友　　顾莉莉　　洪玉兵
胡佳秀　　金琪琪　　金　英　　雷　蕾　　李　纬　　刘汉新
刘金明　　刘心虎　　刘亚平　　刘　怿　　倪海燕　　盛　莉
孙　坤　　孙丽茹　　田益民　　唐齐智　　唐志高　　王蓓菁
王宇锋　　吴　磊　　吴江峰　　吴谨言　　吴孟江　　吴天野
熊　静　　杨　清　　张　玲　　赵阿静　　周倩文　　周　洋
紫　苏

前　言

Preface

　　品牌是什么？品牌的定义随着历史的发展经历了七个阶段。从最初看，品牌即烙印。品牌的英文"brand"在英文中就是"烙印"的意思。这个定义是出自个人或某个产品所有者内部的一个自然的想法。品牌在最初并不是为了买卖或交换，而是为了区分。随着时代的发展，品牌由内部思维向外部差异转化，从内部的烙印、质量等定义内涵逐渐向外部的知名度、独特卖点、品牌形象转变，最终发展为现今品牌即品类的定义内涵。

　　市场竞争作为推动着品牌概念不断进化的决定性因素，始终发挥着至关重要的作用。在不同的时代，不同的市场需求推动着市场经营者不断进化品牌，以期获得最大的利润。质量是品牌的基础，知名度是品牌的前提，差异化是品牌的基因。一个品牌从诞生到深入人心，需投入大量的时间、精力与金钱。相对于独创一个自己的品牌，搭上已有品牌的"便车"，便成了更多人发家致富的捷径。随着电子商务在国内市场的爆发式的增长，各类新媒体平台的出现，以及近几年受新冠疫情的影响，大量假冒伪劣产品从线下转到线上，更低的制假售假成本让企业品牌保护面临更大的挑战。当前，淘宝、京东、拼多多、微商朋友圈、微店、抖音、快手、闲鱼等电商平台上的乱价、冒货、假货、窜货、渠道违规问题此起彼伏，严重影响了品牌方的利益和市场稳定。品牌方根据市场现状进行自我保护、让自身品牌更加深入人心、获得稳定良性的可持续发展，已成为当务之急。

企业构建完善的品牌管理制度，对企业品牌进行行之有效的保护，核心是从企业效益本身出发。从企业长远规划和发展考虑，一套行之有效的企业品牌保护制度不仅可以避免违规带来的经济损失，也为企业可持续发展奠定了重要的制度基础。我们在为品牌提供服务的同时，也对现有品牌侵害乱象及对应的合规问题进行了梳理，希望本书能够为树立与保护企业品牌、促使企业品牌稳健发展提供有益的参考。

杭州务新网络科技有限公司　陈远

2022年12月6日于杭州

目　录

Contents

第一章

品牌与品牌保护

第一节　品牌、品牌保护的含义

一、品牌

（一）品牌的概述

1.品牌的含义

品牌一词来源于英语单词"brand"，意思是"打上烙印"，在中世纪指马、牛、羊等身上打的烙印。手工业者在自己制作的产品上打上标志，目的是区分商品的来源。在现代商品经济社会，品牌的内涵越来越丰富，根据侧重点不同，主要分为以下三种类型：

（1）品牌符号论

美国市场营销协会（American Marketing Association，AMA）和全球营销学之父菲利普·科特勒（Philip Kotler）认为，品牌是一种名称、名词、标记、符号、设计，或是它们的组合运用，主要目的是用来辨认产品或劳务的销售者，并与竞争者的产品或劳务相区别。品牌元素具体分为两个部分：一是"品名"，即品牌名称，是品牌中可以用语言称呼的部分，如"娃哈哈""华为"等；二是"品标"，即品牌标志，是品牌中可以被认知、易于记忆但不能用言语称呼的部分，"品标"基本由符号、图案和专门设计的颜色或字体等构成，如娃哈哈的品标、华为的品标等。这类定义将品牌看作一种标榜个性、具有区别功能的特殊符号，它以最直观、最外在的表象来指代商品。

（2）品牌形象论

品牌形象论认为品牌是一种错综复杂的象征，它既是品牌属性、名称、包装、价格、历史、声誉、广告风格的无形组合，也是消费者对品牌商品使用过程的体验和印象。此观念由大卫·奥格威（David Ogilvy）在20世纪60年代中期提出。

在广告创意策略理论中，品牌形象论是一个重要流派。品牌形象论认为，品牌形象是消费者联系产品的质量、价格、历史等形成的对品牌的整体认知，而非品牌所固有的，并且认为所有广告都应是对整个品牌的长期投资。通过各种不同的推广技术（尤其是广告），品牌形象被传达给顾客及潜在顾客。

大卫·奥格威认为，由于产品竞争的加剧，仅仅从产品的物理层面去寻求独特因素已经不足以为品牌建立起一个新形象。因此，他提出的品牌形象理论主要包括以下四个核心要素：

第一，品牌形象应具有个性特征。产品的个性由其名称、包装、价格、广告风格等许多因素混合而成，因此每一次广告活动都应该对产品的形象有利且需要保持相同的形象风格。

第二，广告活动是对品牌的长期投资。广告需要维护好品牌形象，有时其至应该牺牲短期利益来获取品牌的长远利益。

第三，传播品牌形象比单纯强调产品功能特征重要很多。随着同类产品差异性的不断缩小，品牌之间的产品品质的同质性不断增强，选择品牌时消费者所运用的理性也逐渐减少。因此，比起单纯强调产品的具体功能特征，在广告活动中塑造和传播品牌形象要重要得多。

第四，塑造品牌形象可以满足消费者的心理需求。奥格威认为，消费者在购买产品时不光追求实际利益，还追求心理利益。所以想要广告活动获得成功，运用广告创意的品牌形象来满足其心理需求是十分重要的。[①]

（3）品牌资产论

20世纪80年代以来，随着品牌并购案的不断增加，企业越来越重视品牌的市值与增值，由此引发了研究品牌资产理论的热潮。著名品牌理论专家大卫·艾克（David A. Aaker）从消费者角度认识和研究品牌价值，认为

①《浅析大卫·奥格威的品牌形象理论》，优歌品牌设计网，http://www.yogosj.com/wap/yxcl_382.html.

品牌的意义与价值是消费者在头脑中按照一定目的进行的一系列联想。[①]如果将产品和消费者各比作一个圆圈，品牌就是两个圆圈交叉的部分。交叉的部分越大，就意味着消费者对品牌的认同度和忠诚度越高。

品牌资产与品牌、品牌名称和标志相联系，能够增加或减少企业所销售产品或服务的价值的一系列资产与负债。简单来说，品牌资产就是品牌的价值。消费者在心中赋予一个品牌超越其产品功能价值之外的形象价值，形成对产品或服务的主观认知并进行无形评估。品牌资产反映出的是消费者对某一品牌的偏爱、态度和忠诚程度。

品牌资产论阐述了企业品牌的价值性。经营者需要长期地维护品牌的价值，以赢得消费者的青睐，从而长久地拥有品牌价值并实现增加品牌资产价值的目标。从这个方面也能看出，品牌作为企业资产的一部分在企业经营中具有重要作用。品牌资产主要包括五个方面：品牌忠诚度、品牌认知度、品牌知名度、品牌联想、品牌其他资产（如商标、专利、渠道关系等）。这些资产通过多种渠道向消费者和企业提供价值。

如国际品牌咨询机构Interbrand公布的2021年全球最佳品牌排名中表现最好的100个品牌，苹果以品牌价值4082.51亿美元占据榜首，亚马逊以品牌价值2492.49亿美元排名第二，微软以品牌价值2101.91亿美元排名第三。前三大品牌占总榜价值的三分之一。其余排名进入前十的品牌有：谷歌、三星、可口可乐、丰田、梅赛德斯-奔驰、麦当劳和迪士尼。中国上榜的品牌仍然只有华为。[②]

上述三类观点，对"什么是品牌"这一问题的认知是一个不断深入和演进的过程。随着商品经济社会的进步、竞争的加剧，品牌的内涵正不断地丰富和发展。

2.品牌的特征

品牌特征就是品牌的特点、气质和内涵，是品牌的深层次表现。企业

[①]《从消费者的角度解读品牌及其现实意义》，搜狐网，2015年12月23日，https://www.sohu.com/a/50203154_117712.

[②]《2021年度全球最具价值100大品牌榜》，中国国际贸易促进委员会浙江省委员会，2021年11月1日，http://www.ccpitzj.gov.cn/art/2021/11/1/art_1229557691_21029.html.

产品及其品牌差异性越大，竞争力越强。品牌特征如下：

（1）品牌具有专有性。各个企业都拥有自己的品牌和产品，不同的品牌代表不同的产品或企业。通过法定程序认定后，品牌所有者享有品牌的专有权，有权要求其他企业或个人不得进行伪造和仿冒。这也是品牌的排他性。

（2）品牌是一种无形资产。品牌的价值需要借助物质载体来展现。直接载体主要表现为带有品牌特征的图形、标志、文字、视频等，间接载体是相应的产品质量、价格、服务、市场份额、知名度、美誉度等。企业可以借助品牌优势，扩张市场，获取利益，增加无形资产，并且可以将品牌作为商品在市场上进行交易，它是公司财务价值的重要组成部分。

（3）品牌具有表象性。正如前面所说品牌是无形的，需要通过一系列的物质载体来表现，使其有形化，一旦脱离了其物质载体，品牌价值就无法实现，也不可能实现品牌的整体效应，如麦当劳的黄色"M"图案、肯德基的"老爷爷"等。

（4）品牌是一种承诺和保证。品牌是企业产品质量的绩效体现，是企业品牌管理过程中慢慢建立起来的一种对市场的无声承诺和保证。

（5）品牌具有扩张性。品牌可以代表一种产品或一个企业，具有强有力的识别功能。充分挖掘其市场开发能力，在市场竞争中占据优势地位，可以争取品牌的超额利润。

（6）品牌转化具有一定的风险及不确定性。品牌创建后，由于市场环境、消费者需求等因素的改变，品牌资本可能会不断增加，也可能会逐渐减少，甚至被市场淘汰。所以品牌的成长存在一定的风险，对其价值评估也很难。品牌的风险可能来自多方面，比如产品质量下降、品牌运营差、服务满意度低、品牌资本盲目扩张等。因此在快速变化的市场环境中，企业需要加强对品牌的管理和保护，尽力避免品牌资产流失，促使品牌更好地发展。[①]

（二）名牌

1.名牌的含义

名牌是企业在一定时期和一定范围内创造的，经权威机构公正评估、

[①]侯天航：《中国企业该如何做好品牌保护》，吉林大学2007年硕士学位论文。

消费者认定，商品具有高质量、高知名度、高美誉度、高市场占有率和高附加值的品牌。

其中，"长期具有高市场占有率"是成为名牌的充分必要条件。原因有二：首先，名牌都是具有高市场占有率的，如海尔、华为、奔驰、可口可乐等，它们的主产品都具有较高的市场占有率；其次，长时间具有高市场占有率则意味着有许多消费者反复购买和使用该品牌，也意味着消费者对品牌是忠诚的。

所以名牌是在某产品类别中长期具有较高市场占有率的品牌。这里需要解释两点：一是因某种原因暂时获得高市场占有率的品牌不能算是名牌，因为它很快又会变成微不足道的品牌，甚至消失，如"秦池古酒"。只有那些能够长期立足于市场的品牌，才可能成为名牌。二是在"市场占有率"一词中，"占有率"是相对"市场"而言的。市场有大有小，有地区的、全国的、全球的，所以名牌也有地区的、全国的、全球的。某个地区的名牌，不一定是全国的名牌；同样，国家级名牌，不一定是国际名牌。

2.名牌的两个本质属性

一个是技术属性，如功能独到、设计精湛、质量超群、使用方便、包装考究等。名牌产品可以尽可能地满足人们的物质需求。

另一个是社会属性，它表明以下五种社会关系：

（1）企业与顾客之间高度的信任关系；

（2）生产商与经销商之间互利互惠的关系；

（3）与对手之间的竞争关系；

（4）在企业扩张过程中与银行之间的信誉关系；

（5）在生产、营销和传播过程中企业对社会的奉献关系。

3.企业创建名牌的实质

创建名牌的实质是建造消费者记忆中关于品牌的知识，具体地说就是建立品牌名字与产品类别、产品评价和其他独特概念的联想。

营销界流传着一句名言："如果可口可乐公司在天灾中损失了所有的与产品有关的资产，公司将毫不费力地筹集到足够的资金来重建工厂。"可口可乐这一品牌的价值来自消费者记忆中关于可口可乐的一切，正是消费者对可口可乐已有的认识，才使得可口可乐成为世界上最著名的品牌之一。可见，创建名牌实质上也就是在消费者的记忆中建造有关品牌的一切。

4.中国名牌评价机构

中国名牌的评价机构是中国名牌战略推进委员会（简称"名推委"），由国家质检总局监督和管理。"名推委"是非常设机构，由中国工业经济联合会负责其日常工作。

根据《中国名牌产品管理办法》的规定，中国名牌应具备的条件是：

（1）符合国家有关法律法规和产业政策的规定；

（2）实物质量在同类产品中处于国内领先地位，并达到国际先进水平，市场占有率、出口创汇率、品牌知名度居国内同类产品前列；

（3）年销售额、实现利税、工业成本费用利润率、总资产贡献率居本行业前列；

（4）企业具有先进可靠的生产技术条件和技术装备，技术创新、产品开发能力居行业前列；

（5）产品按照采用国际标准或国外先进标准的标准组织生产；

（6）企业具有完善的计量检测体系和计量保证能力；

（7）质量管理体系健全并有效运行，未出现重大质量责任事故；

（8）企业具有完善的售后服务体系，顾客满意程度高。

（三）商标

1.商标含义

商标是指将某商品或服务标明是某特定个人或企业所生产或提供的显著标识，该标识可以是文字、图形、字母、数字、三维标志、颜色组合和声音等，以及上述要素的组合。商标分为未注册商标与注册商标两种类型，但后者受法律保护的程度比前者大得多。

2.注册商标标记

按照《商标法实施条例》第六十三条的规定，使用注册商标，可以在商品、商品包装、说明书或者其他附着物上标明"注册商标"字样或者注册标记。注册标记包括注和®。使用注册标记，应当标注在商标的右上角或者右下角。

3.商标的有效期

根据《商标法》第三十九条，注册商标的有效期为十年，自核准之日起计算。与专利的有效期不同的是，商标有效期可以续展，且续展次数不限。商标有效期期满之前十二个月，商标权人可以缴纳续展费用申请续展；在此期间未能办理的，可以给予六个月的宽展期。每次续展有效期仍为十年。

4.商标的地域

与专利一样，商标也具有严格的地域性，只有在一个国家或地区申请注册并获得批准的商标在该国或地区才会得到其法律保护。

5.商标的作用

（1）受到法律保护，利于企业打造属于自己的品牌。企业品牌如果不正常注册的话就会处于无权利保障状态，随时可能会因为与他人相同或近似的核准注册而被禁止使用；如果注册了就会获得商标的专用权和法律的保护，任何人都不得侵犯；在他人未经授权就使用的情况下，企业可以拿起法律武器来维权，保护自己的利益不受到损害。成功注册商标就是创建企业自己品牌的第一步，能为品牌发展打好基础。

（2）进行广告宣传，提高竞争力，利于提升企业的形象。商标体现了产品或服务的质量，是企业信誉的载体和质量的象征，具有一定的经济价值与广告宣传功能。知名度高的商标能提高企业的市场竞争力，提升其在消费者心中的市场地位和社会形象。

（3）商标可以变现。商标虽然是一种无形资产，但还是可以对其商标的价值进行有形估量的，在不用的情况下可以通过商标转让或许可他人使用等行为兑换成有形资产，也可以通过质押来转换实现其价值。

商标在企业发展的过程中具有极其重要的作用。市场未动，商标先行，企业必须要有属于自己的品牌，并注册成商标，才能使企业的品牌利益不会受到损害。

6.商标与品牌的主要区别

（1）内涵不同：商标（Trademark，简称TM）是品牌的一部分，企业可以将品牌的名称、标志或它们的组合注册为商标，它是一个专门的国家法律术语。品牌（Brand）包括品牌名称、品牌标志、商标和品牌角色，是一个集合概念，它更多是一个商业名词。

（2）主体不同：商标掌握在企业的手上，商标所有权属于企业；而品牌更多存在于客户的心中，在消费者的头脑里。

（3）法律保护不同：商标受法律保护，但未注册获得商标权的品牌不在法律保护范围内。

（4）数量不同：企业品牌可能只有少数几个，但商标可以选择注册一系列。如知名品牌"娃哈哈"不仅注册了"娃哈哈"，还同时注册了一系列相似或可能被竞争对手利用的防御性商标，如"哈娃娃""哈哈哈"等。

7.商标注册要注意的问题

（1）注册商标的途径有两种。一种是到国家商标局的商标注册大厅申请注册商标，另一种是委托商标代理组织代理服务。

（2）商标注册后连续三年不使用：《商标法》规定，注册商标无任何理由三年连续不使用的，任何单位或个人能够向商标局申请撤销该注册商标。

（3）商标注册申请冲突解决原则：《商标法》规定，遵循先申请原则，若同日申请则遵循先使用原则，同日申请无法确定先使用人时则采取协商解决原则。

（4）商标注册以后是不能自行修改的：商标注册后受到法律的保护，保护的是企业的商标权益，如果企业自行修改商标的字体或者样式等，日后受到侵权，不受法律保护。

（5）商标名称一定要先检索。商标注册申请遵循在先申请原则。谁先提交申请，谁就"捷足先登"。但是，在提交申请材料之前最重要的就是进行商标名的检索，确定没有相同或近似的商标已经率先进行了注册。而且，商标是否构成近似需要专业的人员进行判断。商标名称的检索可以说是商标申请的前提。

（6）在申请核心商标的同时注重关联商品或服务。在确定商标暂时还没有被他人注册时，企业首先需要对这些类别的申请进行注册，以确保商标能够在核心商品或服务类别上使用；同时，也要在相关商品或服务类别上，即在相关类别上进行注册。这一方面是因为在相关类别上的注册能够扩大商标权人原有的排他权，以防止核心商标受侵犯，避免攀附商誉、混淆市场等情况的发生；另一方面也可以为企业向其他相关领域拓展奠定基础。

（7）注意商标标识设计的著作权归属。通常来讲，一件独创的富有美感的商标标识，往往也能获得版权保护。在"艾杜莎"一案中，法院认为：判断引证商标标识是否具有美术作品的独创性，一方面应考虑该标识是否给公众带来了与以往作品不同的"视觉"感受，另一方面也应当考虑该标识所具有的智力创作程度是否达到《著作权法》所要求的基本高度。若满足了这两点，则商标标识也应当像作品一样，受到《著作权法》的保护。[①]

许多人错误地认为只要是企业内部职员所设计的商标，或者企业与商标的设计者签订了委托合同之后，他们所设计商标的版权便自然归属本企业。但实际上，我们需要用明确而有效的合同条款来规定商标的著作权归属。因此企业务必提前与商标设计者就商标的著作权归属达成一致，否则在商标发展扩大之后非常容易产生经营隐患。同时，要注意保留创作底稿、委托创作合同，并通过版权登记、时间戳或者电子邮件、邮局发信函等方式固定创作内容和创作时间，以明确著作权的成立时间、作者、权利人和作品内容。

（8）进行事后监测。企业在注册并成功取得了商标权之后仍然需要保持警惕，定期定时查阅商标公告，进行事后监测。原因有二：一是一旦发现有其他企业申请注册与本企业相同或类似的商标，要及时向相关单位说明情况，以避免本企业的商标权受到侵害；二是通过商标监测，能及时获得商标续展与权利状态信息，防止商标因过期未续展而被注销，或者未经商标权人同意冒名转让及许可行为的发生。

---

① 《注册商标的七条建议》，企红网，2020年9月5日，http://www.tmhong.com/main/article/2371.

（9）建立使用证据档案。商标使用证据档案是指商标宣传、广告及销售资料等企业在经营过程中使用商标所形成的档案。企业需要及时建立商标使用证据档案以备各种情况急用，这也有助于培育知名商标。

（四）驰名商标

1.驰名商标的含义及其认定原则

在中国，驰名商标是一个专有的法律概念，一般是指知名度、美誉度较高的商标。我国通常采取"个案认定、被动保护、按需认定"的总原则进行认定。"个案认定"即只有当驰名商标持有人认为其权利受到侵害并请求保护时，国家商标主管部门才考虑是否对其认定为驰名商标。"被动保护"是指驰名商标的认定是为了解决个案纠纷，主管部门并不主动对驰名商标进行认定，目的是防范、制止他人的侵权或不正当竞争行为。"按需认定"是指驰名商标的认定是基于权利人提出保护请求和相关案件处理的需要而进行的认定，不是一种行政审批或者荣誉评比。目前，对驰名商标的认定主要有两种方式：一是行政认定，二是司法认定。

如，2017年，清华大学诉佛山聚阳新能源有限公司侵害商标权纠纷案的主要争议在于"清华"商标是否可被认定为"驰名商标"及被告侵权行为的认定问题。在审理中，法院根据驰名商标的认定标准对"清华"商标进行认定，认为"清华"商标是中国境内社会公众广为知晓的商标，且清华大学也已提供了相关的证据，故对"清华"商标予以驰名商标的认定。

2.驰名商标认识误区

误区一：认为驰名商标是荣誉称号，认定工作是进行荣誉评比。驰名商标不是荣誉称号，是商标主管机关对公众熟知商标的保护职责，也是对商标权进行保护的国际规则之一。

误区二：驰名商标一经认定，终身有效。司法机关和行政机关对驰名商标的认定是动态的，认定结果仅对该案有效。

误区三：驰名商标可以进行广告宣传。我国法律规定，生产、经营者不得利用"驰名商标"字样进行广告宣传。

误区四：驰名商标是对产品质量的担保。"驰名商标"不等同于"质量保证"，驰名商标认定评价的是商标的知名度问题，产品质量监管不是商标及驰名商标法律制度的功能。产品质量可能会对商标声誉产生影响，但不是驰名商标认定需要考虑的关键要素。[①]

3.中国名牌与驰名商标的区别

（1）认定的主体不同。"中国名牌"的评价机构是中国名牌战略推进委员会，"驰名商标"的认定机构是商标主管机关或法院。

（2）认定的标准不同。"中国名牌"应具备的条件，根据《中国名牌产品管理办法》的规定，主要有：符合相关法律法规；实物质量在同类产品中处于国内领先地位；年销售额、实现利税等居本行业前列；企业生产技术条件、装备先进可靠，技术创新、产品开发能力居行业前列；产品生产符合国际标准或国外先进标准；企业的计量检测体系和计量保证能力完善；质量管理体系健全并有效运行，未出现重大质量责任事故；企业售后服务体系完善，顾客满意程度高。"驰名商标"的认定，根据《商标法》第十四条的规定，主要有：相关公众对该商标的知晓程度；该商标使用的持续时间；该商标的任何宣传工作的持续时间、程度和地理范围；该商标作为驰名商标受保护的记录；该商标驰名的其他因素。

（3）认定和保护政策不同。"中国名牌"是主动评价，成批保护。"驰名商标"是针对个案，被动认定。

二、品牌保护

（一）品牌保护的含义

品牌保护是企业品牌运营的一部分，品牌运营包括品牌创建、发展、保护等一系列使品牌增值的过程，主要活动是品牌定位、规划、管理和保护等。其中，定位、规划、管理是品牌创建的基础；保护是品牌发展的必要条件和关键，是品牌成功的安全网。

品牌保护的经典含义是指对品牌的所有人、合法使用人实行资格保护措施，以防范来自各方面的侵害和侵权行为。它出现在品牌运营的各阶

[①]《请正确认识驰名商标，这些误区要不得！》，搜狐网，2019年8月9日，https://www.sohu.com/a/332568976_120124416.

段，对品牌运营全过程的安全性进行保障。其实质是对品牌所包含的商标、专利、商业机密、域名等知识产权进行保护。

品牌创建之初，企业更注重法定权利的注册以及防止市场侵权与假冒行为的出现。随着市场竞争加剧，品牌竞争成为主旋律，企业产品在市场上是否畅销，主要看消费者是否对其品牌认同及产生联想效应。企业品牌不仅仅面临着法律意义上的攻击，更要应对市场攻击。如企业品牌形象老化、平庸化，随意进行品牌延伸等都有可能引起竞争对手的攻击，从而危害品牌的市场地位。

品牌保护的现代含义是指企业在经营活动过程中，所采取的一系列维护品牌市场竞争优势的措施。它不仅要保护品牌知识产权，更要用发展眼光，维持品牌良好形象，提高品牌可持续竞争力，促进品牌资产不断增值等。[1]

（二）品牌保护的分类

品牌保护一般分为经营保护、法律保护、社会保护等三类保护措施。品牌经营保护融品牌保护于企业经营之中，着重从经济管理的角度进行保护，具有全局性、经济性的特点；品牌法律保护着重从法律应用角度来保护品牌，具有权威性、强制性、外部性等特点；品牌社会保护着重从社会学的角度，通过政府、消费者、社会舆论监督等社会力量来保护品牌，具有参与主体丰富性的特点。

1.品牌的经营保护

是指经营者在企业创业、成长、成熟发展过程中，为提高产品市场占有率、扩大企业规模而使用的商业性保护活动，如维护品牌形象、保持品牌市场地位等活动。在品牌初创阶段，企业要将品牌自我维护思想渗透到品牌的设计、注册、宣传、内部管理、打假等各项运营活动中，在不断完善和优化产品的同时，做好防伪打假、品牌秘密保护等措施。在此阶段，经营保护更加注重保护商品或服务的内在特质，通过扎实优质的商品或服务质量取得市场，赢得受众。在品牌的发展阶段，侧重品牌形象、竞争力的保护。在此阶段，品牌保护的职责是扩大品牌的影响力，提高商品或服

---

[1]姚作为：《论品牌保护》，《南方经济》2002年第8期，第62—65页。

务的市场占有率。在品牌运营成功后，应确保品牌运营的市场规范化，保障品牌的健康发展。

2.品牌的法律保护

主要是指借助于国内、国际的相关法律、法规来保护企业品牌资产，保障其合法权益，包括商标权的获得、驰名商标的保护、证明商标与原产地名称的保护及品牌受窘时的反保护等。关于品牌，国内法律保护的对象主要包括商标、商号（字号、厂商名称、企业名称）、商业域名、企业徽标、地理标志（原产地名称）、知名商品特有名称、装潢包装、商务广告语等。品牌国际法保护的对象主要是驰名商标、商号权、地理标志等。根据"注册在先"原则，企业不仅要在国内，也要在国外及时注册，加强品牌商标的注册工作，使品牌获得法律保护，这是保护品牌最为有效的手段之一。

品牌法律保护的途径：

（1）立法保护。立法保护是国家从知识产权战略的高度，针对企业品牌发展的需要，制定相关法律法规及行政规章，对品牌所有者赋予品牌相关知识财产、精神利益的相应权益，并予以法律约束力的一种保护。立法保护分为：一是鼓励性立法保护，即用提倡、鼓励、促进品牌发展和名牌战略的法律，从正面对品牌进行保护；二是惩罚性立法保护，当品牌发展受到危害、破坏时，用惩罚和打击的法律，从反面对品牌进行保护。一个科学、先进、完备的立法体系，是品牌保护的法律基础，是执法和司法的前提和准绳。建立和不断完善立法体系是品牌保护的首要任务。

（2）行政与司法保护。行政保护是指国家行政机关对违反品牌管制的行为进行打击，保证品牌健康发展，也包括对某些品牌等级及性质的授权确认等。司法保护是通过司法途径进行品牌保护，既可以由品牌权利当事人，也可以由国家公诉人，向法院对侵权人提起民事、刑事诉讼，以追究侵权人的民事、刑事责任。如果当事人不服行政机关的处罚，也可以向法院提起行政诉讼，通过司法审查，以支持正确的行政处罚或纠正错误的行政处罚，使各方当事人的合法权益都得到切实的保护。

（3）知识产权中介服务组织保护。品牌权利人可以委托社会第三方知识产权服务公司、律师事务所、品牌行业协会等组织进行维权服务。相对企业自己维权，中介服务公司更加专业、高效；相对行政司法保护，中介服务公司更加主动、有针对性。其本质也是权利人自身保护手段的一种形式。[①]

3.品牌的社会保护

是指综合全社会的众多力量，包括政府、传媒、社会团队、消费者等众多力量对企业品牌资产的保护。品牌保护是一项综合性极强的系统工程，需要把全社会的力量动员起来，进行长期的共同努力。

（1）政府对品牌的保护。目前，中国各级政府都十分关注品牌事业的发展，开始组织实施品牌战略，通过众多中国知名品牌形象的迅速提升，强化中国在国际社会的经济地位和国际市场的竞争能力。政府作为国家的行政管理机关，对品牌保护有着极其重要的作用：第一，提倡品牌保护战略，制定相关政策、规划和纲要。在20世纪五六十年代，中国政府就制定了"质量第一"的政策。改革开放以来，更是制定了《产品质量法》《反不正当竞争法》《消费者权益保障法》《关于推动企业名牌产品的若干意见》等。进入21世纪，中国要从制造大国向制造强国转型，实现中华民族伟大复兴。在品牌保护方面，中央政府于2021年10月颁布了《"十四五"国家知识产权保护和运用规划》，同年12月又颁布了《地理标志保护和运用"十四五"规划》等通知，正式提出"创新是引领发展的第一动力，保护知识产权就是保护创新"的口号，强化了知识产权保护工作的地位。第二，完善商标的管理工作，完善行政执法体系。中国商标管理实行集中注册、分级管理的体制，由国家工商行政管理总局商标局主管全国的商标注册和管理工作，制定商标政策、商标法规，指导和协调地方各级工商行政管理机关进行商标管理；地方各级工商行政管理机关对本辖区内的商标事务进行管理。在平时的商标管理工作中，政府要经常宣传《商标法》、指导企业商标工作、纠正违法行为等，并不断完善执法机制，快速处理在企业品牌管理方面遇到的各种问题。第三，制定知名品牌战略，组织开展创名牌活动，为企业品牌建设营造良好的环境。第四，全面保护企业品牌，

[①]杨如意：《品牌的法律保护问题研究》，华东政法大学2007年硕士学位论文。

加大打假力度。假冒侵权行为、不正当竞争行为等不仅侵犯了企业的权益，也损害了消费者的权益，严重扰乱了社会正常的经济秩序。政府及其所属的相关职能部门应该认真履行自己的职责，加强对市场的监管，依法对各类假冒伪劣、制假贩假等违法犯罪行为予以打击，从重处罚。

（2）传媒对品牌的保护。借助新闻媒体对企业品牌进行保护，也是品牌的社会保护的重要力量。如，1992年1月到6月，由大众传播媒介牵头，社会团体参与、政府支持的"中国质量万里行"活动，围绕扶优治劣、规范市场、引导消费、服务企业等话题开展了深入的宣传报道。这既曝光了假冒伪劣现象，也大大地保护了企业的品牌。

近些年，每年的"3·15"消费者权益保障日，全国各类大小媒体齐心协力对假冒伪劣产品进行曝光，这种宣传舆论为品牌的正常健康发展筑起了防火墙。社会媒体一方面可以对企业品牌进行正面宣传，另一方面在发生侵权行为时，进行曝光，保护企业品牌。[①]

（3）社会团体、消费者等对品牌的保护。中国各地的消费者协会在维护消费者权益方面发挥着巨大的作用。还有工商联、行业协会、少数民族团体等也积极参与打假，做好品牌保护工作。由于使用假冒伪劣产品会给消费者造成身体伤害、心理伤害，或者给消费者带来重大经济损失，所以，广大消费者是假冒伪劣商品的最大受害者。消费者作为产品的需求者，要强烈抵制假冒伪劣产品，如果碰到了，应该勇敢地拿起法律武器，依法维护自己的合法权益，这样，对企业相关品牌也起到了重要的保护作用。

企业品牌在其发展过程中的每一个阶段，都需要企业品牌经营者、政府、社会及人民群众的鼎力支持，需要精心地保护。当然，企业品牌首先需要得到消费者群体的认可和信任，他们才能产生对这个品牌的保护意识。

---

① 侯天航：《中国企业如何做好品牌保护》，吉林大学2007年硕士学位论文。

第二节　品牌保护的国家政策及其现状

一、品牌保护的国家政策

（一）中华人民共和国成立初期，商标法规的颁布，强调了对商标专用权的保护

中华人民共和国成立后，为保护工商业者的商标专用权，中央人民政府政务院于1950年8月28日颁布了《商标注册暂行条例》，这是中华人民共和国成立后制定的第一部商标法规。与之相应，政务院财政经济委员会公布了《商标注册暂行条例施行细则》。这部法规特别强调了对商标专用权的保护，并规定对商标实行全国统一注册。"文化大革命"期间，商标注册与管理工作中断，商标管理机构被撤销，商标管理人员也被疏散，商标资料严重受损。

（二）改革开放后，商标管理工作逐步恢复，品牌保护步入正轨，保护要求越来越严

改革开放后，商标管理工作开始逐步恢复。1978年，国家工商行政管理总局成立。1982年8月23日，第五届全国人民代表大会常务委员会通过了《中华人民共和国商标法》，这是中华人民共和国成立后制定的第一部有关知识产权保护的法律。1982年颁布的《商标法》经过了多次修正。1993年2月22日，为争取恢复关贸总协定缔约国的地位，《商标法》在修正时，增加了保护服务商标和撤销不当注册商标的规定，加大了对侵犯商标权行为的打击力度。2001年10月27日，为了满足加入世界贸易组织的需要，使我国的商标立法达到TRIPS协议〔TRIPS协议是《与贸易有关的知识产权协议》（Agreement on Trade–Related Aspects of Intellectual Property Rights）

的英文简称〕，这个协议是知识产权保护的国际标准所要求的水平，《商标法》经过了再次修正。2013年8月30日，针对社会反映比较突出的一些问题，《商标法》又进行修正，进一步方便了申请人注册商标，加大了对侵犯商标权的处罚力度，维护公平竞争的市场秩序。前几次的商标立法及修正都是在外力因素下促成的，而此次则是中国自主自发进行的修正。

为了营造更加公平公正的营商环境，2019年4月23日第十三届全国人民代表大会常务委员会第十次会议对《商标法》进行了第四次修正。首先，强调商标注册的"使用"，打击不以使用为目的的商标注册行为，打击恶意商标囤积行为。新《商标法》增加了代理机构应该了解到如果申请人有不以使用为目的的注册行为时，应该予以制止的条款。这将代理机构放在打击囤积行为的最前排，同时也给某些以注册为目的的机构敲响了警钟。新增内容规定，在初步审定公告过程中，任何人发现某个商标属于不以使用为目的的注册行为都可以提出异议，发挥群众的力量来杜绝囤积行为。新增注册无效宣告的要求，可以对不以使用为目的的商标注册提出无效宣告。即便是侥幸取得了商标权，最终还是难逃商标无效的命运。其次，加强对商标权的保护，提高侵权赔偿标准。第四次修正新增了权利人为制止侵权的损失成本、所侵权商标的商品，即便是撤销了商标，该商品也不能再继续进入市场流通的条款。侵权赔偿数额最高提高到500万人民币。

（三）改革开放后，中国逐步融入国际品牌保护

改革开放后，在建立和完善国内商标立法的同时，也逐步做到与国际社会协调一致。1980年，中国加入世界知识产权组织。1985年，中国正式加入《保护工业产权巴黎公约》。1989年，中国加入了《马德里协定》，这是中国加入的第一个专门进行商标国际注册的条约。1994年，中国正式成为《商标注册用的商品和服务国际分类尼斯协定》的联盟成员国。2001年12月11日，中国正式加入世界贸易组织，TRIPS协议对中国生效。

（四）除《商标法》外，品牌建设及其保护的相关政策

（1）1993年2月22日，《产品质量法》颁布。

（2）1997年1月10日，《关于推动企业创名牌产品的若干意见》发布。

（3）2001年，《关于发展具有国际竞争力的大型企业集团的指导意

见》指出："要形成一批拥有著名品牌和自主知识产权、主业突出、核心能力强的大公司和企业集团。"

（4）2006年6月30日，《关于进一步加快实施名牌战略的意见》整体部署了"十一五"期间的名牌战略工作，提出要形成10个左右拥有自主知识产权、品牌知名度较高、国际竞争力较强、在国际市场占有一定份额的世界级品牌，培育100个向世界级品牌进军的中国自主品牌的具体目标。

（5）2011年7月26日，《关于加快我国工业企业品牌建设的指导意见》提出了"推动自主品牌建设，提升品牌价值和效应，加快发展拥有国际知名品牌和国际竞争力的大型企业"的要求。

（6）2016年7月18日，"十三五"国家知识产权保护和运用规划的通知，明确以供给侧结构性改革为主线，深入实施国家知识产权战略，深化知识产权领域改革，打通知识产权创造、运用、保护、管理和服务的全链条，严格知识产权保护，加强知识产权运用，提升知识产权质量和效益，扩大知识产权国际影响力，加快建设中国特色、世界水平的知识产权强国。

（7）2021年10月9日，"十四五"国家知识产权保护和运用规划的通知，明确坚持以推动高质量发展为主题，以全面加强知识产权保护为主线，以建设知识产权强国为目标，以改革创新为根本动力，深化知识产权保护工作体制机制改革，全面提升知识产权创造、运用、保护、管理和服务水平，深入推进知识产权国际合作，并正式提出"创新是引领发展的第一动力，保护知识产权就是保护创新"。

（8）《反不正当竞争法》是为了促进社会主义市场经济健康发展、鼓励和保护公平竞争、制止不正当竞争行为、保护经营者和消费者的合法权益而制定的法律。随着社会的需求的不断变化，该法于1993年、2017年、2019年分别进行了修正。

二、中国品牌保护的现状

近年来，国家知识产权局在全面加强知识产权保护工作、助力建设品牌强国方面，积极开展各项工作，取得了积极显著的成效。

（一）大力实施商标品牌战略，推动中国产品向中国品牌转变

商标品牌战略被纳入"十三五"知识产权专项规划，"保护知识产权就是保护创新"战略正式进入"十四五"知识产权规划、知识产权强国建设纲要中，国家也对商标品牌战略进行重点部署。

截至2021年底，根据国家知识产权局的统计，中国发明专利有效量为359.7万件。其中，不含港澳台的发明专利有效量270.4万件。每万人口高价值发明专利拥有量达到7.5件，较2020年提高1.2件。2021年中国受理的PCT国际专利申请7.3万件，其中有6.8万件来自中国申请人提交。专利复审结案为5.4万件，无效宣告结案0.71万件。

在商标申请方面，2021年中国有效商标注册量为3724万件。2021年，收到中国申请人马德里商标国际注册申请5928件，完成商标异议案件审查16.4万件，完成各类商标评审案件审理38.3万件。地理标志方面，中国累计批准地理标志产品2490个，累计核准地理标志作为集体商标、证明商标注册6562件。

国外申请人的申请数量仍保持快速增长。外国企业对中国知识产权保护的信心进一步增强。2021年，国外申请人在华发明专利授权11万件，比2020年增长23%；商标注册为19.4万件，较2020年增长5.2%。其中，美国在华发明专利授权、商标注册同比分别增长32.1%和17.3%。国外申请人在华知识产权数量仍保持快速增长。近年来，中国制造正在加快向中国创造和中国品牌转变。统计显示，世界领先的5000个品牌中，中国占408个，总价值达到1.6万亿美元[①]。

（二）强化知识产权保护运用，推动中国区域品牌向世界品牌转变

严厉打击商标囤积和恶意注册行为，商标品牌保护力度不断加大。2021年，国家知识产权局共计打击48.2万件恶意的商标注册申请，包括快速驳回抢注"长津湖""全红婵"等商标注册申请共1111件，依职权主动宣告注册商标无效1635件，并向地方转交1062件涉嫌重大不良影响及恶意商标

[①]《国家知识产权局公布的数据显示：我国发明专利有效量达到359.7万件》，中国质量新闻网，2022年1月17日，https://baijiahao.baidu.com/s?id=1722168176078312003&wfr=spider&for=pc.

注册的案件线索。在2021年，国家知识产权局开展了打击非正常专利申请的专项行动，分四批向全国各地通报的非正常专利申请累计达81.5万件。[①]

（三）强化知识产权机构建设，进一步规范管理

宏观上，2018年3月，根据国务院机构改革方案，将国家工商行政管理总局的职责、国家质量监督检验检疫总局的职责、国家食品药品监督管理总局的职责、国家发展和改革委员会的价格监督检查与反垄断执法职责、商务部的经营者集中反垄断执法以及国务院反垄断委员会办公室等职责进行整合，组建国家市场监督管理总局，作为国务院直属机构。重新组建国家知识产权局，由国家市场监督管理总局管理。

微观上，在知识产权保护、运用和服务方面，在全国各地累计成立57家知识产权保护中心和30家知识产权快速维权中心，并设立国家海外知识产权纠纷应对指导中心，以及22家地方分中心。截至2021年底，中国31个省（区、市）实现专利商标业务的"一窗通办"，省级的知识产权信息公共服务机构达到52家，地市级综合性的知识产权公共服务机构达到104家。[②]

（四）知识产权侵权现象仍然大量存在，国家打击力度进一步加强

2021年，国家知识产权局向地方通报4批次81.5万件非正常专利申请，前3批撤回率达97%；打击恶性商标注册申请48.2万件。在专项整治活动中，2021年共查处违法案件5万多件。2021年4月23日，组织了16个省（区、市）同步销毁了侵权假冒商品2000多吨，货值7亿多元，杜绝侵权假冒商品再流通。

---

①孙自法：《国家知识产权局：2021年打击恶意商标注册申请48.2万件》，国家知识产权局，2022年4月25日，https://www.cnipa.gov.cn/art/2022/4/25/art_55_175296.html.
②贾润梅：《我国发明专利有效量达到359.7万件》，《中国质量报》，2022年1月17日，第2版。

第三节　企业品牌保护的痛点、难点

一、企业品牌保护的痛点

随着电子商务在国内市场的普及、各类新媒体平台的出现，加上新冠疫情的冲击，网购更加大众化，企业也只好不断开发线上销售渠道，大量假冒伪劣产品也随之转移线上，这样，企业品牌保护面临更大的挑战。当前，淘宝系、京东、拼多多、微商、微店、抖音、快手、闲鱼等电商平台上的乱价、冒货、假货、窜货、渠道违规等问题非常突出，严重影响了品牌方的利益和市场稳定。品牌方需要在第一时间发现这些问题，并对其进行及时的干预。品牌方目前面临的主要痛点有以下几个。

（一）面对市场乱价无能为力

市场乱价是指代理商或其他第三人以低于品牌商正常指导价销售或变相低于正常指导价销售的行为，包括但不限于低价、体验价、特惠价，对产品进行搭配、折扣、返利、买赠、买即减、买即办、提成等。

大多数品牌都会存在市场乱价问题，有真货乱价和假货乱价，同时存在授权后的假货乱价，以及未授权的真货乱价。

1.市场乱价原因

（1）对于消费者来说，低价是获得顾客、引发消费的直接方式。同样的品牌商品，更多的人会选择价格更低一些的商品。

（2）于品牌方来说，很多旗下不同的分销商拿到的产品价格是不同的。

（3）对于经销商来说，情况更复杂。有的是为了跑量，套取品牌商的奖励奖金或完成指标；有的是不遵守规则，为了个人利益破坏整个渠道，进行不当竞争，构成乱价行为；有的是看见别人都低价，自己不低价就很难销出去，或者觉得自己吃亏，属于主动或者被动的跟风行为；有的是不做代理了，手里还有很多货需要清仓；有的是手里拿的货很难销售出去；等等。

（4）线下批发商、经销商自己开网店销售，或者公司内部员工自己在网络上销售库存产品，导致品牌商品线上线下价格差异较大，形成破价。

（5）窜货。同种商品只要价格存在地区差异，或在不同地区的畅销程度不同，就必然产生地区间的流动，即窜货情况的发生。在电商时代，窜货表现更复杂，有线下窜货、线上窜货、线下与线上相互窜货等，扰乱市场。

（6）为利益而跟风，造假售假，低价销售。

2.乱价危害

（1）从消费者角度来看，乱价吞噬消费者对品牌的信心、满意度和忠诚度，直接影响品牌价值和形象。

（2）从中间商角度来看，乱价导致销售疲弱，影响渠道专柜的销售和利润，造成品牌投入与收入不匹配，使经销商的正常销售受到严重干扰。

（3）从企业角度来看，乱价现象会扰乱品牌方的营销政策，给公司的发展战略规划的顺利实施带来阻碍。

（4）从市场角度来看，低价可能给某一市场带来短期虚假繁荣，时间一长，如果对低价处理不当，经销商可能调头投入竞争者的怀抱。

（二）面对市场假货手足无措

2022年3月14日，新浪黑猫投诉与微博热点联合发布的《2021年消费者权益保护白皮书》显示，2021年，在统计了主要电商平台的投诉数量后发现，拼多多、淘宝、京东、得物、美团、抖音、交易猫、天猫、转转、闲鱼位居前列。其中，拼多多的投诉量远远超过其他平台，其投诉主要集中在假冒伪劣、红包提现骗局等方面，其中投诉最多的是各种"三无产品"、假货无法退货或退款。

（三）面对对手恶意竞争无可奈何

恶意竞争，指以诽谤的方法破坏企业的商业信誉的行为。从一般竞争到激烈竞争至恶意竞争，竞争的状态随着竞争程度而不断升级。恶意竞争和恶意阻击往往能给企业造成重大损失。

如"南极人VS北极绒"的恶意竞争。国内保暖内衣领军企业"南极人",在扩张时,顺利进入都市羽绒服领域,很快成为国内生产鸭绒羽绒服的领先企业。其竞争对手"北极绒"(生产鹅绒羽绒服)随后"杀到",并以针锋相对的方式攻击"南极人"。"北极绒"在央视黄金时段投放了一则趣味广告:"到底是鹅好,还是鸭好?"主持人话音刚落,一只英武漂亮的大白鹅立即昂首高鸣:"我知道,我比鸭绒更松软……我没有鸭绒那股怪味道……用我做衣服更漂亮、更暖和。"说出了一连串的答案后,这只充满优越感的白鹅更是昂首挺胸,而那只灰色的鸭子,却耷拉着脑袋在一旁垂头丧气。此广告一出,中国羽绒服市场上顿时掀起一股"鹅好还是鸭好"的大论战,"北极绒"的广告给"南极人"的销售造成不小的负面影响。

企业间的恶意竞争一般发生在以下三个方面:(1)争夺行业领导者地位的恶意竞争;(2)打破竞争僵局的恶意竞争;(3)重树行业标准的恶意竞争。企业在运营过程中,不仅仅考虑满足消费者的需求,遵循一般的市场规则,还要防御虎视眈眈的竞争对手与潜在对手。适者生存、优胜劣汰,生存规则一向如此残酷无情,而那些懂得机智应对一般竞争、沉着超越极度竞争、冷静防范恶意竞争的企业,将会是最后的大赢家。

(四)面对企业内部管理混乱无从下手

企业内部管理混乱,短期内,不代表它没有生意可做,也不代表它不赚钱,但是,它会带来严重的内耗,不利于企业长远发展。

如杭州高新橡塑材料股份有限公司由于管理混乱,导致业绩亏损,据其财报显示,2019年和2020年,公司净亏损分别为2.93亿元、1.89亿元。近年连续发生实控人失踪、高管集体出走等事件后,该公司终于在2021年7月30日收到证监会下发的《立案通知书》。[①]

企业管理混乱,主要是内部控制体系缺失导致的,具体体现为:(1)

---

① 南京谢保平律师:《杭州高新索赔进展,收到证监会立案调查通知,散户可起诉赔偿损失》,新浪财经,2021年9月7日,https://cj.sina.com.cn/articles/view/2154721584/806e713000 01012qrs.

控制环境不完善，即组织结构不合理、业务流程不清晰、制度落实不到位、考核不严、风险管理意识薄弱、内审没有发挥作用、忽视文化建设、用人不合理等；（2）缺乏或不重视内部监督机制；（3）内部控制手段落后。

（五）面对网络舆情重大危机诚惶诚恐

网络舆情是公众对网络中各种社会现象、事件或问题的认知、态度、情绪和行为倾向的原始表达。《中国互联网络发展状况统计报告》显示，截至2021年12月，我国网民规模达10.32亿人，较2020年12月增长4296万人，互联网普及率达73.0%，即时通信等应用基本实现普及。[1]面对如此庞大的网民群体，加上自媒体传播的即时性、呈现形式的生动性、扩散途径的多样性、影响范围的延展性等，企业该如何应对网络舆情的新变化及其带来的危机和影响呢？

2021年1月7日，全棉时代的一则视频营销广告被网友指责"侮辱女性"，并迅速登上微博热搜。据了解，在视频广告里，一名年轻女子被一名男子尾随跟踪，随后该女子急中生智，用全棉时代湿巾卸妆，卸妆后变成一名男子的脸。随后，有网友质疑该广告故事情节"不尊重女性""侮辱女性"。1月8日，该事件持续发酵。全棉时代曾两度在官方微博发文道歉，但由于其在最近一封致歉信中大篇幅介绍企业的创立初衷、专利技术、公益活动等内容，被网友质疑没有诚意，道歉信都在"打广告"，全棉时代多次道歉均未取得网友谅解。[2]

二、企业品牌保护的难点

品牌是企业最宝贵的财富，能给企业带来巨大的价值。但是，中国品牌发展起步较晚，1992年，确立社会主义市场经济体制后，中国企业品牌战略从"中国质量万里行"开启，但国内企业急于创建品牌，步子迈得也

---

[1]《CNNIC权威发布：2022年〈中国互联网络发展状况统计报告〉》，腾讯网，2022年4月2日，https://new.qq.com/omn/20220402/20220402A03NSB00.html.
[2]《涉嫌侮辱女性！全棉时代道歉》，钱江晚报，2021年1月9日，https://baijiahao.baidu.com/s?id=1688421250866683741&wfr=spider&for=pc.

较大，忽略了对创建起来的品牌的保护。

改革开放之后，假冒伪劣产品的出现导致"黑色经济"泛滥，市场上鱼目混珠的假货泛滥成灾，尤其是在电商平台上，假货的问题更为突出。造假者在高额利益的驱使下，行动迅速、无孔不入，在各个行业和领域都能看到造假者的身影。为了维护自身的权益，打假也就成为了企业必须要做且必须要做好的一件事情。

如今，假货越做越真，进入"高仿"时代，很难判断孰真孰假。企业除了要对付造假者、不正当竞争者等外，还要花费大量的时间、精力与政府相关职能部门周旋。企业作为品牌保护或打假维权的主体，打假既是权利，又是社会责任，可实施起来困难重重。

（一）缺乏品牌保护意识

改革开放初期，在中外企业"合资浪潮"中，由于缺乏品牌保护意识，昔日许多耳熟能详的民族名牌，如"美加净""熊猫""活力18"等，一个个都销声匿迹。中国老字号品牌出口时，由于保护意识的淡泊，遭遇外商抢先注册，如飞鸽牌自行车、红星二锅头、"英雄"钢笔、"大宝"等，举不胜举。更有甚者，付出高昂代价，才赎回自己的品牌。如2005年，青岛海信集团历时6年，最终以50万欧元的价格，将被西门子公司在德国注册的"HiSense"商标赎回。[①]

在正常经营过程中，由于对商标保护意识的缺乏，市场出现了很多"傍品牌"问题。如最初的"喜茶"并不叫"喜茶"，而叫"皇茶"，为了不让山寨毁掉"皇茶"在消费者心中的品牌形象，"皇茶"被迫改名。"皇茶"创始人聂云宸以70万元高价购得"喜茶"商标。[②]

（二）缺乏品牌保护知识及经验，缺少高效、专业的团队

企业负责品牌保护工作的部门，有的是市场部，有的是营销部，有的是品牌管理部，有的是电子商务部，有的是法务部，有的是"打假办"或

---

① 《中国至少15%企业商标在境外被抢注》，尚标网，2012年4月26日，http://www.86sb.com/news-info-656.html.
② 《"网红"喜茶商标的前世今生》，搜狐网，2020年10月20日，https://www.sohu.com/a/425903553_120100641.

"品牌维护处"等。不管哪个部门负责此项工作，都面临着缺少熟知品牌保护知识的专业人才及团队的问题，难以适应大量而复杂的打假事务。

如娃哈哈集团1991年就成立了打假办，每年投入近千万元，但仍追赶不上不法分子侵权的步伐。据报道，不仅仅有模仿"娃哈哈"的"娃恰恰"、将"营养快线"抢注的"营养快线"，还有仿冒"非常可乐"的"非带可乐""非学可乐""非爽可乐"等。1998年3月，娃哈哈集团公司就为自己的可乐产品正式申请注册"非常"商标，并获得了产品整体瓶装的平面设计图与彩色的专利保护。1999年至2014年，山东、浙江、安徽、河南、新疆、宁夏等地大大小小的企业仿冒娃哈哈"非常可乐"的产品迅速增加，并且层出不穷，其中仅山东一地已经查明的不法企业就多达27家。娃哈哈集团公司打假办副主任陆昌华苦笑着说，"对仿冒、侵权等行为，公司是有准备的，但势头如此之猛，的确始料未及"。这极大地冲击了娃哈哈公司来之不易的销售市场，并直接坑害了广大消费者。[①]

（三）保护不全面

品牌保护主要对企业的商标权、专利权、著作权、商业秘密等无形知识产权进行保护，同时负责对企业品牌有无伤害行为。前者是硬性保护，后者是软性保护。硬性保护主要是指对品牌的注册保护，如近似商标注册、行业注册、跨国注册、副品牌注册、形象注册、其他图形注册等。软性保护是指企业在品牌管理过程中，谨防产生与品牌核心价值不一致的伤害行为。企业在品牌宣传、推广时，应该坚持一个主题，坚持统一的形象，广告、公关、营业推广等促销行为要协调一致，不能相互打架、相互抵消。

以上保护措施是企业自己尽可能去做的，也是可以做到的。但是，企业无法控制市场仿造者、侵权者、不正当竞争者等的出现。所以，仅靠企业自己是无法真正做到对品牌全方位保护的。

（四）保护周期长、成本高

由于诉讼举证难，维权诉讼案件周期长、成本高等种种因素，企业维

---

①王叔坤：《侵权不断山寨不止 食品上演"模仿秀"——专家认为监管存盲区、维权成本高、惩罚力度小是主因》，《新京报》，2017年3月14日，第B10版。

权路漫漫。如创立于1984年的山特电子（深圳）有限公司（以下简称"山特电子"）自1989年开始，在中国陆续申请注册了一系列商标，以推广营销其不间断电源及周边配套产品。公司凭借其产品先进的设计、可靠的质量及完备、快捷、高效的服务体系，逐渐成为中国UPS中低功率段细分市场的中坚。1992年，山特电子在中国申请注册了619938号"SANTAK"商标，核准使用的商品范围包括不间断电源商品。

2003年，自然人吴某申请注册3465921号"SANTAK"商标，该申请指定商品为蓄电池产品。2004年，该蓄电池商标被核准注册，并于2005年转让给自然人朱某。

不间断电源要配合蓄电池使用，虽然在商标注册申请时，不间断电源与蓄电池是两种不同的商品，但对UPS普通用户及市场受众来说，不间断电源与蓄电池显然是配搭使用、互不分离的两种极其类似的商品。所以，当贴有"SANTAK"的蓄电池商品被广泛投放到市场时，山特电子的忠实用户不会想到，其购买的不间断电源产品配搭使用的蓄电池居然不是山特电子生产的，而是一个彻头彻尾的侵权山寨产品。同时，一旦此山寨的"SANTAK"蓄电池出现质量和售后问题，用户会直接反馈或归责于山特电子，这极大地损害了山特电子精心打造的良好形象，也直接影响到山特电子真品蓄电池业务的发展。

为此，2016年2月，山特电子向国家工商总局商标评审委员会申请宣告"SANTAK"蓄电池商标无效，此案几经波折，历时3年，直到2019年1月，北京市高级人民法院作出终审判决，宣告侵权人的"SANTAK"蓄电池商标无效。通过此举，山特电子也向市场发出信号，将坚决打击假冒侵权，保护知识产权，维护用户利益，保护山特电子在中国市场的良好声誉和形象，向用户提供质量可靠和值得信赖的产品。①

①《历时3年诉讼，山特电子成功打掉注册满15年的侵权SANTAK蓄电池商标》，工博士网站，2021年7月28日，http://santakups.gongboshi.com/news/index.php?itemid=131615.

第四节　一站式品牌保护

一、一站式品牌保护提出的背景及特性

随着信息技术的发展及市场的不断健全，信息化时代使得企业间的界线日渐模糊。当下，品牌已经成为企业重要的竞争手段之一，企业和消费者也逐渐认识到品牌的重要性。企业创造一个品牌并不难，难在于品牌的发展过程中，怎样做成百年品牌，将其保持巩固并长期发展？企业应打造一套有效的品牌防卫体系，为企业品牌的长远发展保驾护航。

（一）系统性

品牌保护是一个系统工程，涉及品牌关系、品牌机构全员参与、品牌价值链、品牌管理战略，系对企业品牌的整体保护。

（二）全方位性

品牌保护包括品牌诊断、品牌维权、品牌升值等内容，涉及采购、生产、营销、财务、人力资源、法务等各个环节。

（三）长期性

品牌保护是一个长期的、持续的工作，从产品品质开始到产品形象的深入。塑造优质品牌不是一蹴而就的事情，需要持之以恒、长久统一地进行。

二、一站式品牌保护的内容

企业应打造一个系统工程，为品牌提供整体保护，主要包括品牌检索、品牌保护、品牌维权、品牌升值等内容，涉及采购、生产、营销、财务、人力资源、法务等各个环节。

（一）营销体系诊断与保护

主要分为价格诊断与保护、渠道诊断与保护以及货源诊断与保护。

1.价格诊断与保护

营销体系诊断主要审查是否存在低价销售而影响各层级利益分配、非授权店铺违规线上销售、近似商标影响品牌形象及禁销产品影响特供渠道的利益。

价格保护主要通过"发现＋通知"的形式实现，品牌保护团队通过系统检索加人工核查的方式，对价格问题进行监控，一旦发现价格不合规问题，第一时间通知违规的商铺并采取进一步措施。

2.渠道诊断与保护

渠道诊断为企业制定黑白名单体系。针对白名单渠道，制定白名单渠道管理制度、线上产品渠道价格体系、线上产品质量体系。针对黑名单渠道，制定黑名单渠道管理体系、黑名单店铺管理质量，通过定制方案将黑名单分销招募成白名单。

渠道保护则主要通过协助制定渠道规则、渠道监察、渠道监管的方式进行。

3.货源诊断与保护

货源诊断主要通过货源假货诊断、疑似商标诊断、明码体系、暗码体系等方式进行。

货源保护主要通过代客采买、溯源码追溯、货源查询披露的方式进行。

（二）知识产权诊断与保护

知识产权诊断与保护以公司现状为基础，针对公司知识产权（商标权、专利权、著作权）的情况展开初步尽职调查，包括但不限于对已经取得的商标、专利、著作权的申报、批准及使用情况等进行调查，排查因自身保护不到位而可能存在的被侵权的风险。

诊断主要通过品牌保护团队与公司相关负责人一对一进行访谈，并通过合规诊断问卷的形式，排查企业的知识产权风险，最终形成调查报告，结合报告分析中存在的问题，对公司已有的商标权、著作权、专利权的设计、维护及保护进行布局，形成设计布局、申请、管理、维护、维权全方位一体的一站式品牌保护体系。

1.商标权诊断

主要内容包括：

（1）公司目前已核准注册的商标的情况审查；

（2）公司目前在使用但还尚未核准注册的商标情况审查；

（3）公司目前已申请的国际商标审查；

（4）通过委托设计、合作设计取得商标申请权或商标权审查；

（5）通过受让取得商标申请权或商标权审查；

（6）通过被许可方式取得商标权的使用权审查；

（7）将商标权许可或转许可他人使用的情况审查；

（8）将商标权进行质押的情况审查；

（9）公司与商标权相关或者与商标权协议相关的诉讼、仲裁等涉诉情况审查。

2.商标权保护

主要内容包括以下几个方面。

（1）商标注册申请：

①商标注册程序指导；

②商标注册风险评估；

③商标使用监测管理；

④商标的变更、转让、续展、许可使用申请。

（2）商标评审、异议申请：

①商标异议申请；

②商标无效申请；

③商标复审申请。

（3）商标申请规划与策略：

①制定适合企业长远发展的商标申请类别规划；

②制订适合企业长远发展的商标申请地域规划；

③防御商标申请策略（商标名称、品类选择）；

④联合商标申请策略。

（4）商标维权：

①商标维权，近似商标定期检索（人工＋智能）；

②行政保护（通过各地市场监管部门及海关）；

③司法保护（民事诉讼和刑事诉讼）。

（5）商标的使用管理与维护：

①正确、规范使用商标；

②商标的维护（商标续展、避免商标闲置、商标注销等）。

3.专利权诊断

主要内容包括：

（1）公司目前自行研发专利审查；

（2）公司目前已提交但尚未获得授权的专利审查；

（3）通过委托设计、合作设计取得专利申请权或专利权审查；

（4）通过受让取得专利申请权或专利权审查；

（5）通过被许可方式取得专利权的使用权审查；

（6）将专利权许可或转许可他人使用的情况审查；

（7）将专利权进行质押的情况审查；

（8）公司与专利权相关或者与专利权协议相关的诉讼、仲裁等涉诉情况审查。

4.专利权保护

主要内容包括以下几个方面。

（1）企业专利挖掘与专利布局：

①专利申请时间布局；

②专利申请地域布局；

③专利申请技术布局。

（2）专利申请前的准备工作：

①明确需要申请的技术方案；

②明确专利申请的条件；

③专利技术检索；

④明确权利归属。

（3）专利授权后的维持工作：

①办理登记手续；

②按时缴纳年费；

③定期梳理已获专利。

（4）企业专利档案管理：

①厘清企业专利现状；

②建立企业档案管理制度；

③企业专利档案管理制度的实施。

（5）职务发明创造的奖励与报酬：

①职务发明与个人发明区分；

②规定职务发明创造奖励和报酬的内容。

（6）专利权或专利申请权转让：

①专利转让合同；

②专利转让程序合规。

（7）专利权许可：

①明确专利许可的方式；

②共有专利的许可。

（8）专利纠纷的处理措施：

①行政保护；

②司法保护。

5.著作权诊断

主要内容包括：

（1）公司原创作品著作权权利状况审查；

（2）侵害著作权行为审查；

（3）著作权合规管理制度审查；

（4）将著作权许可或转许可他人使用的情况审查；

（5）通过委托创作、合作创作取得著作权申请权或著作权审查；

（6）公司与著作权相关或者与著作权协议相关的诉讼、仲裁等涉诉情况审查。

6.著作权保护

主要内容包括以下几个方面。

（1）可以登记的作品种类：

①文字类作品：小说、诗词等；

②音乐作品；

③影视作品。

（2）不可以申请著作权登记的作品种类：

①不受著作权法保护的作品；

②超过著作权保护期限的作品；

③依法禁止出版、传播的作品。

（3）作品自愿登记的作用：

①权利证明；

②有助于解决因著作权归属造成的著作权纠纷，提供初步证据。

（4）著作权的产生及企业常见作品种类：

①著作权自创作完成之日起自动产生；

②种类：音乐作品、电影作品、舞蹈作品、戏剧作品、计算机软件等。

（5）不同申请人的有效期：

①法人申请；

②自然人申请。

（6）著作权的梳理及建档：

①按作品形式进行分类；

②有利于企业对自身著作权状况的了解；

③有助于准确评估企业所拥有的无形资产价值。

（7）著作权转让：

①可转让的仅限于著作权的财产权；

②应订立书面转让合同。

（8）著作权许可使用：

①明确许可权利种类；

②明确许可使用类型；

③合作作品许可使用。

（9）著作权出质：

①签订书面合同；

②共同办理登记。

（10）侵害著作权的常见行为表现：

①侵害著作人身权；

②侵害著作财产权。

（11）著作权保护的途径：

①著作权侵权行为检索；

②行政保护；

③司法保护。

（三）竞争合规诊断与保护

以公司现状为基础，针对公司竞争的情况展开初步尽职调查，包括不正当竞争行为诊断、反垄断诊断、商业秘密诊断等，排查因自身监管不到位而可能存在的违法违规情况。

诊断主要通过品牌保护团队与公司相关负责人一对一进行访谈，并通过合规诊断问卷的形式，排查企业的竞争合规的风险，最终形成调查报告，结合报告分析中存在的问题，对正当竞争行为、反垄断、广告宣传、商业秘密等进行布局。

1.竞争合规诊断

指通过诊断的形式，对公司在竞争过程中是否存在相关不合规的问题作出初步判断，找出问题，及时对照相关规定进行修正，从而为公司打造一套行之有效的竞争合规管理体系。

竞争合规诊断的主要内容有：

（1）市场混淆行为诊断；

（2）商业贿赂诊断；

（3）虚假宣传诊断；

（4）低价倾销诊断；

（5）违规有奖销售诊断；

（6）商业诋毁诊断。

2.竞争合规保护

（1）市场混淆行为主要有三。

行为一：对注册及未注册商标但有一定影响力的商标标识的商品名称、包装和装潢进行相同或相近的设计使用。

行为二：企业名称或姓名混淆。

①使用相近的企业名称或姓名，进行"搭便车"形式的销售商品行为；

②使用中、英文容易引起歧义的企业名称或姓名。

行为三：域名等互联网标识的混淆行为。

①域名的主要部分构成对驰名商标的复制、模仿、翻译或音译相同或近似使用，足以造成相关公众的误认；

②对域名的注册使用无正当使用的理由，主观具有恶意。

（2）商业贿赂主要有二。

行为一：回扣。

①通过账外暗中的形式以现金、实物或其他方式退给对方单位或个人一定比例的商品价款；

②通过捐赠的名义进行利益的输送。

行为二：折扣。

名义上以折扣的形式让利，但账目上却不体现。

（3）虚假宣传主要有二。

行为一：对商品做片面的宣传或者对比。

①贬低他人商品；

②不做全面介绍，拿自己商品的优点与别人商品的缺点进行对比宣传。

行为二：将科学上未定论的观点、现象等当作定论的事实用于商品宣传。

将未有定论的观点、现象用作商品宣传，误导消费者认为已是科学定论的观点和想象。

3.反垄断诊断

指通过反垄断合规诊断的形式，为公司在日常运营过程中有无存在相关不合规的问题作出初步的判断，排查企业垄断风险，从而为公司打造一套行之有效的反垄断合规管理体系。

反垄断诊断的主要内容有：

（1）垄断协议诊断；

（2）滥用市场支配地位诊断；

（3）具有排除、限制竞争的经营者集中诊断。

4.反垄断保护

指针对公司反垄断预防现状的初步调查，形成调查报告，结合报告分析中存在的问题，为公司提供相应的反垄断保障制度，预防公司垄断行为。

反垄断保护的主要内容包括以下几点。

（1）有效防范垄断协议行为：

①高度警惕与竞争对手的沟通和交易；

②对敏感信息交换提高警惕；

③高度重视经销商管理体系；

④警惕发生在行业协会内的违法行为。

（2）预防滥用市场支配地位：

①定期评估；

②谨慎处理商业信息；

③定价管理；

④不得拒绝交易、限制交易。

（3）经营者集中合规：

①专人负责申报；

②完善项目评估标准流程；

③定期培训。

5.商业秘密诊断

指针对公司目前商业秘密保护的现状进行调查，排查公司商业秘密保护风险，为公司打造一套行之有效的商业秘密保护体系。

商业秘密诊断的主要内容有：

（1）保密措施诊断；

（2）保密规章制度诊断；

（3）涉密人员管理制度诊断；

（4）技术信息、经营信息保护措施诊断。

6. 商业秘密保护

指针对公司商业秘密保护工作现状的初步调查，形成调查报告，并结合报告分析中存在的问题，为公司提供相应的商业秘密保护，避免公司因商业秘密泄露造成损失。

商业秘密保护的主要内容有：

（1）商业秘密的刑事救济指导；

（2）与商业秘密有关的合同体系建设；

（3）商业秘密纠纷的前期指导；

（4）商业秘密危机处理；

（5）商业秘密的行政救济指导；

（6）商业秘密管理和体系建设。

7. 广告宣传诊断

指通过广告宣传合规诊断的形式，对公司广告宣传的合规性进行审查，排查公司广告宣传的不合规风险，为公司建立广告宣传合规管理体系。

广告宣传诊断的主要内容有：

（1）广告发布诊断；

（2）广告宣传禁止情形诊断；

（3）虚假广告情形诊断；

（4）广告用语诊断；

（5）广告引证内容合规诊断；

（6）广告优惠活动诊断。

8. 广告宣传保护

指针对公司广告宣传工作现状的初步调查，形成调查报告，结合报告分析中存在的问题，为公司提供相应的广告宣传保护，避免公司因广告宣传不合规产生纠纷或受到行政处罚。

广告宣传保护的主要内容有：

（1）广告行为合规保护；

（2）广告内容合规保护；

（3）特殊广告发布前的审查；

（4）广告宣传的禁止情形；

（5）广告侵权行为防范；

（6）虚假广告的规制及预防；

（7）商业吹嘘与虚假广告的边界。

9.反舞弊诊断

指针对公司反舞弊的现状进行调查，排查公司内部存在的舞弊风险，为公司打造一套行之有效的反舞弊体系。

反舞弊诊断的主要内容有：

（1）员工考核诊断；

（2）管理层和主要员工评估诊断；

（3）员工盗窃和舞弊的控制制度诊断；

（4）费用计划诊断；

（5）利益冲突诊断；

（6）库存和设备失窃防护诊断。

10.反舞弊保护

指针对公司反舞弊预防现状的初步调查，形成调查报告，结合报告分析中存在的问题，为公司提供相应的反舞弊保护措施，减少公司内部舞弊行为的发生。

反舞弊保护的主要内容有：

（1）公司内部控制制度；

（2）内部控制环境；

（3）管理层和主要员工舞弊行为预防；

（4）监控员工盗窃和舞弊的控制制度；

（5）工资发放制度；

（6）费用使用制度；

（7）库存和设备管理制度。

（四）内部管理合规

企业必须在一定的管控下进行运作，如此才有利于企业稳定和长久的发展。加强企业的内部管理，从另一个角度来说也是企业风险防控的重要手段。人力资源、合同管理、销售业务是大部分企业日常经营管理中普遍会遇到的问题，以下将逐一介绍诊断与保护的内容。

1.人力资源诊断

指为了促进企业加强人力资源建设，充分发挥人力资源对实现企业发展战略的重要作用，尽量避免人力资源建设过程中的风险。

人力资源诊断的主要内容有：

（1）人力资源规划；

（2）员工聘用和离职；

（3）薪酬体系；

（4）劳资纠纷；

（5）员工背景调查；

（6）员工培训。

2.人力资源保护

企业应当结合自身发展的实际情况，做好人力资源规划。人力资源数量缺乏或过剩、结构不合理、开发机制不健全，都可能导致企业的发展战略不健全。人力资源激励约束机制不合理、关键岗位人员管理不完善，都可能导致企业人才流失、效力低下或关键技术泄密。人力资源退出机制不当，可能导致企业面临法律诉讼或声誉受损。

人力资源保护的主要内容有：

（1）应当做总体规划，制订人力资源需求年度计划；

（2）根据人力资源能力框架的要求，明确各岗位的职责权限，通过竞争上岗选拔人才；

（3）确定选聘人员后，应当规范建立劳动关系；

（4）建立和完善人力资源的激励约束机制；

（5）建立健全员工退出机制。

3.合同管理诊断

合同管理诊断的目的在于促进企业加强合同管理，维护企业合法权益，明确合同拟定、审核、执行等环节的程序和要求，定期检查和评价合同管理中的薄弱环节，减少合同订立及履行过程中的风险。

合同管理的诊断内容主要有：

（1）合同审核要点；

（2）合同签约主体；

（3）合同的履行；

（4）合同的保管。

4.合同管理保护

合同对于企业来说至关重要，企业日常的生产经营活动都少不了合同的保障。在市场经济环境下，合同已成为企业最常见的契约形式，甚至可以说，市场经济就是合同经济，合同的管理几乎贯穿了企业生产经营的全部过程。提高合同管理水平，不仅可以提升企业经营管理水平，还可以为企业经济活动的开展提供法律与制度保障。

合同管理保护的内容主要有：

（1）优化合同管理流程；

（2）降低合同管理风险；

（3）提高合同管理效率；

（4）规范合同过程管理；

（5）推动公司规范管理。

5.销售业务诊断

销售是企业盈利的方式之一，企业应当结合实际情况，全面梳理销售业务流程，完善销售业务相关管理制度，确定适当的销售策略，明确销售、发货、收款等环节的职责和审批权限，按照规定的权限和程序办理销售业务，定期检查分析销售过程中的薄弱环节，采取有效控制措施，确保实现销售目标。

销售业务诊断的主要内容有：

（1）销售战略计划制订；

（2）销售政策管理；

（3）销售订单管理；

（4）应收账款的催收；

（5）销售对账与收款管理；

（6）销售定价环节合规；

（7）退货理赔环节合规；

（8）出库环节合规。

6.销售业务保护

创造价值是企业的目标，而销售管理是保证企业生产的商品、劳务的内在价值得以实现的重要活动，关系到企业资金的回收和持续再生产。没有销售就没有生产经营。销售业务也成为企业管理中非常复杂且较难控制的领域，其发生风险的概率在不断增加。

销售业务保护的主要内容有：

（1）确保合同订立的合理性和有效性；

（2）确保发货装运的准确性和时效性；

（3）确保销售收入的真实性和完整性；

（4）确保销售折扣和折让的适度性和适宜性；

（5）确保合同货款回收的安全性和即时性。

第二章

知识产权保护

第一节　商标权保护

一、商标

（一）商标的概念

商标的作用在于区分商品或者服务的来源，使一般公众在挑选商品或服务时，能分辨出自然人、法人的商品或者服务。商标的表现形式主要有：文字、图形、字母、数字、三维标志、颜色组合、声音等，以及上述要素的组合。商标必然依附于某种具体的商品或服务，有商品或服务的存在才有商标，离开了商品或服务，只能称其为"标识"了。同样地，标记在非商品或服务上的各种徽记，如交通标记等，也不是商标。

（二）商标的种类

根据《商标法》的规定，商标主要分为商品商标、服务商标和集体商标、证明商标。[①]

1.商品商标

是指商品生产者或经营者在自己生产或经营的商品上使用的商标标志。

2.服务商标

是指提供服务的经营者为将自己提供的服务与他人提供的服务相区别而使用的标志。

3.集体商标

是指以团体、协会或者其他组织的名义注册，供该组织成员在商事活

---

① 《商标法》第三条第一款：经商标局核准注册的商标为注册商标，包括商品商标、服务商标和集体商标、证明商标；商标注册人享有商标专用权，受法律保护。

动中使用，以表明使用者在该组织中的成员资格的标志。①

4.证明商标

是指由对某种商品或者服务具有监督能力的组织所控制，而由该组织以外的单位或者个人使用其商品或者服务，用以证明该商品或者服务的原产地、原料、制造方法、质量或者其他特定品质的标志。②

（三）商标的使用

注册商标，必须以使用为目的，否则将面临连续三年不使用则撤销等法律风险。商标的使用需严格按照《商标法》及其他规范性文件的规定，《商标法》意义上的商标使用，是指将商标用于商品、商品包装或者容器、商品交易文书上、广告宣传、展览以及其他商业活动中，《商标法》将商标的使用定义为识别商品来源的行为。③2021年11月6日，国家知识产权局颁布的《商标审理审查指南（2021）》对商标的使用行为作了更详细的列举描述，主要包括以下几个方面。

1.商品商标的使用方式

（1）采取直接贴附、刻印、烙印或者编织等方式将商标附着在商品、商品包装容器、标签等上，或者使用在商品附加标牌、产品说明书、介绍手册、价目表等上。

（2）商标使用在与商品销售有联系的交易文书上，包括使用在商品销售合同、发票、票据、收据、商品进出口检验检疫证明、报关单据、电子商务经营的交易单据或者交易记录等上。

（3）商标使用在广播、电视、互联网等媒体上，或者在公开发行的出版物中发布，以及以广告牌、邮寄广告或者其他广告方式为商标或者使用商标的商品进行的广告宣传。

（4）商标在展览会、博览会上使用，包括但不限于在展会印刷品及其他资料、工牌、指示牌和背景牌等处用于指示商品和服务来源的使用。

（5）商标使用体现在国家机关、检测或鉴定机构及行业组织出具的法

---

① 《商标法》第三条第二款。
② 《商标法》第三条第三款。
③ 《商标法》第四十八条。

律文书、证明文书上。

（6）其他符合法律规定的商标使用形式。①

2.服务商标的使用方式

（1）商标直接使用于服务场所，包括使用于服务的介绍手册、服务场所招牌、店堂装饰、工作人员服饰、招贴、菜单、价目表、奖券、办公文具、信笺以及其他与指定服务相关的用品上。

（2）商标使用于和服务有联系的文件资料上，如发票、汇款单据、提供服务协议、维修维护证明、电子商务经营的交易单据或者交易记录等。

（3）商标使用在广播、电视、互联网等媒体上，或者在公开发行的出版物中发布，以及以广告牌、邮寄广告或者其他广告方式为商标或者使用商标的服务进行的广告宣传。

（4）商标在展览会、博览会上使用，包括但不限于在展会印刷品及其他资料、工牌、指示牌和背景牌等处用于指示商品和服务来源的使用。

（5）商标使用体现在国家机关、检测或鉴定机构及行业组织出具的法律文书、证明文书上。

（6）其他符合法律规定的商标使用形式。②

（四）商标注册用商品或服务的分类

商标的注册，需要自主申请核定使用的商品或服务，国际上通过《商标注册用商品和服务国际分类》（即"尼斯分类"）将成千上万种商品和服务进行分类，现行尼斯分类将商品和服务分成45个大类，其中商品为第1—34类，服务为第35—45类。我国于1994年成为尼斯联盟成员国，并将尼斯分类的商品和服务项目划分类似群，同时结合实际情况增加我国常用商品和服务项目名称，制定《类似商品和服务区分表》，见表2-1，这也是我国注册商标时，挑选商品或服务的主要参照资料。尼斯分类每年修订一次，《类似商品和服务区分表》随之予以调整。以下为45个大类商标所包含的主要商品和服务的介绍。

---

①国家知识产权局：《商标审理审查指南（2021）》。
②国家知识产权局：《商标审理审查指南（2021）》。

表 2-1　类似商品和服务区分表

商　品	
第一类	主要包括用于工业、科学和农业的化学品
第二类	主要包括颜料、着色剂和防腐制品
第三类	主要包括不含药物的梳洗制剂以及用于家庭和其他环境的清洁制剂
第四类	主要包括工业用油和油脂、燃料和照明材料
第五类	主要包括药品和其他医用或兽医用制剂
第六类	主要包括未加工及半加工的普通金属、金属矿石，以及某些普通金属制品
第七类	主要包括机器和机床、马达和引擎
第八类	主要包括用于钻孔、成型、切割和穿孔等工作的手动工具和器具
第九类	主要包括科学或研究用装置和仪器、视听和信息技术设备，以及安全和救生设备
第十类	主要包括主要用于诊断、治疗及改善人和动物的功能或健康状态的外科、内科、牙科及兽医用仪器、器械及用品
第十一类	主要包括环境控制装置和设备，特别是照明、烹饪、冷却和消毒用装置和设备
第十二类	主要包括运载工具，陆、空、海用客运或货运装置
第十三类	主要包括火器和烟火产品
第十四类	主要包括贵金属、某些贵金属制品或镀贵金属制品、首饰和钟表及其零部件
第十五类	主要包括乐器及其部件和附件
第十六类	主要包括纸、纸板及某些纸和纸板制品、办公用品
第十七类	主要包括电绝缘、隔热或隔音材料，生产用塑料片、板或杆，以及由橡胶、古塔胶、树胶、石棉、云母和这些材料的替代品制成的某些制品
第十八类	主要包括皮革、人造皮革及由其制成的某些制品
第十九类	主要包括非金属建筑材料
第二十类	主要包括家具及其部件，由木、软木、苇、藤、柳条、角、骨、象牙、鲸骨、贝壳、琥珀、珍珠母、海泡石及这些材料的代用品或塑料制成的某些制品
第二十一类	主要包括家庭和厨房用小型手动器具，化妆和盥洗室用具，玻璃器皿和由瓷、陶瓷、陶土、赤陶或玻璃制成的某些制品
第二十二类	主要包括帆布和制帆用其他材料，绳缆，衬垫、减震和填充材料，纺织用纤维原料
第二十三类	主要包括纺织用天然或合成的纱和线
第二十四类	主要包括织物和家用织物覆盖物
第二十五类	主要包括人用的服装、鞋和帽

第二十六类	包括缝纫用品，用于佩戴的天然或人造毛发，头发装饰品，以及用于装饰其他物品的、不属别类的小件物品
第二十七类	主要包括作为覆盖物铺在已建成的地板和墙壁上的制品
第二十八类	主要包括玩具和游戏装置、体育设备、娱乐及创意道具，以及某些圣诞树用装饰品
第二十九类	主要包括为食用目的而预制或腌制的动物性食品、蔬菜和其他园艺产品
第三十类	主要包括为食用目的而预制或者腌制的植物性食品（水果和蔬菜除外），以及食品调味佐料
第三十一类	主要包括没有经过任何为了食用目的处理的田地产物和海产品、活动物和植物，以及动物饲料
第三十二类	主要包括不含酒精的饮料及啤酒
第三十三类	主要包括酒精饮料、酒精饮料的原汁和浓缩汁
第三十四类	主要包括烟草和烟具，以及某些用于吸烟和烟具的附件和容器
服 务	
第三十五类	主要包括涉及商业或工业企业的业务管理、运营、组织和行政管理的服务，以及广告、市场营销和促销服务
第三十六类	主要包括与银行和其他金融交易有关的服务、金融评估服务及保险和不动产事务
第三十七类	主要包括建筑领域的服务，以及为恢复物品原样或保持现状而进行的不改变其物理或化学特征的修复服务
第三十八类	主要包括允许至少一方与另一方通信的服务，以及用于播放和传输数据的服务
第三十九类	主要包括通过铁路、公路、水上、空中或管道将人、动物或货物从一处运送到另一处所提供的服务和与此有关的必要服务，以及各类谷物储存设施、仓库或其他类型的建筑物为保存或看管货物所提供的贮藏服务
第四十类	主要包括对物品、有机物或无机物进行机械或化学加工、处理或制造的服务，包括定制生产服务
第四十一类	主要包括各种形式的教育或培训服务，其基本目的是供人娱乐、游乐或消遣，以及为文化或教育目的向公众展示视觉艺术或文学作品
第四十二类	主要包括由人提供的涉及复杂活动领域的理论和实践服务
第四十三类	主要包括为消费者准备食物和饮料的服务，以及提供临时住所的服务
第四十四类	主要包括由个人或机构向人或动物提供的医疗（包括替代疗法）、卫生和美容服务，以及与农业、水产养殖、园艺和林业领域相关的服务
第四十五类	主要包括法律服务、为有形财产和个人提供实体保护的安全服务、由他人提供的为满足个人需要的私人和社会服务

注：以上内容参照《类似商品和服务区分表——基于尼斯分类第十一版（2021文本）》及NCL（11-2022）版中文版和区分表修改。

二、商标权

根据《商标法》的规定，自然人、法人或者其他组织必须经申请，并获得商标局的核准注册后，方可取得注册商标专用权。[①]注册商标的有效期为十年，自核准注册之日起计算。[②]商标核准注册后，注册申请人即享有该商标独占、排他的使用权利。注册商标专用权效力集中体现在：商标注册人有权禁止他人未经许可，在生产经营活动中，擅自在相同种类的商品或者服务上使用与其注册商标相同或者相近似的商标；以及针对其注册商标、使用其注册商标的商品或者服务或者注册商标标识等实施的非法行为。[③]出于知识产权垄断性权利的特性，商标经申请注册后，便在核定使用商品或服务所在的特定领域具有专用权，享有通过注册商标专用权获得的合法权益，且任何人不得侵犯。因此，在商标的使用过程中，应重点关注商标权是否被他人侵犯或者有侵犯他人商标权的行为。

三、商标侵权行为分析

《商标法》第五十七条通过列举式立法对商标侵权行为进行了规定，具体规定了6种侵权行为和1条兜底行为条款，涉及的行为包括：

（1）未经商标注册人的许可，在同一种商品上使用与其注册商标相同的商标的；

（2）未经商标注册人的许可，在同一种商品上使用与其注册商标近似的商标，或者在类似商品上使用与其注册商标相同或者近似的商标，容易导致混淆的；

（3）销售侵犯注册商标专用权的商品的；

[①]《商标法》第四条：自然人、法人或者其他组织在生产经营活动中，对其商品或者服务需要取得商标专用权的，应当向商标局申请商标注册。不以使用为目的的恶意商标注册申请，应当予以驳回。本法有关商品商标的规定，适用于服务商标。

[②]《商标法》第三十九条。

[③]曹新明：《商标侵权理论之多维度思辨——以"今日头条"诉"今日油条"案为例》，《政法论丛》2022年第1期，第19—29页。

（4）伪造、擅自制造他人注册商标标识或者销售伪造、擅自制造的注册商标标识的；

（5）未经商标注册人同意，更换其注册商标并将该更换商标的商品又投入市场的；

（6）故意为侵犯他人商标专用权行为提供便利条件，帮助他人实施侵犯商标专用权行为的；

（7）给他人的注册商标专用权造成其他损害的。[①]

虽然《商标法》对商标侵权行为进行了列举，但在司法实践中，判断商标侵权往往需要结合多种情况，例如在对"销售侵犯注册商标专用权的商品"行为进行分析时，势必会对"是否属于同一种商品""被控侵权商标与商标权人的注册商标是否相同或近似"等问题进行判断。为了便于直观理解商标侵权行为，以下将采用案例分析的方式对商标侵权行为进行解读。

（一）未经商标注册人的许可，在同一种商品上使用与其注册商标相同的商标的

商标相同是指两商标在视觉效果上或者声音商标在听觉感知上完全相同或者基本无差别。所谓基本无差别，是指两商标虽有个别次要部分不完全相同，但主要部分完全相同或者在整体上几乎没有差别，以至于在一般注意力下，相关公众或者普通消费者很难在视觉或听觉上将两者区分开来。[②]该方式属于比较明显的商标侵权行为，即未经商标注册人的许可，直接在同一种商品或服务上使用相同的商标，侵权行为方式十分明确。以"中国黄金"案为例，该案属于比较典型的在同一种商品上直接使用他人注册商标的案例。

案例一：中国黄金集团黄金珠宝有限公司与乐东乐城鑫华珠宝店侵害商标权及不正当竞争纠纷案[③]

案情简介：被告乐东乐城鑫华珠宝店（以下简称"鑫华珠宝店"）店面的门头、店招、标识牌、包装及保证单上均有"中国黄金China Gold"字

---

① 《商标法》第五十七条。
② 国家知识产权局：《商标审理审查指南（2021）》。
③ 参见（2017）琼民终409号、（2018）最高法民申3166号。

样，且鑫华珠宝店在其微信公众号上使用了"百年香港中国黄金"标识，并将"中国黄金China Gold"字体放大突出使用，"百年"和"香港"以相对较小字体列于"中国黄金China Gold"之上。中国黄金集团黄金珠宝有限公司（以下简称"中国黄金珠宝公司"）认为鑫华珠宝店的行为侵犯了其注册商标专用权，遂诉诸法院。

最高人民法院审理认为，中国黄金珠宝公司的注册商标由中文"中国黄金"、英文"China Gold"及图形组合而成，就中国消费者而言，中文"中国黄金"系其主要识别部分；该商标通过案外人中国黄金集团公司和被申请人中国黄金珠宝公司的长期使用和宣传等，已具有较高的知名度和显著性。鑫华珠宝店使用的被诉侵权标识完整包含了中国黄金珠宝公司的第5366859号、第5366862号商标中的主要部分即"中国黄金"的中英文内容，且与该内容的排列方式完全相同。鑫华珠宝店在其微信公众号上使用"百年香港中国黄金"标识，并将"中国黄金China Gold"字体放大突出使用，"百年"和"香港"以相对较小字体列于"中国黄金China Gold"之上，易令公众误认为被诉侵权商品来源于中国黄金珠宝公司或者与其有特定联系，从而导致混淆。

（二）未经商标注册人的许可，在同一种商品上使用与其注册商标近似的商标，或者在类似商品上使用与其注册商标相同或者近似的商标，容易导致混淆的

商标近似是指文字、图形、字母、数字、三维标志、颜色组合和声音等商标的构成要素在发音、视觉、含义或排列顺序等方面虽有一定区别，但整体差异不大。文字商标的近似应主要考虑"形、音、义"三个方面，图形商标应主要考虑构图、外观及着色；组合商标既要考虑整体表现形式，还要考虑显著部分。[1]

案例二：杭州联安安防工程有限公司与小米通讯技术有限公司、小米科技有限责任公司等侵害商标权纠纷[2]

案情简介：原告杭州联安安防工程有限公司（以下简称"联安公

[1]国家知识产权局：《商标审理审查指南（2021）》。
[2]参见一审（2017）浙01民初1801号、二审（2020）浙民终264号。

司")享有第10054096号注册商标专用权，该商标标识为"MIKA米家"，核定使用商品为第9类"网络通信设备、摄像机、录像机、扬声器音箱、扩音器喇叭、电线、防盗报警器、报警器、声音警报器、电锁"。该商标注册有效期限为自2012年12月7日至2022年12月6日。联安公司在网络交易平台"小米官方旗舰店"（该店由小米科技有限责任公司营业）内发现多款产品或宣传用语上使用了"米家"商标，例如"米家全景相机""米家小白智能摄像机""米家行车记录仪"等。联安公司认为其行为侵犯了其注册商标专用权，遂诉诸法院，要求小米通讯技术有限公司等7名被告停止侵害其注册商标专用权，并赔偿损失。

经历一审、二审，二审法院在审理小米通讯技术有限公司的被诉行为是否侵害了联安公司的涉案商标专用权时，主要通过"核定使用商品与涉案商品是否属于相同或类似商品""被诉侵权标识与涉案商标是否构成相同或近似"，以及"是否具有混淆的可能性"三个维度进行判断。

1.关于核定使用商品与涉案商品是否相同或类似

二审法院认为主要从商品的功能、用途、生产部门、销售渠道、消费对象、相关公众的一般认知等方面考虑，《类似商品和服务区分表》可以作为参考。具体到涉案商品，二审法院认为双方存在争议的涉案商品之一"米家多功能网关"用途在于进行网络通信时的协议转换，与涉案商标核定使用的商品中的"网络通信设备"基本作用都是实现网络通信，两者属于相同商品。

2.关于被诉侵权标识与涉案商标是否构成相同或近似

二审法院从隔离比对的角度来看，涉案"MIKA米家"商标由中英文组合而成，各组成部分文字均无通用含义，属臆造性词组，固有显著性较强。对于国内相关公众而言，涉案商标起主要识别和认读作用的部分是中文"米家"，被诉侵权标识与涉案商标主要识别部分在字形、含义、读音上完全相同，两者在构成要素上近似。

3.关于是否具有混淆的可能性

二审法院认为，被诉侵权标识完整包含涉案商标的主要识别部分"米家"，二者呼叫、记忆方式相似，若使用在同一种或类似商品上，相关公众施以一般注意力，容易对商品来源产生混淆误认。小米通讯技术有限公司在被诉侵权商品和外包装以及网店销售页面使用"米家"标识，通过网络店铺、实体专卖店和微信公众号等渠道持续、广泛销售和宣传，足以使相关公众认为"米家"标识与被告具有特定联系，进而容易将联安公司使用"MIKA米家"商标的商品误认为被告的商品或与之存在某种联系。小米通讯技术有限公司使用"米家"标识容易导致消费者混淆误认。

综上，二审法院认为小米通讯技术有限公司在相同或类似商品上使用了与联安公司涉案"MIKA米家"商标相近似的"米家"标识，容易引起相关公众的混淆，构成对联安公司涉案注册商标专用权的侵害。

（三）销售侵犯注册商标专用权的商品

销售侵犯注册商标专用权的商品属于《商标法》第五十七条规定的第三种商标侵权行为。商标权人发现有销售侵犯其注册商标专用权商品行为的，可以向侵权人主张赔偿。但行为人的销售行为并不必然导致赔偿，根据《商标法》的规定，销售不知道是侵犯注册商标专用权的商品，能证明该商品是自己合法取得并说明提供者的，不承担赔偿责任。[①]该规定属于行为人侵权赔偿的抗辩理由，要求行为人必须是善意的，不知道自己销售的是侵权商品，同时需证明合法取得商品并且能说明商品提供者，方可免于承担赔偿责任，但其行为本身依然属于侵犯注册商标专用权。根据法条的规定，对侵权及赔偿的认定可以从侵犯注册商标专用权的商品、主观上是否认识到侵权商品、商品是否具有合法来源这三个方面进行分析。

1.侵犯注册商标专用权的商品

从商标法层面，可以将侵犯注册商标专用权的商品解释为，在同一种商品或者类似商品上，将与他人注册商标相同或者近似的标志作为商品名称或者商品装潢使用，误导公众的。[②]在司法实践中，商标权人往往会出具《鉴定证明书》等类似的书面证据，来证明涉案商品并非其公司生产的产品。例如泸州老窖股份有限公司与水磨沟区南湖南路宏瑞商行侵害商标权

[①]《商标法》第六十四条第二款。
[②]《商标法实施条例》第七十六条。

纠纷案[1]中，泸州老窖公司出具《鉴定证明书》，载明通过对商标、防伪标识、外箱及酒盒进行鉴定，结论为：该酒不是其公司产品。对此，最高人民法院认为，泸州老窖公司出具的《鉴定证明书》已经载明通过对商标、防伪标识、外箱及酒盒的鉴定，认为被诉侵权产品并非其公司产品，泸州老窖公司作为正品生产商，具有辨别被诉侵权产品是否为假冒产品的能力。非正品商品在制作工艺等方面往往和正品商品存在一定的出入，因此商标权人也可以通过比对商品的方式支撑商标侵权的诉讼请求。

2.主观上是否认识到侵权商品

此即判断侵权人是否存在主观过错，在司法实践中往往结合个案的情形综合认定。例如在上述案件中，乌鲁木齐市商务局（粮食局）在调查中发现，宏瑞商行购进销售酒品未提供随附单，由此对其采取措施。宏瑞商行对酒类商品的销售条件和商品货源应当明知和注意，由于其无法证明对侵权商品不知情，因此被推定为应当知道该批酒类商品为侵权商品。

上述认定标准是以行政处罚为依据的，除此之外，《公安部经济犯罪侦查局、国家工商行政管理总局商标局、公平交易局和国家知识产权局协调管理司2002年第一次工作联席会议纪要》对销售侵权商品的行为进行了列举，可以作为主观上是否存在过错的参考，主要考虑因素如下：

（1）更改、调换经销商品上的商标而被当场查获的；

（2）同一违法事实受到处罚后重犯的；

（3）事先已被警告，而拒不改正的；

（4）有意采取不正当进货渠道，且价格大大低于已知正品的；

（5）在发票、账目等会计凭证上弄虚作假的；

（6）专业公司大规模经销假冒注册商标商品或者商标侵权商品的；

（7）案发后转移、销毁物证，提供虚假证明、虚假情况的；

（8）其他可以认定当事人明知的。

---

[1] 参见（2020）最高法民再223号。

3.商品是否具有合法来源

在上述案例中，宏瑞商行因未提交证据证明被诉侵权产品来源于泸州老窖公司或其授权经销商，被认定为商品没有合法来源，其行为不具备免于侵权赔偿的条件。《商标法实施条例》对合法来源的情形作了规定：

（1）有供货单位合法签章的供货清单和货款收据且经查证属实或者供货单位认可的；

（2）有供销双方签订的进货合同且经查证已真实履行的；

（3）有合法进货发票且发票记载事项与涉案商品对应的；

（4）其他能够证明合法取得涉案商品的情形。[①]

因此，在日常生产经营活动中，应注意选择合法的进货渠道和进货商，及时收集、保管好相应的合同、票据凭证。

（四）伪造、擅自制造他人注册商标标识或者销售伪造、擅自制造的注册商标标识的

该款所规定的商标侵权行为方式，即伪造他人注册商标标识、擅自制造他人注册商标标识以及销售伪造、擅自制造的注册商标标识三种形式。商标标识的制作，主要有印刷、印染、制版、刻字、织字、晒蚀、印铁、铸模、冲压、烫印、贴花等方式。[②]注册商标标识的印制需严格按照《商标印制管理办法》的相关规定进行。

1.针对商标印制委托人的要求

根据《商标印制管理办法》的规定，委托商标印制单位印制商标的，应当出示相关材料并符合下列要求：

（1）营业执照副本或者合法的营业证明或者身份证明。[③]

（2）出示《商标注册证》，并另行提供一份复印件。如果是签订商标使用许可合同使用他人注册商标，被许可人需印制商标的，还应当出示商标使用许可合同文本并提供一份复印件；商标注册人单独授权被许可人印

---

① 《商标法实施条例》第七十九条。
② 《商标印制管理办法》第二条。
③ 《商标印制管理办法》第三条。

制商标的，还应当出示授权书并提供一份复印件。[①]

（3）商标印制委托人提供的有关证明文件及商标图样应当符合下列三个要求：

①所印制的商标样稿应当与《商标注册证》上的商标图样相同；

②被许可人印制商标标识的，应有明确的授权书，或其所提供的《商标使用许可合同》含有许可人允许其印制商标标识的内容；

③被许可人的商标标识样稿应当标明被许可人的企业名称和地址，其注册标记的使用符合《商标法实施条例》的有关规定。[②]

（4）如果委托印制的商标是未注册商标，则提供的商标图样应当符合以下两个条件：

①所印制的商标不得违反《商标法》第十条[③]的规定；

②所印制的商标不得标注"注册商标"字样或者使用注册标记。[④]

值得注意的是，实务中一些申请人认为拿到了商标局的《商标注册申请受理通知书》即可在商品或服务上以注册商标的形式使用商标，实际上，前述通知书仅代表商标局对商标注册申请的受理，还需经过商标局初步审定，满足在商标异议期内无人提起商标异议等法定要件，在商标局正式下发《商标注册证》后，申请人方可以以注册商标的形式使用商标标识。

---

① 《商标印制管理办法》第四条。

② 《商标印制管理办法》第五条。

③ 《商标法》第十条　下列标志不得作为商标使用：（一）同中华人民共和国的国家名称、国旗、国徽、国歌、军旗、军徽、军歌、勋章等相同或者近似的，以及同中央国家机关的名称、标志、所在地特定地点的名称或者标志性建筑物的名称、图形相同的；（二）同外国的国家名称、国旗、国徽、军旗等相同或者近似的，但经该国政府同意的除外；（三）同政府间国际组织的名称、旗帜、徽记等相同或者近似的，但经该组织同意或者不易误导公众的除外；（四）与表明实施控制、予以保证的官方标志、检验印记相同或者近似的，但经授权的除外；（五）同"红十字""红新月"的名称、标志相同或者近似的；（六）带有民族歧视性的；（七）带有欺骗性，容易使公众对商品的质量等特点或者产地产生误认的；（八）有害于社会主义道德风尚或者有其他不良影响的。县级以上行政区划的地名或者公众知晓的外国地名，不得作为商标。但是，地名具有其他含义或者作为集体商标、证明商标组成部分的除外；已经注册的使用地名的商标继续有效。

④ 《商标印制管理办法》第六条。

2.针对商标印制单位的要求

（1）审查委托材料

商标印制单位承揽商标印制业务，在接到商标印制委托人的委托请求和相关材料后，应当对商标印制委托人提供的证明文件和商标图样进行核查。商标印制委托人未提供《商标印制管理办法》第三条、第四条（参见第58页"1.针对商标印制委托人的要求"下第1项、第2项）所规定的证明文件，或者其要求印制的商标标识不符合《商标印制管理办法》第五条、第六条（参见第58页"1.针对商标印制委托人的要求"下第3项、第4项）规定的，商标印制单位不得承接印制。[①]

（2）填写《商标印制业务登记表》

商标印制单位承印符合本办法规定的商标印制业务的，商标印制业务管理人员应当按照要求填写《商标印制业务登记表》，载明商标印制委托人所提供的证明文件的主要内容，《商标印制业务登记表》中的图样应当由商标印制单位业务主管人员加盖骑缝章。[②]

（3）造册存档

商标标识印制完毕，商标印制单位应当在15天内提取标识样品，连同《商标印制业务登记表》《商标注册证》复印件、商标使用许可合同复印件、商标印制授权书复印件等一并造册存档。[③]

（4）建立出入库制度

商标印制单位应当建立商标标识出入库制度，商标标识出入库应当登记台账。废次标识应当集中进行销毁，不得流入社会。[④]

（5）存查期

商标印制档案及商标标识出入库台账应当存档备查，存查期为两年。

[①]《商标印制管理办法》第七条。
[②]《商标印制管理办法》第八条第一款。
[③]《商标印制管理办法》第八条第二款。
[④]《商标印制管理办法》第九条。

（五）未经商标注册人同意，更换其注册商标并将该更换商标的商品又投入市场的

该侵权行为是指借用他人的商品，将自己的商标贴于他人商品上，并投入市场流通的行为。万利达集团有限公司与北京仁歌视听科技有限公司、上海亿人通信终端有限公司等侵害商标权纠纷一案是此类中比较典型的案例。[①]原告是"malata"注册商标的专用权人，原告发现某写字楼里的平板电脑与其生产的平板电脑相似，经调查后发现，涉案平板电脑系由原告制造，在平板电脑背部盖板的右下方标有"AOV"标识，覆盖了喷涂在此处的"malata"商标及原告的企业名称，原告以被告侵犯商标权为由，向法院起诉。法院审理认为，上述行为系被告所为，属于未经原告同意擅自更换了平板电脑的商标标识的侵权行为。即使被告抗辩称，其购买了原告制造的"malata"平板电脑，卸载了原有的软件程序，安装了其享有计算机软件著作权的中央控制系统软件，而法院认为该行为也不能改变作为该软件载体的硬件仍为平板电脑的事实，就该硬件设施而言，仍是原告制造的平板电脑，与"malata"商标核定使用的"计算机、便携计算机、笔记本电脑"属相同或类似的商品。最终，法院认定被告中天公司的行为对原告依法享有的注册商标专用权造成损害，其行为构成商标侵权。

（六）故意为侵犯他人商标专用权行为提供便利条件，帮助他人实施侵犯商标专用权行为的

该款属于对帮助他人实施侵权行为的规定，即为他人实施商标侵权行为提供一切可能的便利条件，例如为商标侵权人提供印制、运输、仓储等帮助。以江中药业股份有限公司与上海夏隽医药科技有限公司（以下简称"夏隽公司"）、安徽康瑞特生物科技有限公司（以下简称"康瑞特公司"）等侵害商标权纠纷案为例，[②]原告江中药业股份有限公司（以下简称"江中公司"）于2006年受让"江中"商标，于2007年6月21日经商标局核准注册第×××号商标，核定使用商品为医用营养品、药制糖果等，有效期限经续展至2027年6月20日。原告在某电商平台发现有店铺销售的压片糖果商品链接

---

① 参见（2015）浙甬知初字第41号。

② 参见一审（2019）沪0104民初16915号、二审（2020）沪73民终434号。

中含有"平安江中"字样，原告以被告侵犯商标权为由，向法院起诉。

在庭审中，江中公司提供了封存的被控侵权商品，商品包装盒内的说明书以及塑料罐标签上均印有"平安江中TM"字样以及"【产品类型】压片糖果""【总经销】上海夏隽医药科技有限公司""【生产企业】安徽康瑞特生物科技有限公司"字样。法院审理查明，夏隽公司（本案被告）与康瑞特公司（本案被告）签订《加工承揽合同》，约定夏隽公司委托康瑞特公司加工压片糖果即被诉侵权商品，侵权商品的外包装系夏隽公司找人设计并印刷好提供给康瑞特公司。法院认为，被诉侵权商品均系具有特定保健功能的压片糖果与涉案商标核定使用的医用营养品、药制糖果具有类似的功能、用途以及消费对象，属于类似商品。被诉侵权商品上的"平安江中"标志包含了涉案商标的主要识别部分"江中"两字，两者构成近似标志。在与涉案商标核定使用的商品相类似的商品上使用与涉案商标近似的标志，易使相关公众对商品的来源产生误认，被诉侵权商品属于侵犯涉案商标专用权的商品。夏隽公司委托康瑞特公司生产侵权商品的行为，构成对涉案商标专用权的侵害，应当承担相应的侵权责任。涉案商标具有较高知名度，在夏隽公司未能向康瑞特公司提供有权使用侵权标志的情况下，康瑞特公司知道或应当知道夏隽公司生产侵权商品的行为侵害了他人的注册商标专用权，不但未予制止，反而为夏隽公司生产了侵权商品。康瑞特公司故意为侵犯涉案商标专用权行为提供便利条件，帮助他人实施侵犯商标专用权行为，其行为亦侵害了涉案商标专用权，根据《侵权责任法》第九条第一款，应与夏隽公司承担连带责任。

四、商标侵权维权

当发生商标侵权行为并引发纠纷时，当事人可以协商解决；不愿协商或者协商不成的，商标注册人或者利害关系人可以向人民法院起诉，也可以请求工商行政管理部门处理。[1]概括而言，即可采取协商、向工商行政管

---

①《商标法》第六十条第一款。

理部门投诉举报和民事诉讼的方式来解决纠纷，这也是实践中主要采用的维权方式。

（一）协商

协商，即商标权人直接或者委托律师与侵权人取得联系，或通过向侵权人发送律师函等方式，就侵权行为的赔偿、商标授权使用等相关事宜达成一致，签订和解协议、授权使用协议等。该方式的优势在于程序便捷、维权成本低、维权周期短。但值得注意的是，采用协商解决纠纷，侵权人一旦得知自己的侵权行为暴露，可能会消除、隐藏相关的侵权证据，因此，商标权利人应确保已充分收集侵权人的侵权证据后，再与其进行协商，避免协商不成，因证据不足而影响其他维权方式的使用。

（二）向工商行政管理部门投诉举报

商标权人认为其注册商标专用权被侵犯的，可以向工商行政管理部门进行投诉举报，由工商行政管理部门对侵权行为进行调查。采用该方式的优势在于维权成本低、权利人举证难度低，若后期涉及民事诉讼的，工商行政管理部门调查取证的结论可直接作为侵权证据使用，此外，当事人可以请求工商行政管理部门对侵权赔偿金额进行调解。[①]劣势在于维权周期较长、结果不可预测，即使工商行政管理部门认定构成侵犯注册商标专用权的，也只能对侵权人作出相应的行政处罚，例如责令立即停止侵权行为，没收、销毁侵权商品和主要用于制造侵权商品、伪造注册商标标识的工具，罚款，等等。对于侵犯注册商标专用权的赔偿款，虽然法律规定工商行政管理部门可以进行调解，但若调解不成，商标权人还需通过民事诉讼程序使赔偿义务获得司法强制力。

（三）民事诉讼

商标权人可以通过民事诉讼的方式，要求侵权人停止侵权并赔偿损失。采用该方式的优势在于，停止侵权行为及赔偿损失的请求可以获得司

[①]《商标法》第六十条第三款：对侵犯商标专用权的赔偿数额的争议，当事人可以请求进行处理的工商行政管理部门调解，也可以依照《中华人民共和国民事诉讼法》向人民法院起诉。经工商行政管理部门调解，当事人未达成协议或者调解书生效后不履行的，当事人可以依照《中华人民共和国民事诉讼法》向人民法院起诉。

法确认，一旦侵权人不履行生效判决书的义务，商标权人可以向人民法院申请强制执行。同时，生效的判决书对后续类似商标侵权行为的协商可以起到参照作用，有利于后续进行协商。民事诉讼方式的劣势在于，维权成本高、举证难度大，商标权人需对侵权行为承担举证责任，否则将承担败诉的风险。民事诉讼的另一个劣势在于维权周期长：一方面，存在法院审理周期长的客观因素；另一方面，作为民事诉讼的必要条件——权利人获取准确的被告信息需要花费较长的时间。举个例子，若某店存在侵犯商标权的行为，针对线下的侵权人，其经营信息一般悬挂于经营场所的营业执照内，较为容易取得；针对线上的侵权，若要获得店铺入驻经营者的信息，则需通过各平台的知识产权保护渠道，按要求提交相应材料并获取侵权人的经营信息后方可起诉。虽然民事诉讼周期长、程序复杂，但在与侵权人协商无果的情况下，选择民事诉讼依然是比较好的维权方式。

第二节　专利权保护

随着知识经济全球深入发展，国际社会更加重视知识产权，更加重视鼓励创新，知识产权日益成为国家发展的战略性资源和国际竞争力的核心要素。

2020年11月30日，习近平总书记在第十九届中央政治局第二十五次集体学习时讲到，我国正在从知识产权引进大国向知识产权创作大国转变，知识产权工作正在从追求数量向提高质量转变。我们必须从国家战略高度和进入新发展阶段要求出发，全面加强知识产权保护工作，促进建设现代化经济体系，激发全社会创新活力，推动构建新发展格局。讲话同时强调创新是引领发展的第一动力，保护知识产权就是保护创新。

为此，越来越多的市场主体也意识到知识产权保护的重要性。知识产权既可作为矛，打击对手的侵权行为；又可作为盾，保护自主技术或产品。知识产权在市场经济中扮演着越来越重要的角色。

本节旨在结合案例等说明知识产权保护，特别是发明创造保护过程中可能出现的专利申请权的选择、专利权属等相关问题。因篇幅有限，未尽全面。

一、一项发明创作作为专利申请还是作为商业秘密保护是个艰难抉择

在作出策略选择之前，我们应当了解什么是商业秘密，以及专利权与商业秘密的区别点。

《反不正当竞争法》对商业秘密的定义是：本法所称的商业秘密，是指不为公众所知悉、具有商业价值并经权利人采取相应保密措施的技术信息、经营信息等商业信息。

换言之，商业秘密必须具备保密性（不为公众所知悉）、商业价值性。

保密性（不为公众所知悉）要求企业对其主张的商业秘密要采取相应的保密措施，使得一般人难以通过公开渠道直接获悉，即该商业秘密应当不属于本领域普遍知悉及容易获得的。

其中，《最高人民法院关于审理不正当竞争民事案件应用法律若干问题的解释》第九条对不构成"不为公众所知悉"的情形作了列举规定：（1）该信息为其所属技术或者经济领域的人的一般常识或者行业惯例；（2）该信息仅涉及产品的尺寸、结构、材料、部件的简单组合等内容，进入市场后相关公众通过观察产品即可直接获得；（3）该信息已经在公开出版物或者其他媒体上公开披露；（4）该信息已通过公开的报告会、展览等方式公开；（5）该信息从其他公开渠道可以获得；（6）该信息无须付出一定的代价而容易获得。

其中，企业为防止信息泄漏所采取的保密措施应当与其商业价值等具体情况相适应且合理，在正常情况下足以防止涉密信息泄露的措施可以认定为企业对其主张的商业秘密进行了保密措施。如：（1）限定涉密信息的知悉范围，只对必须知悉的相关人员告知其内容；（2）对于涉密信息载体采取加锁等防范措施；（3）在涉密信息的载体上标有保密标志；（4）对于涉密信息采用密码或者代码等；（5）签订保密协议；（6）对于涉密的机器、厂房、车间等场所限制来访者或者提出保密要求；（7）确保信息秘密的其他合理措施。

其中，商业价值性是指企业所主张的商业秘密能为企业带来一定的经济利益，如竞争优势等。

在了解商业秘密的基本概念和特点之后，我们再来看专利与商业秘密的区别。

1.保密性

商业秘密需要企业对其主张的权利行一定的合理的保密措施；专利是

以公开换保护，无须采取保密措施。

2.排他性

商业秘密不具有排他性，不能阻止他人合法开发、享有、使用等；专利在专利权有效期内具有排他性，即未经专利人许可，他人不得实施制造、销售等侵犯专利权的行为。

3.有效性

商业秘密没有法定保护期限，只要企业保护得当没有被公开，商业秘密的保护期限可以延续很多年，甚至超过专利保护期限；专利在法律规定内具有有限的保护期限，一旦到期，将变成公知技术。

因此，企业在面临一项技术特别是核心技术，要根据技术保护措施的难易程度、企业自身需求及实际情况等尽早做好选择，明确是申请专利还是作为商业秘密进行保护，抑或两者结合，如针对最核心的技术方案甚至技术方案中的某个参数采取商业秘密保护模式，其余技术方案或技术方案的参数采取申请专利的方式。当然上述策略选择只是一种动态选择，企业可以随时根据自身需求和实际情况加以变化，如在专利申请之前采取商业秘密保护，在技术方案符合专利申请条件时也可以申请专利，或者在保密难度越来越大，或者失去保密的意义时，企业也可更改策略。

二、发明创造中涉及职务发明的相关问题解析

虽然一项技术不通过授予专利权也会产生经济效益，但在缺少法律保护的前提下，很容易成为公有技术，人人得而用之，久而久之，便失去优势。相反，一项技术一旦被授予专利权就成了无形资产，具有经济价值，在《专利法》规定的保护期限内，专利便可以如商品般在市场经济中自由流转，通过转让、许可、创造等各种方式产生经济效益。由此，专利权属纠纷屡见不鲜，其中以职务发明的权属纠纷尤为突出，原因在于根据我国现行法律制度和政策，职务发明的完成者和非职务发明的完成者个人获得经济利益的悬殊，这导致发明人总是力争将其作为非职务发明去申请专利。

1.职务发明的概念解析

笔者认为，职务发明必须同时满足职务和发明两个条件，其中员工与企业之间是否正存在或者曾经存在劳动关系，是确定职务发明的前提条件。《专利法》第六条及《专利法实施细则》第十一条规定，"职务"从工作类型上可分为与本职（包括临时单位）工作相关的、除本职工作以外的由单位（包括临时单位）交付的任务；从时间上可分为劳动关系存续期间的，退休、调离原单位（包括临时单位）后或者劳动、人事关系终止后一年内的。职务发明应当是"类型"和"时间"的两两组合，即职务发明有四种类型：（1）劳动关系存续期间因本职工作作出的发明创造；（2）劳动关系存续期间因履行单位交付的任务而作出的发明创造；（3）退休、调离或劳动关系、人事关系终止后一年内与承担原本职工作有关的发明创造；（4）退休、调离或劳动关系、人事关系终止后一年内与原单位分配的任务有关的发明创造。

《专利法实施细则》第十二条规定，专利法所称发明人或者设计人，是指对发明创造的实质性特点作出创造性贡献的人。在完成发明创造过程中，只负责组织工作的人、为物质技术条件的利用提供方便的人或者从事其他辅助工作的人，不是发明人或者设计人。《最高人民法院关于审理技术合同纠纷案件适用法律若干问题的解释》第六条对发明人或设计人作了一个更全面的规定：人民法院在认定是否是发明人或技术人（即对创造性贡献进行认定）时应当分解所涉及技术成果的实质性技术构成，提出实质性技术构成并由此实现技术方案的人，是作出创造性贡献的人，是发明人或者设计人，提供资金、设备、材料、试验条件，进行组织管理，协助绘制图纸、整理资料、翻译文献等人员，不属于完成技术成果的人，不是发明人或设计人。

另根据《专利法》及《专利法实施细则》的相关规定，主要是利用本单位的物质技术条件完成的发明创造也属于职务发明创造。本单位的物质技术条件，是指本单位的资金、设备、零部件、原材料或者不对外公开的技术资料等。

根据《最高人民法院关于审理技术合同纠纷案件适用法律若干问题的

解释》的相关规定，"主要利用法人或者其他组织的物质技术条件"包括职工在技术成果的研究开发过程中，全部或者大部分利用了法人或者其他组织的资金、设备、器材或者原材料等物质条件，并且这些物质条件对形成该技术成果具有实质性的影响；还包括该技术成果实质性内容是在法人或者其他组织尚未公开的技术成果、阶段性技术成果基础上完成的情形。但下列情况除外：对利用法人或者其他组织提供的物质技术条件，约定返还资金或者交纳使用费的，或在技术成果完成后利用法人或者其他组织的物质技术条件对技术方案进行验证、测试的。

2.如何正确认定职务发明和非职务发明

虽然《专利法》和《专利法实施细则》对如何区分职务发明和非职务发明作了规定，但是规定过于笼统，实践中的问题又比较复杂，条文理解不同，得出的结论也有所不同，所以有必要先理清职务发明和非职务发明中所涉及的模糊概念。

（1）关于"本职工作"。"本职"的范围应当是指发明人或者设计人的职务范围，即工作责任、工作职责的范围，而不是指所属单位的业务范围，也不是指个人所学专业的业务范围，不能简单地认为凡是同发明人（设计人）从事的专业工作或业务有某种联系的发明创造，均是职务发明。

如（2009）黔高民三终字第3号判决书认为：桂希衡担任的是兴义公路局的领导职务，履行行政领导职责，研究沥青改性剂并非其本职工作。

如（2012）沪高民三（知）终字第53号判决书认为：本职工作是指根据劳动合同、聘用合同等确定的工作人员的工作职责，对系争专利是否应属职务发明还考虑了如下因素。首先，原告已根据劳动合同附件所约定的岗位职责支付被告相应的岗位津贴，而被告在实际工作中亦履行了产品研发经理的职务；其次，系争专利是在原告承接"中广核"项目中为解决技术难题而开发，故涉案专利系被告为完成其本职工作而进行的发明创造，属于职务发明。

（2）关于"本单位交付的任务"。所谓"本单位交付的任务"，是除本职工作以外由单位交付的短期或临时的任务，如为特定的目的临时设立的研究小组、设计小组等，一般性号召和要求不能作为本单位交付的任务。

如（2009）川民终字第503号判决书认为：根据精钻公司提交的证据和

其法定代表人庭审中所作的陈述，飞艇制造所涉技术是成熟的现有技术，精钻公司根据制作飞艇的需要绘制零件图纸、生产零件并组装试制了一架飞艇。在此过程中，精钻公司并未就飞艇现有技术中存在哪些缺陷进行总结，也未将应在哪些方面进行技术创新及如何创新等内容列入公司计划。并且，精钻公司试制的飞艇未安装泄气阀装置，沈灏本人也陈述因为安全回收问题没有解决，精钻公司在试飞之后未再开发飞艇。可见，精钻公司也从未组织实施过泄气阀装置的研发任务。因精钻公司提交的现有证据均不足以证明其有研发飞艇泄气阀装置的任务并向有关技术人员派发了该任务，故精钻公司认为泄气阀项目必然是飞艇项目的子项目无事实依据，本院不予支持。

（3）关于"主要是利用本单位的物质技术条件"。第一，应当明确利用的物质技术条件是属于本单位，即属于发明创造的发明人所在的单位，利用本单位以外的物质技术条件的，本单位无权提出异议；第二，应当明确物质技术条件的利用是为了完成某个发明创造，而不是为了实施某个已经完成的技术方案（发明创造），即应当确定物质技术条件的利用目的及利用的时期；第三，应当明确"物质技术条件"是指单位的资金、设备、零部件、原材料、繁殖材料或者不向外公开的技术资料等，如单位的介绍信、银行账号以及利用了单位已公开的技术资料等不在此列；第四，应当明确"主要"是利用了本单位的物质技术条件，即该物质技术条件在发明创造完成过程中起到了主要作用，若缺少这种物质技术条件，该发明创造就可能完成不了；第五，约定返还资金或者支付使用费，或者仅在完成后利用单位的物质技术条件验证或者测试的除外。

如（2010）粤高法民三终字第15号判决书认为：是否构成职务发明创造应从是否执行本单位任务，或者是否主要利用本单位的物质技术条件进行判断，同时应当明确，只有当执行本单位的任务或者主要是利用本单位的物质技术条件是为了完成某个发明创造（技术方案），而不是为了实施某个发明创造（技术方案）时，该发明创造才是职务发明创造。

（4）关于发明创造完成的时间。在判断一项技术方案是否属于职务发明，还应当看其完成的时间。如果技术完成时间是在签订劳动合同或者形成事实劳动关系之前，更或者是在退休、离职、终止劳动关系一年后的，技术方案应当属于非职务发明。根据《专利法》第九条，我国专利以先申请为原则，从事实上看，一项技术方案完成的时间一定先于申请日，但在技术方案完成日无法查明时，可将申请日作为技术方案完成日。

综上，企业在了解何为职务发明后，一方面应当要注重自身权利的维护，如在招聘相关人才时，对相关人才的竞业限制及工作岗位职责进行询问和调查等；另一方面，企业对员工的非职务发明的申请权不得进行压制。

三、专利申请过程中应当注重权利要求的撰写

《专利法》第二十六条第四款规定："权利要求书应当以说明书为依据，清楚、简要地限定要求专利保护的范围。"第六十四条第一款规定："发明或者实用新型专利权的保护范围以其权利要求的内容为准，说明书及附图可以用于解释权利要求的内容。"

简而言之，专利权的保护范围应当清楚，如果权利要求书的表述存在明显瑕疵，结合说明书、附图、本领域的公知常识及相关现有技术等，不能确定权利要求中技术术语的具体含义而导致专利权的保护范围明显不清，则因无法将其与被诉侵权技术方案进行有实质意义的侵权比对，从而不能认定被诉侵权技术方案构成侵权。

案例[①]：

原告柏万清系专利号2004200915407、名称为"防电磁污染服"实用新型的专利权人。该专利的权利要求1为：一种防电磁污染服，它包括上装和下装，其特征在于所述服装在面料里设有由导磁率高而无剩磁的金属细丝或者金属粉末构成的起屏蔽保护作用的金属网或膜。

该专利的说明书书面载明，本实用新型的目的是提供一种成本低、保护范围广和效果好的防电磁污染服。所述的金属细丝可用市售5到8丝的铜丝等，所述的金属粉末可用如软铁粉末等。参照附图，这种防护服是在不

[①]《指导案例55号：柏万清诉成都难寻物品营销服务中心等侵害实用新型专利权纠纷案》，中华人民共和国最高人民法院网，2015年11月26日，https://www.court.gov.cn/fabu-xiangqing-16097.html.

改变已有服装样式和面料性能的基础上，通过在面料里织进导电金属细丝或者以喷、涂、扩散、浸泡和印染等任一方式的加工方法将导电金属粉末与面料复合，构成带网眼的网状结构即可。

法院生效判决认为：准确界定专利权的保护范围，是认定被诉侵权技术方案是否构成侵权的前提条件。本案，涉案权利要求1中的技术特征"导磁率高"的具体范围难以确定。首先，根据柏万青提供的证据，虽然磁导率有时也被称为导磁率，但磁导率有绝对磁导率与相对磁导率之分，根据具体条件的不同还涉及起始磁导率、最大磁导率等概念。不同概念的含义不同，计算方式也不尽相同。磁导率并非常数，磁场强度发生变化时，即可观察到磁导率的变化。但是在涉案专利说明书中，既没有记载导磁率在涉案专利技术方案中是指相对磁导率还是绝对磁导率或者其他概念，又没有记载导磁率高的具体范围，也没有记载包括磁场强度等在内的计算导磁率的客观条件。本领域技术人员根据涉案专利说明书，难以确定涉案专利中所称的导磁率高的具体含义。其次，从柏万青提交的相关证据来看，虽能证明有些现有技术中确实采用了高磁导率、高导磁率等表述，但根据技术领域以及磁场强度的不同，所谓高导磁率的含义十分宽泛。柏万青提供的证据并不能证明在涉案专利所属技术领域中，本领域技术人员对于高导磁率的含义或者范围有着相对统一的认识。最后，柏万青主张根据具体使用环境的不同，本领域技术人员可以确定具体的安全下限，从而确定所需的导磁率。该主张实际上是将能够实现防辐射目的的所有情形均纳入涉案专利权的保护范围，保护范围过于宽泛，亦缺乏事实和法律依据。

综上所述，根据涉案专利说明书及柏万青提供的有关证据，本领域技术人员难以确定权利要求1技术特征"导磁率"高的具体范围或者具体含义，不能准确确定权利要求1的保护范围，无法将被诉侵权产品与之进行有实质意义的侵权比对。

从以上案例可知，若无法准确确定权利要求的保护范围，维权将失去任何意义，甚至专利也会失效。此时，发明创造要么变成公知技术，要么无法用来维权，这也就意味着无法通过法律手段获得排他权，故企业在申请专利时应注重权利要求的撰写，特别要避免出现含义不清楚的描述。

第三节　著作权保护

为切实加强文学、艺术和科学领域的著作权保护，激发全民族文化创新创造活力，推进社会主义精神文明建设，繁荣发展文化事业和文化产业，2020年11月11日，十三届全国人大常委会第二十三次会议表决通过《关于修改〈中华人民共和国著作权法〉的决定》，这也是自1990年9月7日《中华人民共和国著作权法》颁布以来进行的第三次修订。著作权作为知识产权的典型权利之一，简单来说，其实就是指我们通常所说的"版权"，是作者对其所创作的文学艺术或者其他类型的作品享有的权利。

一、什么是作品

（一）作品的含义

作品，是指文学、艺术和科学领域内具有独创性并能以一定形式表现的智力成果，其包括以下几类。

（1）文字作品，是指小说、诗词、散文、论文等以文字形式表现的作品。

（2）口述作品，是指即兴的演说、授课、法庭辩论等以口头语言形式表现的作品。

（3）音乐、戏剧、曲艺、舞蹈、杂技艺术作品，其中：①音乐作品，是指歌曲、交响乐等能够演唱或者演奏的带词或者不带词的作品；②戏剧作品，是指话剧、歌剧、地方戏等供舞台演出的作品；③曲艺作品，是指相声、快书、大鼓、评书等以说唱为主要形式表演的作品；④舞蹈作品，是指通过连续的动作、姿势、表情等表现思想情感的作品；⑤杂技艺术作品，是指杂技、魔术、马戏等通过形体动作和技巧表现的作品。

（4）美术、建筑作品，其中：①美术作品，是指绘画、书法、雕塑等以线条、色彩或者其他方式构成的有审美意义的平面或者立体的造型艺术作品；②建筑作品，是指以建筑物或者构筑物形式表现的有审美意义的作品。

（5）摄影作品，是指借助器械在感光材料或者其他介质上记录客观物体形象的艺术作品。

（6）视听作品，[①]是指摄制在一定介质上，由一系列有伴音或者无伴音的画面组成，并且借助适当装置放映或者以其他方式传播的作品。

（7）工程设计图、产品设计图、地图、示意图等图形作品和模型作品，其中：①图形作品，是指为施工、生产绘制的工程设计图、产品设计图，以及反映地理现象、说明事物原理或者结构的地图、示意图等作品；②模型作品，是指为展示、试验或者观测等用途，根据物体的形状和结构，按照一定比例制成的立体作品。

（8）计算机软件。

（9）符合作品特征的其他智力成果。

（二）作品的审查认定

实务中，在判断著作权的客体是否构成作品时，一般会考虑如下因素：

（1）是否属于在文学、艺术和科学范围内自然人的创作；

（2）是否具有独创性，即需考虑是否由作者独立创作完成，对表达的安排是否体现了作者的选择、判断；

（3）是否具有一定的表现形式；

（4）是否可复制。

---

① 《中华人民共和国著作权法（2020修正）》将《中华人民共和国著作权法（2010修正）》第三条规定的"电影作品和以类似摄制电影的方法创作的作品"修改为"视听作品"。

二、著作权的取得及登记

（一）著作权的自动取得

著作权自动取得，即无论是否履行审查、办理登记等任何手续，著作权因作品创作完成、形成作品这一法律事实的存在而自然取得，也称为"无手续主义（原则）""自动保护主义（原则）"。

《中华人民共和国著作权法实施条例》（2013修正）第六条规定"著作权自作品创作完成之日起产生"，即我国对著作权采用自动保护原则，作品一经产生，不论整体还是局部，只要具备了作品的属性即产生著作权，既不要求登记、发表，也无须在复制物上加注著作权标记。

（二）作品登记

著作权虽是自动取得的，但在现实生活中，当产生纠纷时，权利人通常举证困难，因此国家鼓励作者对作品进行版权登记，以便作者在解决著作权纠纷时提供初步证据。同时，作者在进行著作权贸易，进行著作权转让、许可使用等活动时，也需要这样的权利证明文件来方便与另一方签订转让、许可使用等合同。2022年3月21日国家版权局公布的《关于2021年全国著作权登记情况的通报》显示，2021年我国著作权登记总量达6264378件，同比增长24.30%，这表明现阶段作者越来越重视著作权的保护。

1.作品著作权登记的手续

（1）办理部门

申请人办理作品著作权登记申请，可到中国版权保护中心（CPCC）版权登记大厅办理，或通过邮寄方式向中国版权保护中心作品著作权部提交登记申请材料办理。

（2）办理步骤

申请人提交登记申请材料—登记机构接收材料—通知申请人缴费—申请人缴纳登记费用—登记机构受理、审查申请材料—制作发放登记证书—网站公告。

（3）办理时限

登记机构受理登记申请后在30个工作日内办理完成。需要补正材料的，申请人自接到补正通知书后60日内完成补正，登记机构自收到符合要求的补正材料后30个工作日内办理完成。

（4）缴费要求

申请人办理作品著作权登记申请应按规定缴纳费用。[①]

申请人收到缴费通知书后，可直接到CPCC版权登记大厅向中国版权保护中心财务处缴费。通过银行汇付登记费用的，应在汇单附言中注明作品名称、流水号。

（5）申请作品著作权登记需要提交的材料

①《作品著作权登记申请表》；

②申请人身份证明文件；

③权利归属证明文件（个人作品不需要提供该项）；

④委托他人代为申请时，代理人应提交申请人的授权书（代理委托书）及代理人身份证明文件；

⑤作品样本。

说明：第①至④项均需登录网站（https://www.ccopyright.com.cn）在线打印，其中第①项需提交签章原件，第②至④项需在线上传原件，线下提交打印件；第⑤项需在线上传原件，线下提交纸介质或电子介质作品样本。

2.作品登记机关不予登记的作品

（1）不受《著作权法》保护的作品。

（2）超过著作权保护期的作品。

（3）依法禁止出版、传播的作品。

3.作品登记机关将撤销登记的作品

（1）登记后发现作品有不受《著作权法》保护，超过著作权保护期，依法禁止出版、传播的情况的。

（2）登记后发现与事实不相符的。

（3）申请人申请撤销原作品登记的。

（4）登记后发现是重复登记的。

[①]《中国版权保护中心著作权自愿登记收费标准》（2018年10月26日修订），中国版权保护中心，https://www.ccopyright.com.cn/index.php?optionid=1061.

三、著作权的权利内容及保护期

（一）著作权的权利内容

1.人身权

著作权中的人身权不同于民法概念上的人身权，这种权利是与作者人身密不可分的。著作权的人身权包括：

（1）发表权，即决定作品是否公之于众的权利；

（2）署名权，即表明作者身份，在作品上署名的权利；

（3）修改权，即修改或者授权他人修改作品的权利；

（4）保护作品完整权，即保护作品不受歪曲、篡改的权利。

2.财产权

著作权中的财产权是指能够给著作权人带来经济利益的权利。这种经济利益的实现，要依靠著作权人对作品的使用才能获得。著作权的财产权包括：

（1）复制权，即以印刷、复印、拓印、录音、录像、翻录、翻拍、数字化等方式将作品制作一份或者多份的权利；

（2）发行权，即以出售或者赠与方式向公众提供作品的原件或者复制件的权利；

（3）出租权，即有偿许可他人临时使用视听作品、计算机软件的原件或者复制件的权利，计算机软件不是出租的主要标的的除外；

（4）展览权，即公开陈列美术作品、摄影作品的原件或者复制件的权利；

（5）表演权，即公开表演作品，以及用各种手段公开播送作品的表演的权利；

（6）放映权，即通过放映机、幻灯机等技术设备公开再现美术、摄影、视听作品等的权利；

（7）广播权，即以有线或者无线方式公开传播或者转播作品，以及通过扩音器或者其他传送符号、声音、图像的类似工具向公众传播广播的作品的权利，但不包括本款信息网络传播权规定的权利；

（8）信息网络传播权，即以有线或者无线方式向公众提供，使公众可以在其选定的时间和地点获得作品的权利；

（9）摄制权，即以摄制视听作品的方法将作品固定在载体上的权利；

（10）改编权，即改变作品，创作出具有独创性的新作品的权利；

（11）翻译权，即将作品从一种语言文字转换成另一种语言文字的权利；

（12）汇编权，即将作品或者作品的片段通过选择或者编排，汇集成新作品的权利；

（13）应当由著作权人享有的其他权利。

（二）著作权的保护期

（1）作者的署名权、修改权、保护作品完整权的保护期不受限制。

（2）自然人的作品，其发表权、前述著作权财产权的权利的保护期为作者终生及其死亡后五十年，截止于作者死亡后第五十年的12月31日；如果是合作作品，截止于最后死亡的作者死亡后第五十年的12月31日。

（3）法人或者非法人组织的作品、著作权（署名权除外）由法人或者非法人组织享有的职务作品，其发表权的保护期为五十年，截止于作品创作完成后第五十年的12月31日；前述著作权财产权的权利的保护期为五十年，截止于作品首次发表后第五十年的12月31日，但作品自创作完成后五十年内未发表的，《著作权法》不再保护。

（4）视听作品，其发表权的保护期为五十年，截止于作品创作完成后第五十年的12月31日；前述著作权财产权的权利的保护期为五十年，截止于作品首次发表后第五十年的12月31日，但作品自创作完成后五十年内未发表的，《著作权法》不再保护。

四、著作权的限制

著作权的限制是指法律规定著作权人对某部作品享有充分权利的同时，在作品的利用方面对社会必须履行一些应尽的义务。

（一）可以不经著作权人许可，不向其支付报酬使用其作品的情形

在下列情况下使用作品，可以不经著作权人许可，不向其支付报酬，但应当指明作者姓名或者名称、作品名称，并且不得影响该作品的正常使用，也不得不合理地损害著作权人的合法权益：

（1）为个人学习、研究或者欣赏，使用他人已经发表的作品；

（2）为介绍、评论某一作品或者说明某一问题，在作品中适当引用他人已经发表的作品；

（3）为报道新闻，在报纸、期刊、广播电台、电视台等媒体中不可避免地再现或者引用已经发表的作品；

（4）报纸、期刊、广播电台、电视台等媒体刊登或者播放其他报纸、期刊、广播电台、电视台等媒体已经发表的关于政治、经济、宗教问题的时事性文章，但著作权人声明不许刊登、播放的除外；

（5）报纸、期刊、广播电台、电视台等媒体刊登或者播放在公众集会上发表的讲话，但作者声明不许刊登、播放的除外；

（6）为学校课堂教学或者科学研究，翻译、改编、汇编、播放或者少量复制已经发表的作品，供教学或者科研人员使用，但不得出版发行；

（7）国家机关为执行公务在合理范围内使用已经发表的作品；

（8）图书馆、档案馆、纪念馆、博物馆、美术馆、文化馆等为陈列或者保存版本的需要，复制本馆收藏的作品；

（9）免费表演已经发表的作品，该表演未向公众收取费用，也未向表演者支付报酬，且不以营利为目的；

（10）对设置或者陈列在公共场所的艺术作品进行临摹、绘画、摄影、录像；

（11）将中国公民、法人或者非法人组织已经发表的以国家通用语言文字创作的作品翻译成少数民族语言文字作品在国内出版发行；

（12）以阅读障碍者能够感知的无障碍方式向其提供已经发表的作品；

（13）法律、行政法规规定的其他情形。

（二）可以不经著作权人许可，但应向著作权人支付报酬使用其作品的情形

（1）为实施义务教育和国家教育规划而编写出版教科书，可以不经著作权人许可，在教科书中汇编已经发表的作品片段或者短小的文字作品、音乐作品或者单幅的美术作品、摄影作品、图形作品，但应当按照规定向著作权人支付报酬，指明作者姓名或者名称、作品名称，并且不得侵犯著作权人依照《著作权法》享有的其他权利。

（2）录音制作者使用他人已经合法录制为录音制品的音乐作品制作录音制品，可以不经著作权人许可，但应当按照规定支付报酬；著作权人声明不许使用的不得使用。将录音制品用于有线或者无线公开传播，或者通过传送声音的技术设备向公众公开播送的，应当向录音制作者支付报酬。

（3）广播电台、电视台播放他人已发表的作品，可以不经著作权人许可，但应当按照规定支付报酬。

五、著作权的许可使用及转让

（一）著作权的许可使用

著作权的许可使用是指著作权人将其享有著作权的作品许可他人以一定方式、在一定的地域和期限内使用的一种法律行为。使用他人作品应当同著作权人订立许可使用合同，但《著作权法》规定可以不经许可的除外。

著作权许可使用合同内容主要包括：许可使用的权利种类；许可使用的权利是专有使用权或者非专有使用权；许可使用的地域范围、期间；付酬标准和办法；违约责任，以及双方认为需要约定的其他内容。

（二）著作权转让

著作权的转让，是指著作权人将著作权中的全部或部分财产有偿或无偿地移交给他人所有的法律行为。转让《著作权法》规定的财产权利，应当订立书面合同。

著作权权利转让合同内容主要包括：作品的名称；转让的权利种类、地域范围；转让价金；交付转让价金的日期和方式；违约责任，以及双方认为需要约定的其他内容。

六、著作权侵权行为

著作权侵权，是指行为人未经著作权人同意，无法律上的依据，擅自对著作权作品进行使用，以及其他擅自行使著作权的行为。

著作权侵权行为包括：

（1）故意删除或者改变作品、版式设计、表演、录音录像制品或者广播、电视上的权利管理信息的，但由于技术上的原因无法避免的除外；

（2）知道或者应当知道作品、版式设计、表演、录音录像制品或者广播、电视上的权利管理信息未经许可被删除或者改变，仍然向公众提供的；

（3）未经著作权人许可，发表其作品的；

（4）未经合作作者许可，将与他人合作创作的作品当作自己单独创作的作品发表的；

（5）没有参加创作，为谋取个人名利，在他人作品上署名的；

（6）歪曲、篡改他人作品的；

（7）剽窃他人作品的；

（8）未经著作权人许可，以展览、摄制视听作品的方法使用作品，或者以改编、翻译、注释等方式使用作品的，《著作权法》另有规定的除外；

（9）使用他人作品，应当支付报酬而未支付的；

（10）未经视听作品、计算机软件、录音录像制品的著作权人、表演者或者录音录像制作者许可，出租其作品或者录音录像制品的原件或者复制件的，《著作权法》另有规定的除外；

（11）未经出版者许可，使用其出版的图书、期刊的版式设计的；

（12）未经表演者许可，从现场直播或者公开传送其现场表演，或者录制其表演的；

（13）未经著作权人许可，复制、发行、表演、放映、广播、汇编、通过信息网络向公众传播其作品的，《著作权法》另有规定的除外；

（14）出版他人享有专有出版权的图书的；

（15）未经表演者许可，复制、发行录有其表演的录音录像制品，或者通过信息网络向公众传播其表演的，《著作权法》另有规定的除外；

（16）未经录音录像制作者许可，复制、发行、通过信息网络向公众传播其制作的录音录像制品的，《著作权法》另有规定的除外；

（17）未经许可，播放、复制或者通过信息网络向公众传播广播、电视的，《著作权法》另有规定的除外；

（18）未经著作权人或者与著作权有关的权利人许可，故意避开或者破坏技术措施的，故意制造、进口或者向他人提供主要用于避开、破坏技术措施的装置或者部件的，或者故意为他人避开或者破坏技术措施提供技术服务的，法律、行政法规另有规定的除外；

（19）未经著作权人或者与著作权有关的权利人许可，故意删除或者改变作品、版式设计、表演、录音录像制品或者广播、电视上的权利管理信息的，知道或者应当知道作品、版式设计、表演、录音录像制品或者广播、电视上的权利管理信息未经许可被删除或者改变，仍然向公众提供的，法律、行政法规另有规定的除外；

（20）制作、出售假冒他人署名的作品的。

七、著作权侵权的法律责任

为了保护作者的著作权，打击各种侵犯著作权的行为，法律上对侵犯著作权行为的法律责任作出了相应的规定，具体包括民事责任、行政责任以及刑事责任。

（一）民事责任

1.民事责任类型

《著作权法》第五十二条规定，著作权侵权民事责任包括承担停止侵害、消除影响、赔礼道歉、赔偿损失等，并列举了应承担民事责任的侵权行为类型。

2.民事责任的损失赔偿计算方式

《著作权法》第五十四条规定，侵犯著作权或者与著作权有关的权利的，侵权人应当按照权利人因此受到的实际损失或者侵权人的违法所得给予赔偿；权利人的实际损失或者侵权人的违法所得难以计算的，可以参照该权利使用费给予赔偿。对故意侵犯著作权或者与著作权有关的权利，情节严重的，可以在按照上述方法确定数额的一倍以上五倍以下给予赔偿。权利人的实际损失、侵权人的违法所得、权利使用费难以计算的，由人民法院根据侵权行为的情节，判决给予五百元以上五百万元以下的赔偿。赔偿数额还应当包括权利人为制止侵权行为所支付的合理开支。

侵犯著作权的赔偿数额应当遵循权利人的实际损失、侵权人的违法所得、法定赔偿的顺序。其中：

（1）关于权利人的实际损失。实务中，判断权利人实际损失的方法有：侵权行为使权利人实际减少的在正常情况下可以获得的利润，但权利人能够举证证明其获得更高利润的除外；侵权行为直接导致权利人的许可使用合同不能履行或者难以正常履行，从而产生的预期利润损失；参照国家有关稿酬规定计算实际损失；合理的许可使用费；权利人因侵权行为导致复制品销售减少的数量乘以单位利润之积；侵权复制品销售数量乘以权利人销售复制品单位利润之积等方法。

（2）关于侵权人的违法所得。通常依据侵权人因侵权行为获得的利润计算"侵权人的违法所得"。若有证据证明侵权人存在明显侵权恶意、侵权后果严重的，则可以直接依据因侵权行为所获得的营业收入计算其违法所得。

（3）关于裁量确定赔偿数额。如上所述，对于著作权侵权纠纷案件，当按照权利人的实际损失、侵权人的违法所得均无法精确计算赔偿数额时，审判人员可裁量确定赔偿数额。审判员除根据当事人提交的证据外，通常还将考虑如下因素：权利人主张权利的作品市场价格、发行量、所在行业正常利润率；侵权商品的市场价格、销售数量、所在行业正常利润率以及作品对商品售价的贡献率；权利人主张权利的作品类型、所在行业的经营主体盈利模式，如互联网流量、点击率、广告收入等对损害赔偿的影响等。

（二）行政责任

《著作权法》第五十三条列举了八种情形下，侵权人除应承担民事责任外，如侵权行为同时损害公共利益的，还可由主管著作权的部门责令停止侵权行为，予以警告，没收违法所得，没收、无害化销毁处理侵权复制品以及主要用于制作侵权复制品的材料、工具、设备等，违法经营额五万元以上的，可以并处违法经营额一倍以上五倍以下的罚款；没有违法经营额、违法经营额难以计算或者不足五万元的，可以并处二十五万元以下的罚款。

（三）刑事责任

1.侵犯著作权罪

《刑法》（2020修正）第二百一十七条规定，以营利为目的，有下列侵犯著作权或者与著作权有关的权利的情形之一，违法所得数额较大或者有其他严重情节的，处三年以下有期徒刑，并处或者单处罚金；违法所得数额巨大或者有其他特别严重情节的，处三年以上十年以下有期徒刑，并处罚金：（1）未经著作权人许可，复制发行、通过信息网络向公众传播其文字作品、音乐、美术、视听作品、计算机软件及法律、行政法规规定的其他作品的；（2）出版他人享有专有出版权的图书的；（3）未经录音录像制作者许可，复制发行、通过信息网络向公众传播其制作的录音录像的；（4）未经表演者许可，复制发行录有其表演的录音录像制品，或者通过信息网络向公众传播其表演的；（5）制作、出售假冒他人署名的美术作品的；（6）未经著作权人或者与著作权有关的权利人许可，故意避开或者破坏权利人为其作品、录音录像制品等采取的保护著作权或者与著作权有关的权利的技术措施的。

2.销售侵权复制品罪

《刑法》（2020修正）第二百一十八条规定，以营利为目的，销售明知是《刑法》第二百一十七条规定的侵权复制品，违法所得数额巨大或者有其他严重情节的，处五年以下有期徒刑，并处或者单处罚金。

第三章

竞争合规

第一节　不正当竞争合规

对不正当竞争行为有深入透彻的了解和理解，是企业合规的基本内容之一。只有理解了哪些行为是不正当竞争行为，才能在经营过程中避免违法的不正当竞争行为，并洞察其他经营者出现触犯自己的合法权益的不正当竞争行为。经营主体在生产经营的过程中需要诚信经营，不诚信经营虽然在短时间内可能获得利益，但是从长远角度来讲是不利的，稍有不慎，就会侵犯其他公司的合法权益，甚至还会影响市场的秩序，承担民事、行政或刑事责任。

一、不正当竞争行为的概念和特征

在生产经营活动中，经营者违背自愿、平等、公平、诚实信用原则，违背法律及商业道德的要求，触犯《反不正当竞争法》的相关规定，扰乱市场竞争秩序，损害其他经营者或者消费者合法权益的行为，应被认定为不正当竞争行为。

不正当竞争行为具有以下特征：

1.不正当竞争行为的行为主体是经营者

关于经营者的定义，《反不正当竞争法》第二条第三款框定了认定经营者的范围，即从事商品生产、经营或者提供服务的自然人、法人或非法人组织。

但是，该款并没有对经营者以外的"其他经营者"进行界定，导致在司法实践中，侵权者常常以与被侵权人不存在竞争关系、市场关系等因素来抗辩原告（被侵权人）不具有诉讼主体资格。《最高人民法院关于适用〈中华人民共和国反不正当竞争法〉若干问题的解释》（以下简称《解释》）第二条规定：与经营者在生产经营活动中存在可能的争夺交易机会、损害竞争优势等关系的市场主体，人民法院可以认定为反不正当竞争法第二条规定的"其他经营者"。《解释》明确不能由是否"侵权者与被侵权者存在直接竞争关系和对被侵权者产生实质损害"来判断被侵权者是否具有诉讼主体资格。《解释》解决了"是否存在竞争关系"的认定问题，降低了认定存在竞争关系的标准，从而明确了被侵权者是否享有诉讼主体资格的问题，即并非存在直接、必然的竞争关系，才能作出认定系竞争关系。其他经营者与经营者之间只要存在竞争的可能性，就可以认定与经营者存在竞争关系，经营者就可以以被侵权人的主体身份提起诉讼。

2.不正当竞争行为违反法律、商业道德要求

不正当竞争行为的违法性，主要表现在行为违反了《反不正当竞争法》的相应规定，涵盖了违反《反不正当竞争法》中具体的法律规范要求和违反其原则性规定，即只要经营者的某些行为违反了自愿、平等、公平、诚实信用原则或违反了相应商业道德要求，损害了其他经营者或消费者的合法权益、扰乱了社会经济秩序，就应当被认定为不正当竞争行为。

《解释》第一条明确规定：经营者扰乱市场竞争秩序，损害其他经营者或者消费者合法权益，且属于违反《反不正当竞争法》第二章及《专利法》《商标法》《著作权法》等规定之外情形的，人民法院可以适用《反不正当竞争法》第二条予以认定。例如某公司开发并运营相关软件，实现软件使用者不需要观看其他互联网视频平台要求的前置广告即可以直接观看该网站视频的功能。该公司开发和运营的行为就违背了诚实信用的原则，使得其他商业平台通过正当商业模式获取自身商业利益的合法权益受到侵害，可以认定为构成不正当竞争。

同时，《解释》第三条对商业道德也给出了明确的界定：特定商业领域普遍遵循和认可的行为规范，人民法院可以认定为《反不正当竞争法》第二条规定的"商业道德"。举例来说，从事互联网服务的经营者，在其经营的网站搜索结果页面强行跳出广告，妨碍其他经营者经营并侵害其合法权益的行为，在违反诚实信用原则的同时，也可以被认定为违背商业道德的要求而构成不正当竞争行为。

1993年版《反不正当竞争法》采取"公认的商业道德"的规定，标准太高，容易产生不同的解释，且对违反一般和普通商业道德的行为很难予以规制，2017年修订后的《反不正当竞争法》采用"商业道德"的表述，降低了认定的门槛和标准。也正是因为"商业道德"是一个"框"，认定的随意性很大，司法解释予以举例的方式加以限定，是必要的。

3.不正当竞争行为侵害的是正当经营者、消费者的合法权益和正常的社会经济秩序

不正当竞争行为的侵害性主要体现在：对公平竞争的积极市场秩序的危害；对正常的商业秩序的破坏；对其他正当经营者的正常经营和合法权益的损害，在物质和精神上对守法经营者造成双重损害。

此外，有些不正当竞争行为，如虚假宣传行为和欺骗性有奖销售行为，在对其他经营者的合法权益造成损害的同时，也会损害广大消费者的合法权益。

比如，有些本与某"老字号"概念无关、无历史渊源的不正当经营者，通过将某"老字号"或其他近似、相似的字号注册为商标的方法，以具有该"老字号"的相关历史进行宣传的，应当被认定为虚假宣传行为。行为侵害其他经营者的合法权益，使公平竞争的市场秩序受到危害，破坏正常的商业秩序，也必然会使权利人和消费者蒙受物质损失，构成不正当竞争行为。

二、不正当竞争行为的种类和认定

在现实生活中，不正当竞争行为形式各种各样，不胜枚举。《反不正当竞争法》第二章列举、规定了七种典型的不正当竞争行为，包括市场混淆、商业贿赂、虚假宣传和误解宣传、侵犯商业秘密、违反规定的有奖销售、损害商誉、互联网不正当竞争行为。现行的《反不正当竞争法》将低于成本价销售、招投标过程中强制交易和限制交易不正当竞争行为删除，将上述三种行为纳入《招投标法》《反垄断法》的调整范畴。

我们依据现行《反不正当竞争法》的规定，对明确列举出的不正当竞争行为作了梳理和分析。

1.假冒混淆行为

《反不正当竞争法》第六条列举了四种假冒混淆行为：

（1）擅自使用与他人有一定影响的商品名称、包装、装潢等相同或者近似的标识。

①关于"相同或者近似的标识"的认定。结合司法实践，商标相同和近似的判定原则为：其一，以相关公众的一般注意为标准，既要对商标的整体进行比对，又要对商标主要的部分进行比对，判断商标侵权中的近似不限于商标整体的近似，还包括主要部分的近似。其二，判断商标是否近似，应当考虑请求保护注册商标的显著性和知名度。

日常实践中，企业名称常常与商标一致，加之《商标法》判断商标标识是否侵权，只有驰名商标才能达到跨类保护的法律效果，对于一般商标，原则限定在相同类别和类似类别的才能认定为商标侵权。对于不同类别的商标标识行为，无法适用《商标法》予以保护。其实，经营者使用他人商标标识的不正当行为，不构成商标侵权的情况下，应当适用《反不正当竞争法》第六条作出认定。

《商标法》第十一条，列举了对不得作为商标注册的标志的要求。具有商标的"识别性"特征和作用的，应该按《商标法》予以保护，如果《商标法》无法保护，则可以适用《反不正当竞争法》第六条进行认定。

通过上述分析，可以得出结论，侵权人通过仿冒、混淆手段注册除商标以外的具有一定影响的相应商品名称、包装、装潢等标识的，被侵权人同样可以依据《反不正当竞争法》及《解释》主张权利。

②关于"一定影响"的理解。对非注册商标的标识是否具有一定的影响，应当依照标注了相应标识的原始商品销售的时间、区域、数额和对象，对该标识宣传的持续时间、程度和地域范围，标识受保护的情况等因素，综合考量中国境内相关公众的知悉程度加以认定。不正当经营者使用他人的标识或者形象，其实是一种"攀附"和"搭便车"的行为，并且还

会造成消费者的混淆和误认。事实上，被"攀附"的商品或者服务往往具有一定知名度和影响力，经营者已达到了一个竞争优势地位。

需要注意，法律规定的是具有"一定影响力"，并不是"较高影响力"。所以，在司法实践中，不能以"较高知名度"和"较高影响力"来认定不正当竞争行为，否则会加重原告的举证责任，难以保障被侵权人的合法权益。

"一定影响力"在司法实践中，容易造成认定困难，《解释》对成功的司法实践进行了归纳和总结，即应当综合考虑中国境内相关公众的知悉程度，商品销售的时间、区域、数额和对象，宣传的持续时间、程度和地域范围，标识受保护的情况等因素，作为认定标识具有一定影响力的考虑的因素。国家市场监管总局曾发布查处的"张飞牛肉"不正当竞争案，就属于"攀附"和"搭便车"的不正当竞争行为。张飞牛肉公司早在20世纪80年代就将其产品命名为"张飞牛肉"。经多年投入与经营，张飞牛肉公司的主打牛肉产品在四川省境内已为广大消费者熟知，产品的市场知名度颇高。四川某公司也生产销售牛肉产品，其在产品上使用京剧脸谱形象，与张飞牛肉的包装近似，但是生产销售时间均在张飞牛肉之后。四川某公司的行为，足以使消费者产生混淆，使消费者误认为自己购买的是张飞牛肉公司产品。据此，行政机关根据《反不正当竞争法》对其作出行政处罚。

这个案例告诫我们，企业的经营者在企业经营过程中，一定要具有合规意识，靠公平竞争来实现企业发展。经营者只有提高合规经营意识，公平参与竞争，打造、经营自身品牌，才能取得更好的经济效益，实现企业的长远发展。

③关于"装潢"的理解。装潢应当是为识别与美化商品而在商品（或服务）或者其包装上附加的文字、图案、色彩及其排列组合。一般认为，由经营者营业场所的装饰、营业用具的式样、营业人员的服饰等构成的具有独特风格的整体营业形象，在中国境内具有一定的市场知名度，并为相关公众所知悉，具有一定的影响力，即可认定为《反不正当竞争法》规定的"装潢"。

较为典型的是新疆乌苏啤酒装潢案。在新疆乌苏啤酒有限责任公司诉新疆玉龙啤酒有限责任公司一案中，乌苏啤酒公司前身乌苏啤酒厂自1986年即开始生产、销售"乌苏"牌啤酒产品，该公司的中文"乌苏"牌啤酒商标依法注册登记于1979年。1989年中文"乌苏"牌商标被新疆乌苏啤酒有限责任公司专用于啤酒产品，在多年的生产、销售过程中进行了大量的广告宣传，在新疆地区形成了广泛的知名度。相关行政部门也对乌苏啤酒公司产品和商标品牌给予了积极的肯定和保护。2006年10月，"乌苏啤酒"被新疆名牌战略推进委员会评定为新疆名牌产品。2007年4月，"乌苏"牌商标被新疆维吾尔自治区工商行政管理局认定为新疆著名商标。乌苏啤酒公司是新疆范围内的大型啤酒生产企业，与新疆同类产品相比较，其产品在新疆范围内具有很高的知名度，因此，可认定"乌苏"牌啤酒是新疆范围内的知名商品，其产品的特有包装、装潢受法律保护。从庭审中的实物对比可看出，玉龙啤酒公司生产的红标和绿标"伊犁雪啤酒"与乌苏啤酒公司生产的"红乌苏啤酒"和"绿乌苏啤酒"相比，无论是整体观察，还是隔离观察，以及对主要部分进行比较，瓶型、瓶体颜色相同，外包装装潢形状、颜色整体搭配布局基本相同，颜色、图案和文字的装潢整体布局相似，瓶颈部和瓶身主标签上均使用了基本相同的图案，且背标签整体颜色与背标签内文字和整体布局也构成近似，足以造成消费者误认，存在侵犯乌苏啤酒公司的商标专用权的行为。因此，法院认定了玉龙啤酒公司构成擅自使用乌苏啤酒公司知名商品特有的包装、装潢的行为，属于不正当竞争，应当依法承担民事责任。

（2）擅自使用他人有一定影响力的企业名称、社会组织名称、姓名。

根据《解释》第九条，市场主体登记管理部门依法登记的企业名称，以及在中国境内进行商业使用的境外企业名称，即可认定为《反不正当竞争法》第六条第二项规定的"企业名称"，包括有一定影响的个体工商户、农民专业合作社（联合社）以及法律、行政法规规定的其他市场主体的名称（包括简称、字号等）。

该条对"企业名称"的概念做了扩张性解释，更具有科学性，不但包括在市场监管部门登记注册的企业名称，还包括在中国境内使用的外国企业名称，同时结合《民法典》关于民事主体的规定，个体工商户、人民团体、其他组织、自然人等是重要的民事主体，同时也会是经营主体，其"名称""姓名""字号""企业名称"非常重要，同样依据《反不正当竞争法》第六条第二项的规定予以调整和保护。

（3）擅自使用他人具有一定影响的域名主体部分、网站名称、网页等。

以往的案例，法院认定域名侵权行为，很多都是根据《反不正当竞争法》第二条第一款的规定，认定其违反了诚实信用的原则，构成不正当竞争。现行的《反不正当竞争法》第六条第三项将域名等互联网领域的市场标识作为一种单独类型，规定擅自使用他人有一定影响的域名主体部分、网站名称、网页等混淆行为，构成不正当竞争。《解释》对不正当经营者擅自使用对他人有一定影响的字号、企业名称、域名主体部分、网站名称、网页等"近似的标识"的认定，也作出了明确规定：间接使用他人具有一定影响的"标识"的行为，如果与他人标识构成近似，让人产生混淆和误认可能性，该种"搭便车"的行为，都应该依据《反不正当竞争法》第六条第二项、第三项，予以调整。

互联网时代到来后，经营者市场经营离不开互联网平台，为发挥市场竞争优势，注册具有自我标识的"特殊符号"域名具有重要意义，需要对域名保护更加重视。

（4）其他足以引人误认为是他人商品或者与他人存在特定联系的混淆行为。

引人误认为是他人商品或者与他人存在特定联系，包括误认为与他人具有商业联合、许可使用、商业冠名、广告代言等特定联系。

在相同商品上使用相同或者视觉上基本无差别的商品名称、包装、装潢等标识，毫无疑问会造成公众对于他人有一定影响的标识的误认。《解释》第十三条规定，经营者实施下列混淆行为之一，足以引人误认为是他人商品或者与他人存在特定联系的，人民法院可以依照《反不正当竞争法》第六条第四项予以认定：（1）擅自使用反不正当竞争法第六条第一项、第二项、第三项规定以外"有一定影响的"标识；（2）将他人注册商标、未注册的驰名商标作为企业名称中的字号使用，误导公众。这是对《反不正当竞争法》第六条第四项"兜底性的规定"进行了强调。对注册商标、未注册的驰名商标作为企业字号使用，对公众造成误认和混淆的，属于《反不正当竞争法》第六条第四项规定的"其他足以引人误认为是他人商品或者与他人存在特定联系的混淆行为"。

《解释》第十四条规定：经营者销售带有违反《反不正当竞争法》第六条规定的标识的商品，引人误认为是他人商品或者与他人存在特定联系，当事人主张构成反不正当竞争法第六条规定的情形的，人民法院应予支持。该解释把经营者销售带有违反《反不正当竞争法》第六条规定的标识的商品，引人误认为是他人商品或者与他人存在特定联系，认定为不正当竞争行为。把销售包含有他人标识的商品的行为作为不正当竞争行为，如果明知是侵权产品而销售，与经营者承担共同侵权责任；如果不知情，并能证明是合法来源的，虽然侵权行为成立，但是可以不承担民事赔偿责任。

对上述四种《反不正当竞争法》所列举的混淆行为，我们也结合《解释》对其进行了梳理与分析。但是如果故意为他人实施混淆行为提供仓储、运输、邮寄、印制、隐匿、经营场所等便利条件，又该如何适用法律？《解释》第十五条规定，对为不正当竞争行为提供帮助的行为，强调适用《民法典》第一千一百六十九条第一款"教唆、帮助他人实施侵权行为的，行为人应当与经营者共同承担连带侵权责任"。

2.商业贿赂行为

商业贿赂行为伴随着商品交易行为的诞生而萌芽、发展。《关于禁止商业贿赂行为的暂行规定》这样定义"商业贿赂"：商业贿赂是指经营者为销售或者购买商品而采用财物或者其他手段贿赂对方单位或者个人的行为。为争取交易机会，暗中将财物或其他好处给予对市场交易具有影响能力的客体（自然人、法人）的经营者行为，通常被称为商业贿赂。商业贿赂发展至今，其贿赂形式可称"多种多样"，但其主要形式是回扣。

关于商业贿赂，依据《反不正当竞争法》第七条规定，结合《关于禁止商业贿赂行为的暂行规定》的规定，联系司法实践，可以概括出以下几种常见的商业贿赂形式：

（1）给予或收受回扣。商业贿赂行为中最为普遍也最为典型的贿赂形式非"回扣"莫属。给予或收受回扣可归纳为两个基本特点：一是"账外暗中"，手段包括不记入财务账、将回扣支出（或收入）转入其他财务账中、做假账，等等。二是按所出售（购买）的商品（服务）一定比例来折算应支付（获得）的回扣金额。即使贿赂者给予的并非现金而是其他有价物品，只要给予的经济利益是按照交易的比例进行折算的，就可以将双方认定为给予和收受回扣行为。多数情况下，交易双方（或多方）的对方单位、单位主管、经办人员是回扣的给付对象，但也有其他人员通过促成交易收受回扣的可能性。

（2）假借广告费、宣传费、促销费等名义给付或者收受各种经济利益。这一类商业贿赂行为可以在交易的各个阶段发生，不一定与交易价款比例挂钩的特征是它区别于回扣的特点，是仅次于回扣的常见的一类贿赂手段。比如供应商为获取独家销售权，通过支付事实上没有发生业务的广告费、咨询费、宣传费等获取在商场的销售权，排挤其他竞争对手。

（3）以报销费用、提供旅游等方式进行商业贿赂。经营者通过报销费用、提供旅游等方式进行间接贿赂，不仅更好地规避了法律风险，同时也加强了感情投资，笼络对方经办人。比较常见的，比如医药代理为将药品打进医院，以考察为名，邀请院内相关人员参与国际考察，实际是进行外国旅游，且为"考察"人员报销花费的考察费用。

（4）违规附赠现金、物品等。在我国法律允许的范围内，经营者对消费者的附赠行为是合法的。同样地，商业习惯、法律规定中也保留了经营者之间在商品交易中赠送小额广告礼品的自由。但法律严禁除小额广告礼品以外经营者间的交易附赠行为。一些经营者在经营中经常采取的附赠油卡、购物卡、购物券等方式实质上属于违反了诚实信用原则的商业贿赂行为。

（5）佣金的非法给予与收取。佣金，是指经营者在市场交易中给予为其提供服务的具有合法经营资格的中间人的劳务报酬。反之，暗中给付佣金，将中间人的劳务报酬非法隐匿（双方不入账），这种行为属于非法收受佣金。向不具有合法经营资质的中间人（该服务事项不具执业资格或不具经营许可、不在经营许可的经营范围内）给付佣金，该不具资质中间人收取佣金的行为即属于非法收受佣金。例如，保险公司为扩展业务，找一些中间"代理商"，根据业务量的多少，然后以劳务费的名义给不具备保险代理资格的经营者支付佣金费用。

商业行贿行为与商业受贿行为是相互依存的，没有商业行贿行为就不会有商业受贿行为。但在执法和司法实践中，因为行为主体、行为目的和承担的法律责任不同，商业行贿和商业受贿是两种相对独立的行为。《反不正当竞争法》明确规定经营者的工作人员进行贿赂的，应当认定为经营者的行为，但法律同时规定了员工商业贿赂的例外情形，即"经营者有证据证明该工作人员的行为与为经营者谋取交易机会或者竞争优势无关的除外"。

如果当事人虽然主张免除经营者的主体责任，但是因为销售人员主观上为完成销售目标，客观上达到了促进销量并取得竞争优势的效果，经营者很难免除其主体责任。因此，经营者应加强反商业贿赂的合规制度建设，如规定对于涉嫌商业贿赂的支付，企业财务部门对该费用应当决定不予报销，同时留存不予报销的记录等。

3.虚假宣传和误解宣传

《反不正当竞争法》第八条规定："经营者不得对其商品的性能、功能、质量、销售状况、用户评价、曾获荣誉等作虚假或者引人误解的商业宣传，欺骗、误导消费者。经营者不得通过组织虚假交易等方式，帮助其他经营者进行虚假或者引人误解的商业宣传。"

经营者不得利用广告或其他公众知道的方法，对商品的质量、制作成分、性能、用途、生产者、有效期限、产地等作引人误解的虚假宣传。较为常见的，比如互联网平台通过组织、帮助他人进行"刷单炒信"的不正当竞争行为，就属于虚假宣传的行为。违法行为主体依托网络平台，实现揽商、分工、合作、牟利等系列虚构交易、虚增数额的违法目的，严重扰乱了公平有序的电子商务市场经营秩序，误导消费者作出对商品、服务质量与现实相悖的主观评判，进而损害广大消费者的合法权益。

4.侵犯商业秘密行为

《反不正当竞争法》第九条规定了侵犯商业秘密的行为。侵犯商业秘密行为是不正当竞争行为中非常典型的一类行为，本章第三节将做详细介绍，本节不做赘述。

5.有奖销售的禁止行为

有奖销售是指经营者以销售商品或者获取竞争优势为目的，向消费者提供奖金、物品或者其他利益的行为，包括抽奖式和附赠式等有奖销售。经营者在有奖销售前，需要明确公布奖项种类、参与条件、参与方式、开奖时间、开奖方式、奖金金额或者奖品价格、奖品品名、奖品种类、奖品数量或者中奖概率、兑奖时间、兑奖条件、兑奖方式、奖品交付方式、弃奖条件、主办方及其联系方式等信息。《反不正当竞争法》第十条对有奖销售作出明确的规定，国家市场监管总局曾发布查处的"益达口香糖"不正当竞争案，涉事公司就触犯了《反不正当竞争法》第十条的规定。涉事公司曾在全国范围内投入1500万瓶益达口香糖，开展有奖销售活动，通过口香糖瓶身包装对外明示抽奖规则，消费者通过购买口香糖后打开瓶盖，扫描瓶盖内二维码进入抽奖页面进行抽奖参与活动。执法人员发现活动在售的益达口香糖瓶身包装上的抽奖规则与抽奖页面中的抽奖规则不相符，经过调查，涉事公司瓶身包装上标注的三等奖奖品、一等奖中奖率、活动有效期均与实际不一致，影响兑奖。据此，给予涉事公司行政处罚。

国家市场监管总局制定并实施《规范促销行为暂行规定》，对有奖销售条款作了更细化全面的规范，明确了兑奖的条件、奖品的形式、谎称有奖的方式、抽奖最高奖超5万元的认定、非现金形式或其他利益作为奖品价格计算等法律条款，为企业合规提供了更加明确的指引。

6.损害商誉行为

《反不正当竞争法》第十一条规定，经营者不得编造、传播虚假信息或者误导性信息，损害竞争对手的商业信誉、商品声誉。《解释》第二十条规定，经营者传播他人编造的虚假信息或者误导性信息，损害竞争对手的商业信誉、商品声誉的，人民法院应当依照《反不正当竞争法》第十一条予以认定。

在经营者的经营过程中，一方面，经营者对于自身的经营行为，要坚定合规经营意识不放弃，把持合规经营行为不动摇。要以正当经营者的身份，通过产品质量优势、价格策略得当、服务水平领先等良性竞争优势在市场竞争中赢得用户青睐，建立自身良好商誉，以此获得整体优势。切不可以损害他人商誉的手段图一时之利。

另一方面，对于商誉受到不法侵害即遭到不正当经营者侵权的正当经营者，要积极采取法律手段，通过法律武器维护自身合法权益，恢复自身受损的商业形象。

信息网络时代丰富与发展了信息交互方式，自媒体等传媒形式已成为社会公众获知相关咨询的重要媒介。特别对于其他经营者的商品与服务的评价，应当遵循诚信、客观、科学、公允的评判尺度，禁止"损人肥私"的商业诋毁行为。

7.互联网不正当竞争行为

《反不正当竞争法》专门规定了"互联网条款"，经营者不得利用技术手段，通过影响用户选择或者其他方式，实施妨碍、破坏其他经营者合法提供的网络产品或者服务正常运行的行为。插入链接、强制进行目标跳转作为常见的互联网不正当竞争行为，值得我们注意。

《解释》第二十一条规定，未经其他经营者和用户同意而直接发生的目标跳转，人民法院应当认定为《反不正当竞争法》第十二条第二款第一项规定的"强制进行目标跳转"。仅插入链接，目标跳转由用户触发的，人民法院应当综合考虑插入链接的具体方式、是否具有合理理由以及对用户利益和其他经营者利益的影响等因素，认定该行为是否违反《反不正当竞争法》第十二条第二款第一项的规定。

《解释》第二十二条对此进行细化：经营者事前未明确提示并经用户同意，以误导、欺骗、强迫用户修改、关闭、卸载等方式，恶意干扰或者破坏其他经营者合法提供的网络产品或者服务，人民法院应当依照《反不正当竞争法》第十二条第二款第二项予以认定。但如果经营者事前明确提示用户，并经用户同意，在用户自愿的情况下"修改、关闭、卸载"经营者提供的网络产品或者服务的行为，就不属于《反不正当竞争法》第十二条第二款规定的不正当竞争行为。

现如今，"流量"作为网络竞争成败的关键，已然成为经营者角逐的对象。互联网不是法外之地，互联网企业时刻受到社会和舆论的关注，只有通过依法合规经营，以创新拥抱市场，以优质的产品和内容输出赢得消费者和社会公众认可，才能在激烈的市场竞争中取胜。

三、不正当竞争行为的法律责任

经营者不正当竞争行为，需要承担相应的法律责任，法律责任又分为民事责任、行政责任、刑事责任。依据《反不正当竞争法》第二十七条的规定，民事责任优先，也就是说，责任主体财产不足以覆盖全部赔偿金、罚金等时，优先用于民事责任的赔偿。

（一）民事责任

民事责任是法律责任的一种，是违反了民事法律规定的义务所应承担的法律责任。不正当竞争行为民事法律责任是指违反法律规定，实施了不正当竞争行为的市场经营者，因消费者、其他正当经营者的合法权益受到其行为的非法侵害，而要承担的民事法律后果。不正当竞争行为应承担的损害赔偿责任是一种因侵权行为而承担的民事责任。

《反不正当竞争法》第十七条规定：经营者违反本法规定，给他人造成损害的，应当依法承担民事责任。对于该类民事责任的承担，最常见的方式就是赔偿损失。对于经营者的赔偿数额的确定，一般按照其因被侵权所受到的实际损失确定；实际损失难以计算的，按照侵权人因侵权所获得的利益确定。对于恶意实施侵犯商业秘密行为，情节严重的，可以在按照上述方法确定数额的一倍以上五倍以下确定赔偿数额。

另外一种常见民事责任是停止侵权行为。《解释》第二十五条规定，依据《反不正当竞争法》第六条的规定，当事人主张判令被告停止使用或者变更其企业名称的诉讼请求依法应予支持的，人民法院应当判令停止使用该企业名称。被侵权人可以要求侵权人在停止侵权同时，要求停止使用或者变更企业名称。

（二）行政责任

除民事责任外，因不正当竞争行为类型的不同，《反不正当竞争法》还规定了行为人应当承担的行政责任。行政责任是行为人违反行政法律规范的相应要求所应承担的一类法律后果。行政责任以行政违法为前提，其后果则是行政制裁。《反不正当竞争法》规定的行政处罚形式主要有：没收违法所得、罚款、吊销营业执照。

《反不正当竞争法》第十八条至第二十四条对各类不正当行为规定了相应的行政责任和处罚。

（三）刑事责任

刑事责任在法律责任中，性质最为严重，否定评价最为强烈，制裁后果最为严厉。刑事责任是指行为人违反刑事法律规定，依法应接受刑罚制裁的法律后果。不正当竞争的刑事法律责任，是指经营者在市场经济活动中，违反《反不正当竞争法》，情节严重因而构成犯罪，依法应当承担的以刑罚为处罚方式的法律责任。也因其刑事责任的严厉性，对于刑事责任的承担，必须有明确的法律依据。对于不正当竞争所产生的刑事责任，因其行为方式不同，罪名和承担方式也有所不同。

1.非国家工作人员受贿罪

《刑法修正案（十一）》将《刑法》第一百六十三条"非国家工作人员受贿罪"修订为："公司、企业或者其他单位的工作人员，利用职务上的便利，索取他人财物或者非法收受他人财物，为他人谋取利益，数额较大的，处三年以下有期徒刑或者拘役，并处罚金；数额巨大或者有其他严重情节的，处三年以上十年以下有期徒刑，并处罚金；数额特别巨大或者有其他特别严重情节的，处十年以上有期徒刑或者无期徒刑，并处罚金。"

《关于办理贪污贿赂刑事案件适用法律若干问题的解释》对于该罪作出细化规定，即对于非国家工作人员受贿罪，构成数额较大的起点为六万元，数额巨大的起点为一百万元，数额特别巨大的起点为一千五百万元。

2.对非国家工作人员行贿罪

《刑法》第一百六十四条规定，为谋取不正当利益，给予公司、企业或者其他单位的工作人员以财物，数额较大的，处三年以下有期徒刑或者拘役，并处罚金；数额巨大的，处三年以上十年以下有期徒刑，并处罚金。

同样地，《关于办理贪污贿赂刑事案件适用法律若干问题的解释》第十一条第三款也作出了细化规定：构成对非国家工作人员行贿罪的，数额较大的起点为六万元；数额巨大的起点为二百万元。

3.侵犯商业秘密罪

根据《刑法》第二百一十九条，侵犯商业秘密，情节严重的，处三年以下有期徒刑，并处或者单处罚金；情节特别严重的，处三年以上十年以下有期徒刑，并处罚金。

4.损害商业信誉、商品声誉罪

根据《刑法》第二百二十一条，捏造并散布虚伪事实，损害他人的商业信誉、商品声誉，给他人造成重大损失或者有其他严重情节的，处二年以下有期徒刑或者拘役，并处或者单处罚金。

5.虚假广告罪

根据《刑法》第二百二十二条，广告主、广告经营者、广告发布者违反国家规定，利用广告对商品或者服务作虚假宣传，情节严重的，处二年以下有期徒刑或者拘役，并处或者单处罚金。

随着市场经济的飞速发展、法律法规的不断完善，企业经营者必须时刻警惕，避免触犯法律红线，严格遵守市场规则和道德底线，才能降低企业经营风险、树立良好的经营形象、激发经营活力，才能在国家不断深化改革的浪头中、在激烈的市场竞争中屹立不倒。

第二节　反垄断合规

一、垄断与反垄断

垄断是经营者经营发展到一定阶段后产生的经济结果，与自由竞争相对，垄断排斥、限制竞争。从现代经济学的角度来看，经济体（经营者[①]）的垄断行为有其发展到一定规模后的必然性，但也不能视而不见，任其发展，要预见并防止发生其利用优势地位违反自由竞争的不利社会后果。

经营者的垄断行为是其经营行为的一部分，其垄断行为的目的和采取的具体手段往往都决定于其既定的企业发展目标、企业文化、企业的商业模式等情况，在行政执法和民事诉讼中对涉嫌垄断行为的审查认定也都会涉及对行业发展、商业模式、交易安排的分析及经济学的原则和方法。

我国已经颁布实施了反垄断的相关法律法规、规章制度，无论是行政执法处罚还是民事赔偿诉讼方面已均有相关案例，并对垄断经营者作出了警示、处罚及赔偿要求。本书在此不对垄断行为进行经济学或法学理论上的过多讨论，更侧重从现有案例对垄断行为及后果的认定中，以司法实践的法律适用来引导经营者的经营行为，探讨如何根据现有法律法规的规定规范企业经营，做好反垄断的合规工作，避免、减少企业可能因"涉嫌"或被认定为存在垄断而承担的不利法律后果。

[①]由于本节的讨论主要基于《反垄断法》及相关规定、案例展开，下文将被诉主体统一为"经营者"。

二、我国针对反垄断的主要相关规定

2008年8月1日《中华人民共和国反垄断法》开始实施，这也是反垄断最主要的法律依据。关于《反垄断法》的实施意义，上海市高级人民法院（2018）沪民终475号中判决明确，《反垄断法》规制的是设置壁垒阻碍其他经营者公平自由竞争，而非以不正当竞争行为损害其他竞争者利益的行为。[①]2009年5月24日《国务院反垄断委员会关于相关市场界定的指南》公布实施。最高人民法院于2012年1月30日公布了《关于审理因垄断行为引发的民事纠纷案件应用法律若干问题的规定》。

2019年4月8日，中共中央办公厅、国务院办公厅印发的《关于促进中小企业健康发展的指导意见》指出，要深入推进反垄断、反不正当竞争执法，以保障中小企业能够公平地参与市场竞争。

国家市场监督管理总局于2019年6月26日公布了《禁止滥用市场支配地位行为暂行规定》，该《规定》于2022年3月24日经《国家市场监督管理总局关于修改和废止有关规章的决定》修改后自2022年5月1日施行。

《国务院关于经营者集中申报标准的规定》于2008年8月3日公布实施；国家市场监督管理总局反垄断局于2018年9月29日修订并实施《关于经营者集中申报的指导意见》。

国务院反垄断委员会于2020年9月18日发布《经营者反垄断合规指南》和《关于汽车业的反垄断指南》，于2021年2月7日发布《关于平台经济领域的反垄断指南》，于2021年11月15日发布《企业境外反垄断合规指引》。

2021年开始，北京、浙江、天津、山东、河北、河南、上海、四川、贵州、湖北、湖南等地相继推出地方经营者反垄断合规指引，其中部分地区发布的主要针对的是平台经济领域。

2021年8月30日，中央全面深化改革委员会第二十一次会议审议通过《关于强化反垄断深入推进公平竞争政策实施的意见》。会议指出，强化

[①]《武汉市汉阳光明贸易有限责任公司与上海韩泰轮胎销售有限公司垄断协议纠纷二审民事判决书》，中国裁判文书网，https://wenshu.court.gov.cn/website/wenshu/181107ANFZ0BXSK4/index.html?docId=3877381d5318488188d0ac2201197577.

反垄断、深入推进公平竞争政策实施，是完善社会主义市场经济体制的内在要求。针对一些平台企业存在野蛮生长、无序扩张等突出问题，社会将加大反垄断监管力度。

国务院反垄断委员会针对相关具体行业，于2019年1月印发《关于汽车业的反垄断指南》；针对医药行业，于2021年11月15日印发《关于原料药领域的反垄断指南》。随着反垄断执法和司法实践的成熟，针对各行业的反垄断工作必将会完善起来。

2022年6月24日，全国人大常委会十三届第三十五次会议表决通过了关于修改反垄断法的决定，并于2022年8月1日开始施行。针对这次修订，全国人大常委会法工委发言人杨合庆指出，反垄断法修正草案贯彻落实党中央关于强化反垄断和防止资本无序扩张的决策部署，根据平台经济领域的竞争方式和特点，进一步明确了反垄断相关制度在平台经济领域中的适用规则。

三、经营者面临的反垄断行政执法和司法诉讼的压力

（一）反垄断的行政执法

以2022年3月的统计数据为例，国家市场监督管理总局对20个案件作出行政处罚决定书（其中垄断协议案件3起、未依法申报违法实施经营者集中案17起）；无条件批准经营者集中案50起；地方市场监督管理局纠正滥用行政权力排除、限制竞争行为3起。可以看出，各地市场监督管理局到总局均加强了对经营者经营行为的主动审查工作，对垄断行为的监管和查处力度逐年增强；各经营者也开始加强合规意识，主动按要求报送相关情况。在前述20起行政处罚决定案件中，涉及处罚对象为腾讯控股有限公司的有8起，这也说明经营者的反垄断合规工作尚有较大整改、完善的空间。

2018年7月，国家市场监督管理总局对湖南尔康医药经营有限公司、河南九势制药股份有限公司两家扑尔敏原料药企业启动了立案调查，后认定两家企业存在滥用其在中国扑尔敏原料药市场具有的市场支配地位，实施了以不公平高价销售商品、没有正当理由拒绝与交易相对人进行交易、没有正当理由搭售商品等行为。国家市场监管总局决定，责令两家企业停止

违法行为；没收湖南尔康医药经营有限公司违法所得239.47万元，并处以2017年度销售额8%的罚款计847.94万元；对河南九势制药股份有限公司处以2017年度销售额4%的罚款计155.73万元。

2019年4月，上海市市场监督管理局认定伊士曼（中国）投资管理有限公司在相关市场内实施了没有正当理由限定交易效果的排他性协议行为，责令该公司停止违法行为，并处以罚款24378711.35元。

2021年4月10日，国家市场监督管理总局认定阿里巴巴集团存在"二选一"的垄断行为，责令阿里巴巴集团停止违法行为，并处以其2019年中国境内销售额4557.12亿元4%的罚款，共计182.28亿元。之后，腾讯、京东、百度、字节跳动等多家巨头也收到了行政处罚。

从以上可以看到，对垄断协议的行政处罚对经营者已经构成一定实质性影响。

（二）反垄断的司法实践

虽然我国颁布实施《反垄断法》较晚，但由于国家对反垄断的宣传力度较大，参与市场行为的个人、处于相对弱势的中小市场主体的反垄断法律维权意识逐渐增强，民事诉讼纠纷案件逐年增加。其中，关于垄断行为的认定、赔偿金额的统计和证据的收集仍是专业性很强的工作，目前看到的反垄断民事诉讼案件中，原告胜诉的概率仍很低。虽然有国外比较成熟的反垄断案例可以学习，但在反垄断的民事诉讼中，原告如何对垄断行为定性、原告对举证责任的理解和在举证方面存在的天然弱势地位及法官的法律适用水平等，都存在尚需逐步提高的空间。

目前我国的反垄断纠纷由知识产权庭来审理，很多已决案件除了由各省高级人民法院判决，还由最高人民法院作出终审认定，这使得对垄断行为的认定标准逐渐清晰，论证认定过程也趋向模式化，虽然判决的赔偿标准有待进一步论证和提升，但已经可以看出法院对保护公平市场竞争环境的积极态度。

应该重视的是，法院对反垄断行为的认定将影响并决定行政执法的认定尺度，也是经营者在日常经营中建立、调整商业行为，做好反垄断合规的有效依据。

四、反垄断行为认定中的主要问题

（一）垄断协议的效力

《反垄断法》第十三条第二款规定，垄断协议，是指排除、限制竞争的协议、决定或者其他协同行为。从该条款可以看出，反垄断法调整的不是狭义的"协议"，而是垄断行为的合意，包括以书面或口头方式达成的协议、以竞争者之间的实际行为达成了事实上的一致等情形。

最高人民法院在台州市路桥吉利机动车驾驶培训有限公司、台州市路桥区承融驾驶员培训有限公司诉浙江省台州市路桥区十五家驾培单位驾驶培训服务行业的横向垄断协议纠纷案中判决认定："反垄断涉及国家整体经济运行效率和社会公共利益，原则上应当将反垄断法关于禁止垄断行为的规定作为效力性强制性规定，违反该规定的合同条款无效。"[1]

争议协议一旦被认定为垄断协议，且不具有《反垄断法》第十五条所规定的豁免事由的，则该协议无效。协议各方应按照合同无效的法律后果承担相关法律责任，而可能涉及的市场各相关方如因此遭受经济损失的，也将有权进行追究。

争议协议的部分条款被认定为违反《反垄断法》的禁止性约定而无效，其他部分条款仍为有效的，因履行协议发生的款项支付和赔偿亦将区分是否为履行不同条款发生而有不同的法律后果。[2]

经营者或相关各方在垄断协议的约定中，往往涉及关于市场界定、经销体系、经销商管理规则的条款，务必做好商业目的及商业模式上的反垄断审查。

（二）横向垄断协议的构成及举证责任

《反垄断法》第十三条第一款规定了五种类型的垄断协议，包括：固定或者变更商品价格；限制商品的生产数量或者销售数量；分割销售市

---

[1]宾岳成：《合同条款违反反垄断法原则上应认定无效》，最高人民法院知识产权法庭，2022年3月22日，https://enipc.court.gov.cn/zh-cn/news/view-1877.html.

[2]《毛冬军与李旭东、陈述垄断协议纠纷一审民事判决书》，中国裁判文书网，https://wenshu.court.gov.cn/website/wenshu/181107ANFZ0BXSK4/index.html?docId=f64db2a8a5da42cd9a0eab9100fd13b8.

场或者原材料采购市场；限制购买新技术、新设备或者限制开发新技术、新产品；联合抵制交易。禁止的是具有竞争关系的经营者间的垄断协议行为，也即横向垄断协议，该协议行为对反垄断行为的认定影响最为直接，其中串谋定价、分割市场和联合限制产量的垄断协议行为对竞争的损害尤其严重，也被称为"核心卡特尔"[①]。

在审查争议协议时，除了确认适格主体、相关商品和市场范围，核心是条款内容是否具有排除、限制竞争的效果，但对于横向垄断协议行为，原告则不是必须对竞争效果予以举证证明。最高人民法院在判决中明确，"属于常见的具有排除、限制竞争效果的典型的横向垄断协议类型，一旦达成，一般就会产生排除、限制竞争的实际效果或潜在效果，可以推定其具有排除、限制竞争的效果，"[②]应由被诉的经营者承担其协议不具有排除、限制竞争效果的举证责任。

经营者必须高度重视与产品竞争者之间的关系处理，一旦对涉嫌的垄断行为达成合意，即使没有实施，也可能被认定为构成横向垄断协议行为而无效。

同时，《反垄断法（修正草案）》增加规定，"经营者不得组织其他经营者达成垄断协议或者为其他经营者达成垄断协议提供实质性帮助"，也即将更严格地对经营者间垄断协议及其形成过程，包括后续经营的实际情况进行考察，以避免经营者的规避行为。

（三）纵向垄断协议的构成及举证责任

《反垄断法》第十四条规定禁止的是纵向垄断协议行为，规定明确"应当综合考虑对竞争秩序、经济效率的影响效果、对消费者和社会公共利益的影响效果，才能得出是否属于垄断协议的结论"。但纵向垄断发生在经营者与相对人之间，往往都表现为经销协议、代理协议等合同形式，如果未涉及社会公共利益，未突破双方合同约定，则将被认定仅为合同或

[①]黄勇：《严守法律红线规制垄断行为——解读"砖瓦协会"垄断纠纷案》，最高人民法院知识产权法庭，2021年3月4日，https://enipc.court.gov.cn/zh-cn/news/view-1081.html.
[②]何隽、刘清启：《最高法知产庭：约定限制生产销售并协调价格"调解协议"被认定违反反垄断法》，腾讯网，2022年3月29日，https://view.inews.qq.com/a/20220329A0B4H200.

侵权纠纷，^①而非实施了垄断行为的纠纷，这是纵向垄断协议纠纷首先审查的重点。

需要注意的是，《反垄断法》禁止的纵向垄断协议行为有明确的行为方式和范围的规定，主要是关于固定和限定转售价格的，而在实际经营过程中，经营者往往会采取其他方式达到对低价销售行为的控制，又规避了《反垄断法》的禁止性规定。康健苗苗（杭州）医药有限公司与登士柏（天津）国际贸易有限公司纵向垄断协议纠纷案件中，^②一审法院认为，经营者登士柏（天津）国际贸易有限公司通过向经销商发《通知函》的方式禁止向康健苗苗（杭州）医药有限公司供货，为单方行为而非与交易相对人达成的协议，也未在《通知函》中明确最低价格，因此不构成纵向垄断协议行为。

相比横向垄断协议的审查，纵向垄断协议的认定一般需要原告承担更为充分的关于"竞争效果"的举证责任，在理由充分的情况下，法院会视情况给予举证的协助。广东省高院在东莞市横沥国昌电器商店、东莞市晟世欣兴格力贸易有限公司纵向垄断协议纠纷案二审判决中认为，原告应对争议纵向垄断协议是否具有排除、限制竞争效果承担证明责任。但原告的举证能力有限，而纵向垄断协议纠纷案件涉及对公平市场竞争秩序的规范，关系到社会的公共利益，法院对举证问题不宜像审理普通民事案件一样处于被动地位，可以根据案情需要，主动依职权调取证据。在经原告举证和法院调取证据，仍无法收集到相关证据的情况下，举证不力的法律后果仍应当由原告承担。^③

也有法院认为，从预防垄断行为的目的来说，纵向垄断协议行为的认

①《北京龙盛兴业科技发展有限公司与霍尼韦尔自动化控制（中国）有限公司等纵向垄断协议纠纷一审民事裁定》，中国裁判文书网，https://wenshu.court.gov.cn/website/wenshu/181107ANFZ0BXSK4/index.html?docId=10657bdbbb0348d78fc172ccf4d147d7.
②《康健苗苗（杭州）医药有限公司与登士柏（天津）国际贸易有限公司纵向垄断协议纠纷一审民事判决书》，中国裁判文书网，https://wenshu.court.gov.cn/website/wenshu/181107ANFZ0BXSK4/index.html?docId=f8cae784ca7e4b839048ac79009f334c.
③《东莞市横沥国昌电器商店、东莞市晟世欣兴格力贸易有限公司纵向垄断协议纠纷二审民事判决书》，中国裁判文书网，https://wenshu.court.gov.cn/website/wenshu/181107ANFZ0BXSK4/index.html?docId=c511ba00956c4d2cae2fa97a00be5dbe.

定不以"排除、限定竞争"的效果为必要构成要件，除非能证明存在《反垄断法》第十五条的豁免情形，否则只要具备第十四条规定的固定向第三人转售商品的价格、限定向第三人转售商品的最低价格的行为形式即可认定存在垄断。[①]

《反垄断法（修正草案）》规定，对于固定和限定转售价格的行为协议，经营者能够证明其不具有排除、限制竞争效果的，将不被禁止；草案还增加了"安全港"规则，对经营者与交易相对人订立的垄断协议，如果经营者的市场份额低于法律规定标准和规定条件的，亦不被禁止。当然，在实际经营中，经营者实施这些行为时，关于竞争效果、市场份额等情况可以如何证明、何时需要举证、是否需要固定该证据，这既是对经营者的机会条件，也是对其合规管理的挑战。从合规管理的角度来说，应当对自己的销售行为从严要求，审慎作出固定、限定价格的决定，并且需要主动、随时、及时收集并保存自身商品、服务的市场竞争、市场份额、产品价格及协议的竞争效果等情况的相关证据。

（四）"相关市场"的认定问题

"相关市场"是涉嫌垄断行为发生的市场范围，包括了交易各方或案涉各方所处的交易期间范围、地域范围、商品或服务供给范围（包括具体功能、具体品类、具体内容等）在内的各类因素。"相关市场"的界定是对垄断行为进行识别的基础和前提，构成案件审理的核心。[②]《国务院反垄断委员会关于相关市场界定的指南》（以下简称《指南》）第二条明确指出：在禁止经营者达成垄断协议，禁止经营者滥用市场支配地位，控制具有或者可能具有排除、限制竞争效果的经营者集中等反垄断执法工作中，均可能涉及相关市场的界定问题。无论是在垄断协议还是在滥用市场支配地位、经营者集中的反垄断审查中，定义、方法和标准都是一致的。

---

① 《海南省物价局与海南裕泰科技饲料有限公司行政处罚二审行政判决书》，中国裁判文书网，https://wenshu.court.gov.cn/website/wenshu/181107ANFZ0BXSK4/index.html?docId=23889d5188d84e87aaa4a85c01845f73.

② 曾志红、陈小珍、徐康：《刘大华诉湖南华源实业有限公司、东风汽车有限公司东风日产乘用车公司等垄断纠纷案》，北大法宝，http://hnlawyer.chinalawinfo.com/case/PFnl_a25051f3312b07f3329b0e89c1366106694343deb14b622abdfb.html.

在《指南》中有对"相关市场"的定义及认定方法的介绍，除了替代性分析、假定垄断者测试方法外，还鼓励根据案件具体情况采用经济学分析方法进行界定。《指南》也是目前法院审理中认定"相关市场"的主要依据。

在徐亮与青岛通宝汽车有限公司捆绑交易纠纷案中，原告在庭审中确认的商品范围是广州本田正厂零部件及保养所需材料，法院则将该案的争议商品范围界定为"广汽本田飞度轿车所用的机油滤清器及机油"，地域范围为争议行为所在当地。①该案的"相关市场"即青岛地区广州本田飞度轿车所用的机油滤清器及机油的市场。

"相关市场"需要考察的三个主要要素：一是时间跨度，竞争行为所发生的一定时期；二是商品范围，存在竞争关系的商品或服务的范围；三是地域范围，存在竞争关系的商品和服务的相关地域。②其中关于时间跨度相对容易认定。

地域范围的界定，可以从需求替代的角度分析，考虑需求者因商品或服务价格或者其他竞争因素的变化而转向其他地域购买的情况、多数需求者选择商品或服务的实际区域和商品或服务提供者进入市场的障碍、特定区域需求者偏好、相关法律法规的规定、其他地域竞争者的现状及其进入市场的及时性等因素；还可以从供给替代的角度分析，主要考虑其他地域的经营者对商品或服务价格等竞争因素的变化作出反应的证据、其他地域的经营者提供相关商品或服务的及时性和可行性等因素③。

在认定"商品"范围时，法院会从不同角度考虑，比如替代品、潜在生产商，一般而言法院都会确定较细分的"商品"品类范围或具体而特定

①《徐亮与青岛通宝汽车有限公司捆绑交易纠纷民事一审判决书》，中国裁判文书网，https://wenshu.court.gov.cn/website/wenshu/181107ANFZ0BXSK4/index.html?docId=1b8739ec951c4a36b3fe0fa15a729ee9.

②《东莞市横沥国昌电器商店、东莞市晟世欣兴格力贸易有限公司纵向垄断协议纠纷二审民事判决书》，中国裁判文书网，https://wenshu.court.gov.cn/website/wenshu/181107ANFZ0BXSK4/index.html?docId=c511ba00956c4d2cae2fa97a00be5dbe.

③《广州大明联合橡胶制品有限公司、吉尼斯世界纪录有限公司等滥用市场支配地位纠纷民事二审民事判决书》，中国裁判文书网，https://wenshu.court.gov.cn/website/wenshu/181107ANFZ0BXSK4/index.html?docId=3b0b3791c61f43a197b0ae7100f09db4.

的品类来确定"相关市场"的范围。当商品范围的相关市场缩小后，再来讨论商品的可替代性以及经营者在该范围内的影响力会更简单、清晰。

"相关市场"认定的必要性也有一定例外。最高人民法院在（2013）民三终字第4号滥用市场支配地位纠纷案（以下简称"腾讯360案"）判决中指出，"即使不明确界定相关市场，也可以通过排除或者妨碍竞争的直接证据对被诉经营者的市场地位及被诉垄断行为可能的市场影响进行评估。因此，并非在每一个滥用市场支配地位的案件中均必须明确而清楚地界定相关市场"。

对于经营者来说，尤其是多品类多品牌的经营者，需要关注不同产品或服务的市场情况，比如经销的不同区域、不同对象，以及在该范围内的竞争者情况。

（五）滥用市场支配地位

"滥用市场支配地位"是《反垄断法》第三条规定的垄断行为之一。经营者，尤其是已经具备一定行业影响力的、有明显竞争优势的经营者，有自然垄断优势的经营者，以及行业协会这样的相关行业性的组织，应当予以高度重视。

认定"滥用市场支配地位"的前提是对"相关市场"的界定，标准同前所述。

更重要的是对经营者在该市场中是否有支配地位的证明。结合《反垄断法》第十八条关于认定具有市场支配地位应考虑因素的规定，最高人民法院在广州大明联合橡胶制品有限公司、吉尼斯世界纪录有限公司等滥用市场支配地位纠纷二审判决中对"市场支配地位"进行了明确定义："市场支配地位是指经营者在相关市场内具有能够控制商品价格、数量或者其他交易条件，或者能够阻碍、影响其他经营者进入相关市场能力的市场地位。"

被诉经营者的市场地位的认定，可以从被诉经营者案涉商品的市场占有率、对该类商品定价的影响力和控制力、被诉经营者对销售渠道的管理模式等方面证明。在有些案件中，除当事各方提交的证据外，法院亦会依职权到相关行业协会、行业行政管理部门、相关权威资讯统计、发布机构调取行业情况说明、排名、市场占有率等方面的证据。

　　值得关注的是，根据《最高人民法院关于审理因垄断行为引发的民事纠纷案件应用法律若干问题的规定》第十条，经营者自己对外发布的信息显示并能证明其具有市场支配地位的将可能作为认定的证据。因此，各经营者应重视公共宣传的工作审查，已经具备市场较高知名度和占有率的经营者，在对外宣传时要注意宣传的口径和尺度。尤其是经营者产品种类较少、在细分领域具备一定领先地位或产品具有一定程度的不可替代性的，更应当注意对外宣传的方向和内容要考虑自身的市场策略、经销体系的情况，需要注意多部门的协同工作。

　　最后需要审查的是，经营者是否有实施垄断行为。《反垄断法》并不禁止经营者占据一定的市场支配地位，禁止的只是占据市场支配地位的经营者是否实施了能够影响市场结构、破坏市场竞争秩序的行为。最高人民法院在腾讯360案的判决中指出，"即使被诉经营者具有市场支配地位，判断其是否构成滥用市场支配地位，也需要综合评估该行为对消费者和竞争造成的消极效果和可能具有的积极效果，进而对该行为的合法性与否作出判断"。在判断具有市场支配地位的经营者实施的行为是否构成滥用市场支配地位的垄断行为时，应当考虑该行为是否具有排除、限制竞争的效果，需要综合评估该行为对消费者和竞争造成的消极效果和可能具有的积极效果，进而对该行为的合法性与否作出判断。[①]

　　还需要说明的是，在对涉嫌滥用市场支配地位的行为的审查中，需要重视被诉经营者在相关市场中的具体市场份额，而在对涉嫌垄断协议的审查中，确认被诉经营者是否具有强市场地位的审查，无须进行具体数据的计算和统计。如果有被诉经营者所占市场份额的数据证据，对证明其市场地位的情况也是有利的。

　　对于天然具有市场支配地位的各类公用企业，如自来水、电、燃气、电视等供应企业，应注意在开展安装及供应服务时，避免发生搭售或捆绑销售行为，即应该给予用户自行选择相关材料、设备、设施的商品或服务

[①]《云南盈鼎生物能源股份有限公司、中国石化销售有限公司云南石油分公司拒绝交易纠纷再审审查与审判监督民事裁定书》，中国裁判文书网，https://wenshu.court.gov.cn/website/wenshu/181107ANFZ0BXSK4/index.html?docId=9dd4224a7d254fc88d68ab8e01158160.

的内容及提供商的权利和可能。

（六）排除、限制竞争效果的认定

公平竞争是反垄断要解决的终极问题，对争议行为"竞争效果"的确认则是纠纷解决中的核心工作，需要综合考虑相关市场竞争是否充分、被诉经营者的市场地位以及被诉涉嫌垄断行为实施的目的和后果等方面。上海市高级人民法院在北京锐邦涌和科贸有限公司诉强生（上海）医疗器材有限公司、强生（中国）医疗器材有限公司纵向垄断协议纠纷案的二审判决中，对案涉垄断协议是否有排除、限制竞争效果给予了非常全面的分析。[①]

在该案中，法院对市场竞争是否充分的认定从案涉商品是否有替代品、商品的市场准入情况、案涉商品的替代成本、案涉商品的历史价格和走向等方面进行论证；关于被诉经营者作出涉嫌垄断行为的动机，需要考察是为了激发、促进竞争还是为了自身回避竞争；对排除、限制竞争的认定则从案涉商品的价格水平及定价趋势、涉嫌垄断行为是否对其他竞争经营者产生影响及何种影响、消费者利益是否受损等方面进行考察；涉嫌垄断行为是否具有可促进竞争的效果，可以从被诉经营者的涉嫌垄断行为是否促进了其本身商品质量的提升、是否有效解决了其营销体系中阻碍竞争的问题、是否促进了新品牌、新产品的进入、消费者是否受益等方面证明。

排除、限制相关市场的竞争行为有可能是明显的，也可能是隐蔽性极强的。但由于反垄断涉及国家整体经济运行效率和社会公共利益，《反垄断法》关于禁止垄断行为的规定已被法院认定为效力性强制性规定，[②]执法机构、司法机关有权主动审查行为的合法性。最高人民法院在阿斯利康有限公司与江苏奥赛康药业有限公司侵害发明专利权纠纷一案中，主动对案涉"药品专利反向支付协议"进行了反垄断初步审查。尽管由于案件的特殊情况使得已经不具备进一步查明涉案协议是否涉嫌违反《反垄断法》的条件，但最高人民法院通过该案裁判，阐明了对所谓的"药品专利反向支付协议"予以

[①]北京锐邦涌和科贸有限公司与强生（上海）医疗器材有限公司等纵向垄断协议纠纷上诉案，中国知识产权律师网，2013年11月5日，http://www.cdiplawyer.cn/fldcpws/130051.jhtml.
[②]宾岳成：《合同条款违反反垄断法原则上应认定无效》，最高人民法院知识产权法庭，2022年3月22日，https://enipc.court.gov.cn/zh-cn/news/view-1877.html.

反垄断审查的必要性，并明确了该类协议进行反垄断审查的限度和路径。①

（七）经营者集中申报的问题

《反垄断法》第三条规定，具有或者可能具有排除、限制竞争效果的经营者集中为垄断行为。其他现行的相关规定包括：《国务院关于经营者集中申报标准的规定》（2018修订）、《经营者集中审查暂行规定》（2022修改）、《关于经营者集中申报文件资料的指导意见》、《金融业经营者集中申报营业额计算办法》。

"经营者集中"审查的重点为是否"具有或者可能具有排除、限制竞争效果"。《反垄断法》第二十七条规定应考虑的主要因素包括：参与集中的经营者在相关市场的市场份额及其对市场的控制力；相关市场的市场集中度；经营者集中对市场进入、技术进步的影响；经营者集中对消费者和其他有关经营者的影响；经营者集中对国民经济发展的影响。

关于经营者的集中申报问题，强调的是在经营者集中发生前向反垄断执法机构进行申报，但从目前查处的案件看，大部分都是已经实施了集中行为，甚至完成了相关股权变更登记手续的情况。在这种情况下，无论集中行为是否具有排除、限制竞争的效果，都要受到行政处罚。

从已查处的违法未进行集中申报的案件看，有些违法交易时间比较早，甚至是十年以上的，这说明违法实施经营者集中的追溯期比较特殊，只要违法行为仍在持续，而经营者没有补报，就将被视为违法行为且一直持续，执法机关有权追溯调查并处罚。

对于具有一定行业影响力，可能发生或经常发生并购、重组及投资设立合营企业情况的经营者，在交易前以及交易过程中即需要审慎考虑经营者集中对交易的影响以及主动申报的安排。

值得关注的是，虽然反垄断执法机构对未依法申报经营者集中案的主动查处力度在增强，但对阿里巴巴、腾讯、百度等行业巨头来说，该类案件的罚款顶格处罚金额为50万元不值一提，可能出于交易的保密及安全等方面的考虑，对其投并购事项不能按规定进行申报，屡次出现在被处罚的

---

①廖继博、高雪：《最高法首次针对"药品专利反向支付协议"作反垄断审查》，最高人民法院知识产权法庭，2022年3月22日，https://enipc.court.gov.cn/zh-cn/news/view-1881.html.

名单中。这样的情况应该会成为反垄断执法机构下一步的执法重点，当然也需要各方进一步考虑经营者集中申报可以改进的地方。

五、反垄断风险应对与合规

企业在现在的市场环境下，应更加正视所面临的反垄断执法及诉讼的法律风险和违法成本，被认定存在反垄断行为，将不仅受到行政处罚，对相关方进行惩罚性赔偿，相关高管责任人还可能将承担刑事责任。企业合规中做好反垄断合规工作势在必行。

反垄断合规的目标是建立有效的反垄断合规制度，最大程度降低垄断行为发生的概率。同时，建立有效的反垄断合规制度，也体现了企业对维护公平竞争环境的积极态度。在涉及反垄断调查或诉讼审理中，有健全的合规制度并实施，将有助于企业争取减轻、从轻处罚，也有利于执法机构考量是否可以适用经营者承诺制度中止或终止调查。

企业是否具有垄断行为，与企业是否追求以排除、限制竞争为目的，两者密切相关，这也是企业在经营活动中无论以何种行为形式必将体现出来的，并将影响全体员工及其他利益相关人。制定制度和规则不是目的，要想反垄断合规制度具备可执行性，首先要提高所有人员关于应当倡导公平市场竞争、坚决抵制垄断行为的意识，实际控制人、高级管理人员应带头作出承诺并在日常工作中严格执行。

垄断行为往往都和企业的发展目标、战略布局、市场构建以及商业模式紧密相关，这些都取决于决策层的意识及决策。因此，建议完善企业重大决策的决策机制，建立会议及档案管理制度，作出科学、合理、有据、可查的重大决策。还应当允许合规人员主动参与到决策的制定建议、审查和实施过程中，以便监督并及时反馈。

反垄断合规工作还应关注可能与垄断行为发生有关的重点部门，比如市场部门、销售部门、公共宣传部门等，在这些部门的工作中应嵌入反垄断的自查和监督审查程序。企业需要关注产品或服务的市场环境，己方与竞争对手的市场竞争情况及具体数据的监测，外界对产品或服务的评价，产品或服务的销售、推广政策，经销商体系的构建及规则制定，企业对外宣传的口径；还应重视与行业协会、数据统计监测部门保持积极沟通。企业的合规负责人还应主动关注相关业务部门的前述工作，及时反馈问题、积极建议。

对行业协会确立的行业管理规定、行业协会发起的联盟性文件和联合性文件，需要审慎论证、谨慎发声，尤其对已经有一定行业影响力的经营者来说，要敢于提出建设性意见。对于迫于行业发展压力必须签署、加入或实施的，要做好相关过程性证明文件的留存，在后续如果涉及到反垄断调查和诉讼，这些证据将对经营者对反垄断行为的影响力、执行意愿和实施情况的认定，可能会产生一定减缓作用。

在实际经营过程中，经营者与其竞争对手不完全是对立关系，更有可能是互相协作、互补互利、彼此激励的共生关系。但由于考虑在实践中对"横向垄断协议"的"强势"认定，经营者要审慎考虑和竞争对手的合作关系与合作模式，无论以何种方式，包括书面协议、联盟或口头约定的方式，避免达成有可能达到排除、限制竞争的条件。为谨慎起见，在与竞争对手的接触中，相关人员也要注意沟通时所公开的经营者经营情况、经营政策等方面的公开口径，避免竞争对手获知经营者信息后调整自身经营战略，以形成与经营者事实上的"统一"行为。

企业发现可能存在垄断行为的风险后，应积极自我整改；发现已对外形成垄断的不利影响的，除整改外，还应及时主动向执法机构报告，主动配合执法机构的检查。企业在接受反垄断调查时，应摆正心态，积极配合，而不应拒绝、阻碍、对抗调查，在诉讼中隐瞒或故意不提交相关资料的，将承担举证不能的后果。企业应综合考虑行为的实际情况以及可能产生的影响，利用好反垄断相关规定中的主动承诺及宽大制度，最大程度降低可能给企业造成的不利后果。

"垄断"作为一种市场行为，与经济及技术的发展息息相关，必将不时出现新的表现方式和影响，比如在《国务院反垄断委员会关于平台经济领域的反垄断指南》中便出现了关于"轴辐协议"的垄断行为形式，但对该行为的界定和规定，尚处于不成熟的阶段。因此，反垄断及合规的工作也势必是与时俱进、不断补充和调整的。

唯有开展反垄断工作的目的是唯一不变的标准，即确保公平的市场竞争。

第三节　商业秘密合规

　　商业秘密是现今企业的核心竞争力，也是企业最为重要的知识产权之一。与专利相类似，商业秘密是企业保护创新成果的主要方式，甚至是企业在经营过程中更为重要的方式。任何一家企业都有自己的商业秘密，例如工艺流程、配方、技术图纸、客户信息、实验数据、研究和开发计划、营销渠道等，这些信息资料对任何一家企业来说都是最为核心的商业秘密，也是企业安身立命的根本。截至目前，我国还没有专门出台一部针对商业秘密的法律，其中关于商业秘密的规定更是散见于《反不正当竞争法》《刑法》《关于禁止侵犯商业秘密行为的若干规定》等法律法规中。但是近年来，商业秘密保护越来越受到我们的重视。2019年4月，《反不正当竞争法》进行了第二次修正，对商业秘密的范围重新进行了界定：规定凡是具有价值的商业信息，都在商业秘密的保护范围内。该界定将企业商业秘密的范围扩大了。2020年1月，中国与美国签订了《中美经贸协议》，把保护商业秘密作为优化营商环境的核心要素之一；2020年9月11日，最高人民法院发布了《最高人民法院关于审理侵犯商业秘密民事案件适用法律若干问题的规定》，这是我国首次单独针对商业秘密民事案件出台的司法解释，其对商业秘密民事保护进行了较为系统、全面的规定；2020年12月，《刑法修正案（十一）》将侵犯商业秘密罪由结果犯修改为行为犯，大大降低了入罪门槛；2021年4月，最高人民法院颁布的《关于审理侵害知识产权民事案件适用惩罚性赔偿的解释》规定了侵犯商业秘密的惩罚性赔偿制度；2022年3月2日，国家市场监管总局印发了《全国商业秘密保护创新试点工作方案》，体现了我国政府厚植商业秘密保护沃土、激发创新活力的决心；2022年3月20日，《最高人民法院关于适用〈中华人民共和国反不正当竞争法〉若干问题的解释》颁布实施，我国在商业秘密保护方面开启了一个新的篇章。至此，我国关于商业秘密保护的法律法规空前完备，法律保护水平也达到了历史新高。

然而，大部分企业还没有充分认识到这些变化，并未制定有效的商业秘密合规管理制度，其商业秘密仍处于"裸奔"状态。一旦遭遇商业秘密侵权，即便进行诉讼，绝大部分也因各种原因败诉。导致这种现象的首要原因是，企业没有建立完善有效的企业商业秘密合规管理制度，其所谓的商业秘密仍然处于事实状态，还不属于法律规定的商业秘密权，没有进行法律上的有效确权，从而无法进行有效的维权。本节将从商业秘密所涉的保护范围、裁判要点及合规建议等方面展开论析。

一、商业秘密的认定

中国与美国于2020年1月签订的《中美经贸协议》第一章《知识产权》第二节"商业秘密和保密商务信息"中，将商业秘密定义为："任何自然人或法人的商业秘密、流程、经营、作品风格或设备，或生产、商业交易，或物流、客户信息、库存，或收入、利润、损失或费用的金额或来源，或其他具备商业价值的信息，且披露上述信息可能对持有该信息的自然人或法人的竞争地位造成极大损害。"[1]该份协议几乎详细地列举了国际上普遍对商业秘密客体的认定规则。而《反不正当竞争法》在2019年第二次修订时，将原来对商业秘密的定义"技术信息和经营信息"改为"不为公众所知悉、具有商业价值并经权利人采取相应保密措施的技术信息、经

---

[1] 《中美经贸协议》第一章第二节"商业秘密和保密商务信息"："美国重视商业秘密保护。中国认为保护商业秘密是优化营商环境的核心要素之一。双方同意，确保对商业秘密和保密商务信息的有效保护，以及对侵犯上述信息行为的有效执法。"对上述信息的解释为，双方同意，保密商务信息是涉及或与如下情况相关的信息：任何自然人或法人的商业秘密、流程、经营、作品风格或设备，或生产、商业交易，或物流、客户信息、库存，或收入、利润、损失或费用的金额或来源，或其他具备商业价值的信息，且披露上述信息可能对持有该信息的自然人或法人的竞争地位造成极大损害。

营信息等商业信息"①。由此可见，经过修订的《反不正当竞争法》，其立法本意是将符合"三性"特征的商业信息均纳入商业秘密的范畴来保护，其在商业秘密的保护范围上已经将《中美经贸协议》充分涵括了。

虽然侵犯商业秘密的行为得到了相对明确的列举，但是现行法律中却并没有明确商业秘密的认定标准。从《反不正当竞争法》对商业秘密的定义内容上来看，商业秘密必须具有"秘密性""价值性"以及"保密性"三个构成要件。但在实务中，对商业秘密的认定是建立在权利人所保护的商业秘密的具体内容是相对明确的前提下的。在商业秘密侵权案件中，权利人需要举证证明其所保护的商业秘密的具体内容及范围，从而才能证明其所拥有的商业秘密权利的具体存在。

《最高人民法院关于审理侵犯商业秘密民事案件适用法律若干问题的规定》第一条规定：与技术有关的结构、原料、组分、配方、材料、样品、样式、植物新品种繁殖材料、工艺、方法或其步骤、算法、数据、计算机程序及其有关文档等信息，人民法院可以认定构成《反不正当竞争法》第九条第四款所称的技术信息。与经营活动有关的创意、管理、销售、财务、计划、样本、招投标材料、客户信息、数据等信息，人民法院可以认定构成《反不正当竞争法》第九条第四款所称的经营信息。据此，企业需要根据自身的情况来判断商业秘密的范围——哪些商业信息需要以商业秘密的方式来保护，并使该类需要保护的信息符合商业秘密的构成要件，这样才能获得法律强有力的保障。

二、商业秘密的保护

由于商业秘密具有无形性，持有人难以控制，极易受到他人侵害，一旦泄密将会对持有人造成难以挽回的损失，严重的甚至关乎企业的生死存亡。因此对于商业秘密的保护，也成为了企业经营活动中极为重要的经营手段之一。2020年9月出台的《最高人民法院关于审理侵犯商业秘密民事案件适用

---

① 《反不正当竞争法》第九条第四款：本法所称的商业秘密，是指不为公众所知悉、具有商业价值并经权利人采取相应保密措施的技术信息、经营信息等商业信息。

法律若干问题的规定》在商业秘密的各个层面为企业提供了实操指引。

但是值得注意的是，并非所有的商业信息都可以满足商业秘密的构成要件。比如前述提到的"客户信息"，在发生纠纷时，如果企业仅以与其特定客户长期保持稳定交易关系为由，从而主张该特定客户及其相关交易信息属于商业秘密，人民法院一般不予支持。

若要形成法律概念上商业秘密保护的"客户信息"，应当不仅包括客户的名称、地址、联系方式以及交易习惯、内容等，还要求企业对客户信息所采取的保密措施，达到一种相对"合理、必要"的程度，且他人无法从公开渠道当中获得，这样才能够满足商业秘密的基本构成要件。例如，浙江某环保设备有限公司与其企业职工侵害商业秘密纠纷案中，企业作为该案原告认为其职工所掌握的客户交易习惯、产品规格及需求、数量等深度信息应当属于企业商业秘密，而其职工在离职之后未经企业允许向他人披露上述信息并与之进行交易，侵犯了其商业秘密权。然而法院经审理认为，企业作为本案原告所主张的供应商信息是被告职工在其工作期间正常获得的，属于其在职工作期间工作内容的一部分；且企业除与职工签订过保密条款以外，并未对其主张的客户信息采取相应保密措施以防止为不特定公众所知悉，从而认定原告主张的客户信息不构成法律规定的商业秘密。[1]由该案件可知，企业想成为商业秘密的权利人，必须采取一种相对"合理、必要"的措施，将自己所持有的信息维持在一种"不为公众所知悉"的秘密状态下——商业秘密的价值性也正是源于这样的一个保密状态。

但是，商业秘密的秘密性并非排斥所有人，权利人保持秘密的限度也只能是一种相对的状态。当"不为公众所知悉"出现在商业秘密的制度中时，这里的公众便不能再是一般意义上的主体，而是某些确定的、具有共同特性的某个范围内的主体——即"相对的"公众。法律概念上不仅对公众的定义是局限的，对于有关"公众知悉"的标准也是具有相对性的。那么有个问题，在这类案件中，如果权利人所主张的客户信息完全来源于"公众知悉"的信息，这些信息是否可以构成商业秘密？宁波某理容器材

---

[1]参见浙江省绍兴市柯桥区人民法院（2021）浙0603民初3704号《民事判决书》。

有限公司上诉其企业职工宋某、姚某以及宁波某企业有限公司侵害经营秘密及仿冒纠纷一案，法院经审理后认为：商业秘密的定义是指不为公众所知悉，具有商业价值并经权利人采取相应保密措施的技术信息和经营信息。因此，涉案客户信息若要成为经营秘密的一种，需由上诉人证明其花费了一定的时间和精力，将上述客户信息从公知信息中提取、整理出来，然后有目的地加以使用。即上诉人应证明其付出了相当的时间、人力、物力和财力成本等商业努力，在与客户的交易过程中，获取并使其客户联系方式等从公知信息中提取的、具有经济价值的客户信息特定化，从而构成区别于相关公知信息的特殊经营信息，并体现一定的竞争优势。①

根据法院的上述释法及判处可知，只要企业作为权利人对公知信息进行了整理、改进、加工，且因此形成的新信息符合《最高人民法院关于审理侵犯商业秘密民事案件适用法律若干问题的规定》第三条"在被诉侵权行为发生时不为所属领域的相关人员普遍知悉和容易获得的"这一条件，②同样可以作为商业秘密受到保护。其原因就是权利人对"公众知悉"的信息进行整理、改进、加工的方式本身就可能是保密的，而这种加工方式以及由此产生的新信息同样可以对企业产生重要的商业价值。

三、商业秘密的合规保护

通过本节列举的前述案例可知，企业商业秘密泄露的绝大多数风险来自离职员工，这几乎已经成为世界公认的事实。大部分商业秘密相关的权利是基于企业内部管理而自动产生的，权利范围的边界常常是在纠纷发生后、个案在主张权利的过程中，通过认定权利人提供的相关证据材料，从而确定商业秘密的秘点。而员工将前雇主的商业秘密带到新入职的单位使用，充分反映出企业在商业秘密方面的管理的缺失。如何保护企业商业秘

---

① 参见浙江省宁波市中级人民法院（2022）浙02民终715号《民事判决书》。
② 《最高人民法院关于审理侵犯商业秘密民事案件适用法律若干问题的规定》第三条：权利人请求保护的信息在被诉侵权行为发生时不为所属领域的相关人员普遍知悉和容易获得的，人民法院应当认定为《反不正当竞争法》第九条第四款所称的不为公众所知悉。

密，以及在发生商业秘密侵权案件后如何积极有效地采取应对措施，已经成为所有企业在经营以及发展的过程中不得不面对的问题。

企业是否具备完善的合规体系，是多国执法机构评判企业对于侵犯商业秘密行为应当负有何种责任的重要标准之一，因此构建商业秘密保护合规体系是目前有效应对商业秘密保护调查、商业秘密侵权诉讼的重要手段之一。为了更好地帮助企业构建商业秘密合规保护制度，结合现行我国涉及商业秘密保护的相关法律法规，建议企业从以下几个层面对商业秘密进行保护，从而构建企业商业秘密的保护合规体系。

1.订立商业秘密管理制度

对商业秘密真正的保护重点不在于发生侵权结果之后的维权，而是如何采取适当的措施将商业秘密有可能泄露的风险降到最低。在绝大多数商业秘密案件中，一般均发生在掌握企业核心技术的企业前员工与企业之间。在该种情况下，相较于冗长艰难的商业秘密侵权诉讼，如果企业制订了商业秘密保护合规计划，就能在竞争行为发生前降低相应的泄密风险。其中，企业可以通过订立商业秘密管理制度的方式，明确商业秘密的定义与密级、保密措施、具有保密义务的人员及其保密范围，定义企业在经营过程中有哪些经营信息构成商业秘密，以及如何识别和管理可能构成商业秘密的经营信息。通过制度对经营信息是否涉密进行筛选和识别，以及在宣传展示活动中对涉密等级进行评审，就经营信息或承载经营信息的载体通过媒体、展会对外展示，从而降低泄密风险。

2.对员工进行培训

前文中提到，侵犯商业秘密的责任人绝大多数来自离职员工，因此对于原单位来说，如果在过去的管理制度中从未关注自身商业秘密的保护，在发生员工泄露商业秘密时可能将会明显陷入被动；而从合规层面客观来说，关乎人的风险是最大的，企业合规的成败取决于企业对员工进行合规管控的成功与否，因此企业有必要定期对员工进行系统的商业秘密合规培训。

根据商业秘密的相关司法解释，企业对员工进行培训，同样可以作为企业对商业秘密采取了保密措施的证明之一。很多员工在接受企业安排的系统合规培训之前，不太可能完全了解企业所保护的商业秘密的内容。企业与员工之间就商业秘密保护内容签署详细的书面协议，以及企业为员工进行系统的培训，有利于建立员工保护商业秘密的合规意识，并且能够成为企业为所保护的商业秘密采取了适当保密措施的证明。企业与员工签署书面的协议内容，应当包括向员工告知企业所保护的商业秘密的范围、公司所禁止的可能涉及泄露商业秘密的行为、员工实施泄露企业商业秘密的法律风险及应当承担的相应法律责任……企业应当为员工提供明确的行为指引，即告诉员工在发生涉商业秘密保护事件时，应当遵循怎样的标准流程进行处理，例如报告流程、记录标准等。最后，企业还可以通过内部公告、确认函、培训记录、培训考核等方式，从而确保员工明确知晓企业的要求，以免出现空有制度而无法落实的尴尬情况。

3.对商业秘密采取妥善的保密措施

如前文所述，并不是企业拥有的所有重要商业信息在法律上都会被认定为商业秘密。商业秘密的构成所具备的三个要素（不为公众所悉知、具备商业价值性、已采取相应保密措施）中，企业对其商业秘密采取相应的保密措施是重中之重。建议企业从技术手段和管理制度层面对内采取保密措施：在技术手段方面，企业应当采取具有一定科技含量的技术手段对重要商业信息进行保护。例如企业可以与IT部门或者外部咨询机构合作，监控员工复制、下载商业秘密的行为，在发现员工异常下载行为时及时发出警告。在管理制度方面，企业应当建立切实可行的规章制度，对于员工或相关涉密人员对商业秘密的接触或使用进行管理，对于必要的人员还应根据上文对其进行培训，并要求其出具知悉相关保密制度的承诺函或确认书。例如，企业应当对保密信息设置"保密""机密"等字样，将其存放在安全的地方，在明显位置标注该信息的权属情况，并注明通过不正当手段披露、使用相关信息将导致的后果。最后，除采取上述手段外，企业还应当注意对企业所采取的相应保密措施的证据留存，以便在日后应对调查或诉讼时可以提出强有力的证明。

4.外聘专业律师团队，全面规划企业合规体系

在现如今这个企业经营风险高发的时代，合规已成为企业在国际市场竞争力的重要衡量标准之一，相关政府部门更是加大了对企业的合规监

管，企业对于合规体系的建构已经刻不容缓。然而，商业秘密保护合规体系的建立，又是一项需要精细化操作的系统。企业完全可以依托合规专业律师团队，帮助企业建立和完善企业的合规管理体系和商业秘密专题合规设计，而不再是等到商业秘密侵权案件发生时才寻求律师的专业帮助。尤其是在设计商业秘密保护方案时，合规专业律师团队能够利用专业化和团队化的优势，根据企业的需求，结合企业自身的现状，协助企业通过科学的方式确定商业秘密的具体内容及范围、员工对企业商业秘密的访问权限、如何设置商业秘密侵权防御措施、如何在商业秘密侵权案件中取证，以及如何对企业员工进行相关培训等内容。

5.构建企业合规文化

企业合规体系中还有一点不可忽视的内容，是企业对自身合规文化的构建。企业合规文化的构建是企业合规架构搭建的重要环节，也是基础环节之一。对于企业，特别是那些希望能走出国门拥抱世界的企业来说，合规经营应当是一切的前提，其中企业是否具有浓郁的合规文化，以及自上至下方方面面的合规意识，既是许多国家执法机关评判企业是否具有充分的合规体系制度的标准之一，也是企业在应对域外调查、诉讼的重要抗辩之一。

另外，《刑法修正案（十一）》将侵犯商业秘密罪从"结果犯"改为"情节犯"，[①]更使得商业秘密的刑事保护范围得到了扩大，这一改变加强了对商业秘密的保护力度，同时降低了刑事打击侵犯商业秘密行为的门槛。该修正沿袭和呼应了前述《反不正当竞争法》的修订思路，将秘密性切实落脚在企业运营中常见的与员工签订的保密协议或者竞业禁止协议之

---

①《刑法修正案（十一）》第二十二条：将《刑法》第二百一十九条修改为，有下列侵犯商业秘密行为之一，情节严重的，处三年以下有期徒刑，并处或者单处罚金；情节特别严重的，处三年以上十年以下有期徒刑，并处罚金：（一）以盗窃、贿赂、欺诈、胁迫、电子侵入或者其他不正当手段获取权利人的商业秘密的；（二）披露、使用或者允许他人使用以前项手段获取的权利人的商业秘密的；（三）违反保密义务或者违反权利人有关保守商业秘密的要求，披露、使用或者允许他人使用其所掌握的商业秘密的。明知前款所列行为，获取、披露、使用或者允许他人使用该商业秘密的，以侵犯商业秘密论。本条所称权利人，是指商业秘密的所有人和经商业秘密所有人许可的商业秘密使用人。

中，既做到了与上述民事规定相辅相成，又实现了商业秘密保护的多层次和双面化，将商业秘密保护的违法行为双重化，并且为商业秘密的保密性（管理性）提供了更多现实可操作的空间。这也让认定企业在进行合规宣导时，可以重点宣讲，以达到警示作用。

第四节 广告宣传合规

一、广告宣传合规的必要性

随着社会的不断发展，广告逐渐成为企业宣传产品、服务，对外交流的普遍方式，是企业与企业、企业与消费者进行直接沟通对话的重要手段。现代广告既是传播经济信息的工具，也是提升企业品牌形象的重要方式，更是促进企业销售并提高竞争力的有效途径。

但近年来，广告宣传涉及违规、违法的事件频频曝光，很多企业因为发布的广告存在违法、违规情形而被相关部门处以不同类型的处罚，这在给企业带来经济损失的同时也造成了较为严重的社会影响。因此，在企业生产、经营过程中，广告宣传的合规性审查同样重要。

案例一：

2019年3月30日，四川省凉山州木里县雅砻江镇立尔村发生森林火灾，因森林火灾确认遇难的有31人，其中27位消防员被追记一等功，3位救火英雄被评为烈士。浦发银行于4月2日通过网络上传了一张关于森林火灾和救火英雄的海报，并且在文案中提及了救火英雄代晋恺，声称烈士代晋恺为浦发信用卡持卡人，浦发信用卡中心决定免除逆火英雄代晋恺的所有未清款项，同时附上了浦发信用卡员工向烈士捐款的数据。该海报上传后，引发网友广泛讨论，并遭到社会公众的强烈指责，认为浦发银行借用森林火灾的惨烈和烈士的热度进行宣传，是对生命的不敬，是对烈士的不尊。虽然浦发银行在社会舆论下及时删除了海报并出具道歉声明，但其中涉及的法律风险值得我们反思和探讨。

以上事件涉嫌违反《广告法》第三十三条："广告主或者广告经营者在广告中使用他人名义或者形象的，应当事先取得其书面同意；使用无民事行为能力人、限制民事行为能力人的名义或者形象的，应当事先取得其监护人的书面同意。"违反《英雄烈士保护法》第二十二条："英雄烈士的姓名、肖像、名誉、荣誉受法律保护。任何组织和个人不得将英雄烈士的姓名、肖像用于或者变相用于商标、商业广告，损害英雄烈士的名誉、荣誉。"违反《消费者权益保护法》第二十九条："经营者及其工作人员对收集的消费者个人信息必须严格保密，不得泄露、出售或者非法向他人提供。"浦发银行发布的这款海报擅自泄露了救火英雄代晋恺的个人信息，未经其近亲属同意使用了烈士的真实姓名，并用于银行商业广告中，以上行为均违反了法律规定。该银行在发布宣传海报前忽视了广告合规审查，给自身带来了较大的法律风险和社会不良影响。

案例二：

2021年4月9日，北京市海淀区市场监管局公布海淀区违法广告典型案例。其中第一例为北京星瀚博纳医药科技公司发布虚假广告案。该公司在移动端自有网站首页，为网站内商户发布"抵御新型冠状病毒肺炎专场"活动广告，并在"抵御新型冠状病毒肺炎专场"页面发布有"新型肺炎官方推荐诊疗药物×××藿香正气滴丸""新型肺炎官方首选抗病毒药物××（磷酸奥司他韦颗粒）""××网商城亿元补贴"内容的广告。海淀区市场监督管理局依据《广告法》第五十五条第三款和第五十八条第三款的规定，对该公司作出行政处罚，责令当事人停止违法行为，并处罚款1000000元。

北京星瀚博纳医药科技公司发布的涉案广告在疫情期间炒作"新型肺炎官方推荐诊疗药物"，属于发布虚假广告，且未经有关部门审查擅自发布药品广告，其行为违反了《广告法》第二十八条第二款第（二）项"广告有下列情形之一的，为虚假广告：商品的性能、功能、产地、用途、质量、规格、成分、价格、生产者、有效期限、销售状况、曾获荣誉等信息，或者服务的内容、提供者、形式、质量、价格、销售状况、曾获荣誉等信息，以及与商品或者服务有关的允诺等信息与实际情况不符，对购买行为有实质性影响的"及第四十六条"发布医疗、药品、医疗器械、农药、兽药和保健食品广告，以及法律、行政法规规定应当进行审查的其他广告，应当在发布前由有关部门（以下称广告审查机关）对广告内容进行审查；未经审查，不得发布"之规定。该公司正是因为在发布广告前忽视了广告合规审查，才被行政机关处于行政处罚，导致了严重的经济损失。

二、企业广告宣传合规

《广告法》第二条规定："在中华人民共和国境内，商品经营者或者服务提供者通过一定媒介和形式直接或者间接地介绍自己所推销的商品或者服务的商业广告活动，适用本法。本法所称广告主，是指为推销商品或者服务，自行或者委托他人设计、制作、发布广告的自然人、法人或者其他组织。本法所称广告经营者，是指接受委托提供广告设计、制作、代理服务的自然人、法人或者其他组织。本法所称广告发布者，是指为广告主或者广告主委托的广告经营者发布广告的自然人、法人或者其他组织。本法所称广告代言人，是指广告主以外的在广告中以自己的名义或者形象对商品、服务作推荐、证明的自然人、法人或者其他组织。"《广告法》第二条定义了广告主、广告经营者、广告发布者和广告代言人。企业一般会作为广告主自行或者委托他人进行广告发布，并承担因此产生的责任，因此企业更应注重广告发布过程中各环节的法律风险防范。

（一）广告发布前的审查准备

1.材料收集

在广告制作、发布前，企业应收集与发布广告相关的资料，如企业的产品手册、服务方案、企业文化、广告受众群体调研报告等与广告发布有关的信息。

2.涉及法律的查询

在收集好上述资料后，企业应对上述资料的内容进行全方面合法性审查。企业应先查询相关的法律、行政法规，如《民法典》《广告法》《消费者权益保护法》等常用法律。除《广告法》之外，企业还应当根据本行业的特征，查询与本行业有关的法律、行政法规。如《烟草专卖法》第十八条明确规定"禁止在广播电台、电视台、报刊播放、刊登烟草制品广告"。《食品安全法》第七十九条明确规定"保健食品广告除应当符合本法第七十三条第一款的规定外，还应当声明'本品不能代替药物'；其内容应当经生产企业所在地省、自治区、直辖市人民政府食品安全监督管理部门审查批准，取得保健食品广告批准文件。省、自治区、直辖市人民政府食品安全监督管理部门应当公布并及时更新已经批准的保健食品广告目录以及批准的广告内容"。除此之外，还有《商业银行法》《保健食品广告审查暂行规定》《房地产广告发布暂行规定》等涉及不同行业领域的法律法规及相关规定。

（二）广告内容合规审查

（1）企业内部应先明确负责审核的部门和负责人员的职责范围，对广告的发布内容、发布形式、发布流程等进行逐一审核。

（2）负责人员应首先审核发布的广告内容中是否存在违反法律禁止性规定的情形。如是否存在《广告法》第九条规定的情形：①使用或者变相使用中华人民共和国的国旗、国歌、国徽，军旗、军歌、军徽；②使用或者变相使用国家机关、国家机关工作人员的名义或者形象；③不得利用党和国家领导人的形象（含各种卡通虚拟形象），包括现任、离任或者已故党和国家领导人的形象作商业促销宣传；④损害国家的尊严或者利益，泄露国家秘密；⑤妨碍社会安定，损害社会公共利益；⑥危害人身、财产安全，泄露个人隐私；⑦妨碍社会公共秩序或者违背社会良好风尚；⑧含有淫秽、色情、赌博、迷信、恐怖、暴力的内容；⑨含有民族、种族、宗教、性别歧视的内容；⑩妨碍环境、自然资源或者文化遗产保护；⑪法律、行政法规规定禁止的其他情形。

（3）负责人员应审核确广告内容是否符合法律规定和行业规范。《广告法》第二章详细规定了广告内容准则，对于医疗、药品、医疗器械、保健食品、农药、兽药、饲料、烟草、酒类、教育培训、招商、房地产等领域的广告内容提出了具体要求。企业在发布此类广告前应当严格审查广告内容，确保广告内容符合法律要求与行业规范。

（4）负责人员应审核广告中是否存在虚假、引人误解的内容。根据《广告法》第二十八条，广告有下列情形之一的，为虚假广告：①商品或者服务不存在的；②商品的性能、功能、产地、用途、质量、规格、成分、价格、生产者、有效期限、销售状况、曾获荣誉等信息，或者服务的内容、提供者、形式、质量、价格、销售状况、曾获荣誉等信息，以及与商品或者服务有关的允诺等信息与实际情况不符，对购买行为有实质性影响的；③使用虚构、伪造或者无法验证的科研成果、统计资料、调查结果、文摘、引用语等信息作证明材料的；④虚构使用商品或者接受服务的效果的；⑤以虚假或者引人误解的内容欺骗、误导消费者的其他情形。违反法律规定，发布虚假广告的，还可能需要接受行政处罚甚至承担刑事责任。

案例三[①]：

2014年7月27日，杨立君收看电视节目，用移动电话拨打了宁夏广播电视台播放广告中提供的400开头的电话，口头订购了康鑫源公司生产的"凯美奇"牌红松蜂胶产品。此后，杨立君于2014年7月末，收到红松蜂胶中国营销中心通过"顺丰速运"寄送的蜂胶产品，杨立君当即向送货人交付了货款5160元。随后，杨立君发现康鑫源公司货源造假并采用发布虚假违法广告的方式宣传自己生产的根本不存在的"大兴安岭红松蜂胶"，且故意夸大其产品功效，遂向法院提起诉讼，请求判令康鑫源公司返还杨立君购买红松蜂胶款5160元，赔偿2580万元。

杨立君提供的《红松蜂胶使用说明书》载明："本品是以蜂胶、蜂蜡、大豆油、明胶、甘油、焦糖色素、纯化水为主要原料制成的保健食品，经动物功能试验证明，具有增强免疫力的保健功能。"

在一审法院审理过程中，杨立君提供的《关于了解红松天然林在大兴安岭林区生长分布情况的函》、《关于了解红松天然林在内蒙古大兴安岭林区生长分布情况的复函》、中国工程院院士李文华所著的《东北天然林研究》一书均证明，内蒙古大兴安岭林区没有大兴安岭红松天然林分布。

黑龙江省工商局广告监测中心分别在2014年6月4日、8月7日、9月10日

---

① 参见（2019）最高法民终182号。

在2014年第10期、第15期、第16期《黑龙江省虚假违法广告公告》中，将"红松蜂胶"列为严重违法广告。违法表现为：未经审批擅自发布广告；运用《国医谈蜂胶》公益性专题节目发布商业广告；利用专家的名义和形象证明；利用患者的名义和形象证明；宣传保健食品有治疗和预防疾病功能；包治百病，适合所有症状；使用虚假夸大语言，保证治疗效果。2014年7月18日，深圳市药品监督管理局亦发布《"红松蜂胶"保健食品广告涉嫌严重违法》的公告："标示名为'红松蜂胶'的保健食品发布的广告有以下涉嫌严重违法情形：（1）利用专家患者的名义和形象为产品功效作保证；（2）通过渲染夸大某种疾病状况或疾病，或者通过描述某种疾病容易导致的身体危害，使公众对自身健康产生担忧；（3）含有与药品相混淆的用语，直接或间接地宣传治疗作用，或者借助宣传某些成分的作用，明示或暗示该保健食品具有治疗疾病的作用。涉嫌违法内容见标注处，该内容严重欺骗和误导消费者，已被依法移送相关部门处理。"

宁夏广播电视台、黑龙江广播电视台、哈尔滨广播电视台曾于2014年7月期间播放康鑫源公司生产的"凯美奇"牌红松蜂胶产品广告，以《国医谈蜂胶》公益性专题节目发布商业广告，并利用专家的名义及形象、采用患者亲身讲解等形式宣传该产品。

法院经审理认为，康鑫源公司所称其产品红松蜂胶中含有"产自大兴安岭红松林"的蜂胶，缺乏事实根据，其对材料原产地的失实对外宣传，在宣传内容中超出涉案保健食品说明书的内容，夸大其功效，足以给消费者带来误导性影响。根据《广告法》第二十八条，应认定其为虚假广告。判决康鑫源公司返还杨立君购买红松蜂胶款的5160元，并赔偿三倍购买红松蜂胶款15480元。本案中的康鑫源公司在广告中，加入与实际产品性能功效不符的虚假信息及误导消费者的内容，构成虚假广告，因此需要承担相应的法律责任。

（三）知识产权合规审查

企业应当对广告发布可能涉及到的知识产权问题进行审查，即是否存在可能侵犯他人著作权、专利权、商标权的情形。

1.著作权

广告制作过程中使用的图片、音乐、视频、字体、广告词等，均有可能涉及他人著作权，带来法律风险。企业应避免使用未经他人授权使用的作品，鼓励使用本企业的原创作品。

2.专利权

《广告法》第十二条规定，广告中涉及专利产品或者专利方法的，应当标明专利号和专利种类。未取得专利权的，不得在广告中谎称取得专利权。禁止使用未授予专利权的专利申请和已经终止、撤销、无效的专利作广告。要着重审核广告中是否存在以上情形。

3.商标权

要注意审查广告中涉及商标权的内容，审查是否存在未经授权使用他人商标的情形，如需使用，须提供授权证明。同时，根据《商标法》的规定，生产、经营者不得将"驰名商标"字样用于商品、商品包装或者容器上，或者用于广告宣传、展览以及其他商业活动中，即广告中不得出现"驰名商标"字样。

案例四[①]：

2021年，最高人民法院对华润（集团）有限公司、华润知识产权管理有限公司等侵害商标权纠纷一案作出判决。该案起因为原审被告、再审被申请人成都市金牛区华润灯饰商店使用"华润灯饰"，华润（集团）有限公司等认为其侵害了第776090号"华润"及第3843561号"华润万家"注册商标专用权。而华润商店称其商标来源于其经营者儿子的名字，具有合理性和正当性。

最高人民法院认为华润商店在店铺招牌、店面装潢、商品吊牌及广告宣传材料上使用了被诉侵权标识"华润灯饰"字样，上述标识中，"灯饰"二字与华润商店所经营的商品类别一致，故其显著识别部分为"华润"，该标识字体较大、位置显著突出，能够起到指示商品及服务来源的作用，构成商标性使用。公民合理使用自己的姓名应当以遵循诚实信用原

---

① 参见（2021）最高法民再338号。

则为前提，在将姓名作为企业字号进行商业使用时，不得侵害他人的在先权利。最终，最高人民法院判决华润商店立即停止侵害华润知识产权管理有限公司第776090号"华润"商标及第3843561号"华润万家"商标专用权的行为，即停止在其店铺经营、广告宣传、推广等活动中使用与"华润"相同或近似的商业标识。

本案中，华润商店在广告宣传中使用侵犯他人商标专用权的标识，因此承担了相应民事责任。

4.规范广告中引用数据资料

对广告中引证内容的审核与一般广告内容审核标准一致。广告使用数据、统计资料、调查结果、文摘、引用语等引证内容的，应当真实、准确，并表明出处。引证内容有适用范围和有效期限的，应当明确表示。

（四）广告发布合同签订应注意的事项

1.广告经营者、广告发布者资质审查

企业作为广告主，在签订合同时应当注意审查广告经营者、广告发布者资质。《广告法》第三十二条规定，广告主委托设计、制作、发布广告，应当委托具有合法经营资格的广告经营者、广告发布者。

2.签订书面合同，明确收费标准

企业应与广告经营者、广告发布者依《广告法》规定订立书面合同。广告经营者、广告发布者应当公布其收费标准和收费办法。订立书面合同时，企业应当对合同约定的权利义务关系、违约责任等项进行仔细审查，以降低合同履行过程中可能存在的风险。

案例五①：

2018年12月7日，霍尔果斯游爱公司（甲方）与广州风铃公司（乙方）签订《〈青云传〉（暂定名）联合运营协议》。甲方是自主开发并享有产品版权的手机网络游戏《青云传》（暂定名）安卓版和IOS提供方，乙方为主要从事互联网增值业务服务的企业。协议约定（第三条）：合作运营甲方通过乙方平台，联合运营本合同约定的标的游戏。甲方授权乙方运用各

---

①参见（2021）最高法知民终1253号。

种正规合法渠道投放广告对甲方所运营的应用进行运营发行。乙方负责该游戏产品的推广宣传，乙方推广的渠道及合作方式在不侵犯甲方及第三方合法权益（若甲乙双方推广渠道有重合时，乙方并不算是侵犯甲方及第三方合法权益）的前提下不受甲方限制。甲方负责游戏的运营，并保证甲方自研产品符合相关法律规范。

2019年6月1日，霍尔果斯游爱公司与广州风铃公司签订补充协议，约定修改分成收益计算方式，同时约定甲方不承担任何渠道费、推广费等营销费用。

广州风铃公司以电子邮件方式向霍尔果斯游爱公司发送了2019年5月至11月的分成确认单，霍尔果斯游爱公司亦向广州风铃公司邮寄了经确认的2019年5月至11月的《青云传》游戏分成结算确认函及相应金额的发票，发票金额总计为790020.9元，且广州风铃公司均已签收。因此，根据协议的约定，广州风铃公司应于签收发票后的10个工作日内向霍尔果斯游爱公司支付相应月份的分成款，但广州风铃公司仅在2019年12月31日向霍尔果斯游爱公司支付50000元分成款，尚欠霍尔果斯游爱公司740020.9元分成款。因此，霍尔果斯游爱公司向法院提起诉讼，法院判决广州风铃公司向霍尔果斯游爱公司支付分成款及违约金。

本案中广告主与广告经营者双方签订了合法有效的书面合同，对于分成模式作出了明确约定，在出现争议时即可以作为维护合法权益的依据。

（五）代言人合规审查

1.合法确定代言人

企业在为产品寻找广告代言人时，应当遵守《广告法》第三十八条规定，不得利用不满十周岁的未成年人作为广告代言人。此外，在虚假广告中推荐、证明受到行政处罚未满三年的自然人、法人或者其他组织，也不可作为广告代言人。

2.代言人"踩雷"，企业如何止损

近年来，许多公众人物因道德甚至法律问题陷入民众公愤中，在这种情况下，其代言的广告也必定受到巨大影响。以2021年引发轩然大波的吴某凡案为例，在公安机关发布对吴某凡刑事拘留的通报后，韩束、良品铺子、立白、康师傅冰红茶等近15个品牌方纷纷宣布与吴某凡解约，所涉代言费或达上亿元。因此，企业不仅应在签约前对代言人风险进行评估，也应当在签订合同时明确代言人自身风险而导致损失的违约责任。

（六）互联网广告注意事项

近年来，随着信息网络的不断发展，互联网广告也成为了越来越热门的广告方式。但互联网广告同样存在合规问题，其注意事项与传统形式的广告有所不同。《广告法》第四十四条、四十五条规定，利用互联网发布、发送广告，不得影响用户正常使用网络；在互联网页面以弹出等形式发布的广告，应当显著标明关闭标志，确保一键关闭；公共场所的管理者或者电信业务经营者、互联网信息服务提供者对其明知或者应知的利用其场所或者信息传输、发布平台发送、发布违法广告的，应当予以制止。

第四章

内部管理合规

企业合规源于美国，1977年美国因水门事件及跨国公司向政府官员行贿等丑闻颁布了《反海外腐败法》，开启了反商业贿赂合规大门。之后，欧洲发达国家包括法国、德国、英国等相继出台反腐败法案。国际组织包括联合国、联合国经合组织等也陆续出台了一系列国际公约。20世纪70年代，合规管理理念开始进入我国，最初是通过欧美跨国企业集团建立的三资企业引入，并逐步形成我国以业务管理、财务管理、合规管理为三大管理支柱的现代化企业格局。本章讨论的企业内部管理合规即前述三大管理支柱中的合规管理。我国涉及合规管理的法律法规在合规管理理念推行及建设法治化营商环境下不断完善和健全。从最早的1989年《民政部单位财会工作审计合规标准》的出台，到2006年《中央企业全面风险管理指引》、2012年《企业法律风险管理指南》、2017年《GB/T 35770–2017/ISO 19600：2014合规管理体系指南》、2018年《中央企业合规管理指引（试行）》的陆续颁布，企业合规管理法律制度体系逐步走向现代化，2018年也被誉为中国的合规元年。

根据《中央企业合规管理指引（试行）》，"合规"是指中央企业及其员工的经营管理行为符合法律法规、监管规定、行业准则和企业章程、规章制度以及国际条约、规则等要求。"合规风险"是指中央企业及其员工因不合规行为，引发法律责任，受到相关法律处罚，甚至造成企业经济损失、企业声誉的负面影响。

因此，企业进行内部管理合规的目的是有效防控合规风险，合规的对象是企业和员工的经营管理行为。合规具体内容包括开展制度制定、风险识别、合规审查、风险应对、责任追究、考核评价、合规培训等在内的有组织、有计划的管理活动。[1]故企业进行内部管理合规时，应以研究法律法

---

①杜国功：《加强合规管理　推动法治央企建设》，《经济参考报》，2020年3月30日，第A06版。

规、监管规定、行业准则和企业章程、规章制度等为前提和基础,[①]以企业经营管理合法合规、资产安全、财务报告及相关信息真实完整,提高经营效率和效果,促进企业实现发展战略为目标,[②]避免因企业内部合规管理的缺失或不健全,使企业存在面临承担民事法律责任、行政法律责任甚至刑事法律责任的可能。本章节将从人力资源合规、合同管理合规、反舞弊合规三大方面探讨企业内部管理合规的重要性、现实性及实践性问题。

第一节　人力资源合规

一、人力资源及人力资源合规

人力资源（Human resource）是社会资源的一类。1919年,美国经济学家约翰·康芒斯（John R.Commons, 1862—1945）在其出版的《工业友善》（*Industrial Goodwill*）一书中首次提出人力资源的概念。后该概念由现代管理之父皮得·德鲁克明（Peter Drucker）在其《管理的实践》（*The Practice of Management*）一书中进一步完善。皮得·德鲁克明（Peter Drucker）在其知识型工作者理论中提出"五要素理论"：资本、土地、劳动、企业家、知识,其中后三者即劳动、企业家、知识属于人力资源的范畴。

财政部于2010年5月14日颁布的《企业内部控制应用指引第3号——人力资源》,首次提出"人力资源"的概念,指企业组织生产经营活动而录（任）用的各种人员,包括董事、监事、高级管理人员和全体员工。《企业内部控制应用指引第3号——人力资源》要求企业应当重视人力资源建

[①]潘姿君、万金萍：《国企开展合规管理工作的关键点探究》,《管理观察》2019年第27期,第27—28页。
[②]齐梦晓：《风险管理视角下康美药业内部控制问题研究》,中国矿业大学2021年硕士学位论文。

设，根据发展战略，结合人力资源现状和未来需求预测，建立人力资源发展目标，制定人力资源总体规划和能力框架体系，优化人力资源整体布局，明确人力资源的引进、开发、使用、培养、考核、激励、退出等管理要求，实现人力资源的合理配置，全面提升企业核心竞争力。[①]人力资源的管理可分为八个方面：人力资源规划、岗位分析与工作设计、员工招聘录用、员工培训与开发、绩效管理机制、薪酬福利管理、员工素质测评及员工关系管理。人力资源对企业的战略意义不言而喻，其贯穿企业管理全过程，影响企业短期经营成果及未来是否能持续性健康发展，更是企业重要的无形资产之一，故人力资源合规是人力资源管理的基础和保障，是企业合规的根基和目标之一。综上，为防范人力资源引起的违规风险，企业应当建立健全符合企业自身要求的人力资源合规体系。

二、人力资源合规的内涵及外延

人力资源合规指对董事、监事、高级管理人员和全体员工在企业组织经营生产行为符合法律法规、监管规定、行业准则、企业章程、规章制度及国际条约、规则等的要求，防范人力资源管理方面的法律风险。[②]因人力资源具有高人为性、高流动性及高综合性的特征，在人力资源引入、人力资源使用、人力资源退出的不同阶段会产生不同的合规风险，故企业人力资源合规应流程化，流程应制度化，制度应信息化。因此，企业人力资源合规除应符合外部法律法规的要求，例如应符合《劳动法》《劳动合同法》《工会法》《就业促进法》《劳动就业服务企业管理规定》等，企业内部还应制定符合企业自身的人力资源合规的规章或文件，例如《员工工作手册》《公司章程》《企业考勤制度》《企业绩效制度》等。人力资源合规需形成符合企业自身合规的管理体制和机制，明确人力资源合规的

---

①戚少丽、岳虹：《注册会计师行业人力资源管理问题与策略——基于会计师事务所视角》，《会计之友》2013年第31期，第91—92页。
②潘姿君、万金萍：《国企开展合规管理工作的关键点探究》，《管理观察》2019年第27期，第27—28页。

职责，以防在人力资源方面埋下合规风险。实践中，人力资源合规管理文件会设置一些极度苛刻的条款，有些甚至是违反法律的强制性规定，若企业发布的制度或文件出现与法律法规冲突的条文，则须删除或修改。该种规定背离基本人力资源合规的内涵要求，会产生多种负面影响，包括不利于企业优化人力资源整体布局、企业整体竞争力的提升、企业根本利益的实现；也不符合法律法规的要求。故企业在制定企业内部管理制度或文件时，应全面考察是否会与外部的劳动法律法规的强制性规定相冲突。

三、人力资源内部合规分析

人力资源合规在人力资源引入、人力资源使用、人力资源退出的不同阶段会产生不同的合规风险，侧重点亦不全相同。除须符合外部法律法规合规外，在人力资源引入阶段，企业可根据自身生产经营需求制定更符合企业特征的内部制度并执行，这一阶段企业的主动性更突出。人力资源使用阶段，不同类型的企业随着市场经验发展会出现不同的人力资源合规新问题，企业面对新问题时，除符合当下法律法规要求外，也要从企业的长远人力资源目标出发解决问题，这一阶段企业的创新性更突出。人力资源退出阶段，是企业长久以来面临人力资源内部合规问题最多的阶段，该阶段以前两个阶段为前提，企业应当秉持现代化人力资源合规理念并落实到企业生产经营行为全流程中，妥善合理解决人力资源内部问题，这一阶段企业的实践性更突出。下文将用人力资源引入、人力资源使用、人力资源退出不同阶段的案例来分析企业人力资源合规问题。

（一）人力资源引入阶段的合规案例

1.应聘者提供虚假学历证明与用人单位签订的劳动合同是否有效力？

案例一：上海冠龙阀门机械有限公司诉唐茂林劳动合同纠纷案

案例来源：《最高人民法院劳动案例指导与参考》

案情简介：唐茂林于2002年3月1日进入上海冠龙阀门机械有限公司从事销售工作。入职时唐茂林向上海冠龙阀门机械有限公司人事部门提交了其本人2000年7月毕业于西安工业学院材料工程系的学历证明复印件，双方签订了2002年3月1日至2002年12月31日的劳动合同。唐茂林同时签订了《任职承诺书》，承诺"本人以往提供给公司的个人材料均是真实有效的，如有作假，愿意无条件被解除合同"。之后，双方又续签了劳动合同。2010年7月2日，因向公司提交虚假材料和陈述且在工作时间没有完成公司规定业务指标，没有遵守公司规定的工作纪律和规章，上海冠龙阀门机械有限公司向唐茂林发送律师函，开除唐茂林，即日解除双方劳动合同关系，落款时间是2010年6月30日。为此，双方产生纠纷。唐林茂向某仲裁委员会申请仲裁，要求上海冠龙阀门机械有限公司支付违法解除劳动合同赔偿金及补发奖金等。本案经上海市嘉定区人民法院一审、上海市第二中级人民法院二审，认为唐林茂对其入职时提供虚假学历一事一直采取隐瞒的态度，唐林茂亦无证据证明其提供虚假学历之行为已为冠龙公司知悉并获得了谅解，故双方签订的劳动合同无效。

案例分析：以欺诈的手段使对方在违背真实意思的情况下订立的劳动合同无效，用人单位可以依法解除劳动合同。用人单位人事部门在招录员工时，应谨慎审查员工提交的个人材料，充分了解员工是否存在其他劳动关系、竞业限制等；同时企业应当制定员工入职手册等内部管理文件，将有效管理员工引入流程。

法律法规：

（1）《劳动合同法》第二十六条规定下列劳动合同无效或者部分无效：①以欺诈、胁迫的手段或者乘人之危，使对方在违背真实意思的情况下订立或者变更劳动合同的；②用人单位免除自己的法定责任、排除劳动者权利的；③违反法律、行政法规强制性规定的。对劳动合同的无效或者部分无效有争议的，由劳动争议仲裁机构或者人民法院确认。

（2）《劳动合同法》第三十九条规定劳动者有下列情形之一的，用人单位可以解除劳动合同：①在试用期间被证明不符合录用条件的；②严重违反用人单位的规章制度的；③严重失职，营私舞弊，给用人单位造成重大损害的；④劳动者同时与其他用人单位建立劳动关系，对完成本单位的工作任务造成严重影响，或者经用人单位提出，拒不改正的；⑤因本法第二十六条第一款第一项规定的情形致使劳动合同无效的；⑥被依法追究刑事责任的。

2.符合劳动关系特征，但双方约定不属于劳动关系的，是否认定为劳动关系？

案例二：马某诉某铝业公司劳动争议案

案例来源：《2021年广东高院发布劳动争议十大典型案例》

案情简介：2016年4月，马某入职某铝业公司从事锅炉工工作，未签订劳动合同及办理个人社会保险。2018年4月，铝业公司与包括马某在内的每一位从事铝锭生产人员各签订一份《承揽协议》，约定双方不存在劳动关系。2018年8月，马某在工作时摔倒，导致骨折入院治疗，出院后申请工伤认定，后提起请求确认其与某铝业公司存在劳动关系。该案经广东省高级人民法院再审认为：劳动者从事用人单位安排的有报酬劳动，在用人单位铝锭生产车间从事劳动生产并受用人单位的劳动管理，应认定双方劳动关系成立，不能因双方约定不属于劳动关系，即否定双方实际存在的劳动关系。

案例分析：用人单位为规避用工责任而与员工签订承揽协议或其他协议，实际履行中符合劳动关系特征的，人民法院依法认定为劳动关系，依法保护劳动者合法权益。用人单位应注意，符合劳动关系特征的事实劳动关系受法律保护，故用人单位应当依法履行法律责任。

法律法规：《关于确立劳动关系有关事项的通知》第一条规定，在没有订立书面劳动合同的情况下，同时具备以下三个条件的，劳动关系成立：（1）用人单位和劳动者符合法律、法规规定的主体资格；（2）用人单位依法制定的各项劳动规章制度适用于劳动者，劳动者受用人单位的劳动管理，从事用人单位安排的有报酬的劳动；（3）劳动者提供的劳动是用人单位业务的组成部分。

（二）人力资源使用阶段的合规案例

1.疫情期间，居家观察期的劳动者是否可以拒绝提供正常劳动？

案例一：张某与某商业公司劳动争议纠纷案

案例来源：《最高人民法院劳动案例指导与参考》

案情简介：2019年4月2日，张某与某商业公司签订劳动合同，为期2年。2020年春节期间因疫情影响，张某被隔离在老家，直至2020年3月16日才返回某商业公司上班工作。在此期间，某商业公司只支付张某2020年3月3日至2020年3月16日期间超过一个工资支付周期的生活费。张某遂向某劳动人事争议仲裁委员会申请仲裁，要求某商业公司支付其2020年3月3日至2020年3月16日期间工资差额4800元。某劳动人事争议仲裁委员会认为，张某居家观察系物业公司管理要求，不属于新冠疫情期间劳动者依法隔离的情形，张某所在地县级以上政府也未采取隔离措施，故张某要求某商业公司支付一个工资支付周期内的申请不能被支持。某劳动人事争议仲裁委员会裁决驳回张某的仲裁请求。

案例分析：新冠疫情期间，部分企业正常的生产经营受到影响，并引发不少劳动纠纷，企业在处理因新因素引起的劳动纠纷时，应及时学习和落实国家有关疫情期间劳动纠纷的相关政策法规。本案中，应对隔离治疗期、医学观察期和居家观察期的不同内涵加以区分，从而减少劳动纠纷。

法律法规：

（1）《人力资源社会保障部办公厅关于妥善处理新型冠状病毒感染的肺炎疫情防控期间劳动关系问题的通知》（人社厅明电〔2020〕5号）第一条规定：对新型冠状病毒感染的肺炎患者、疑似病人、密切接触者在其隔离治疗期间或医学观察期间以及因政府实施隔离措施或采取其他紧急措施导致不能提供正常劳动的企业职工，企业应当支付职工在此期间的工作报酬，并不得依据《劳动合同法》第四十条、四十一条与职工解除劳动合同。在此期间，劳动合同到期的，分别顺延至职工医疗期期满、医学观察期期满、隔离期期满或者政府采取的紧急措施结束。

（2）《关于妥善处置涉疫情劳动关系有关问题的意见》（人社部发〔2020〕17号）规定：对不属于被依法隔离情形但属于因政府依法采取停工停业、封锁疫区等紧急措施情形，导致企业迟延复工或劳动者不能返岗的，区分不同情况处理。企业未复工或者企业复工但劳动者未返岗且不能通过其他方式提供正常劳动的，企业参照国家关于停工停产期间工资支付相关规定与劳动者协商。在一个工资支付周期内的，按照劳动合同规定的标准支付工资；超过一个工资支付周期的，由企业发放生活费，生活费标准按地方有关规定执行。

2.企业考勤记录、排班表等能否作为职工工时、法定节假日加班的依据？

案例二：唐秀华、重庆华润万家生活超市有限公司劳动争议案

案例来源：中国裁判文书网

案情简介：2011年2月16日华润超市与唐秀华订立书面劳动合同，合同期限为2011年2月17日至2014年3月31日。劳动合同约定华润超市实行标准工时制，即每日工作不超过8小时，每周工作不超过40小时，每周至少休息一日。劳动合同第十三条第二款还约定，《华润万家员工手册》作为劳动合同附件，与劳动合同具有同等效力。关于考勤卡内容，"员工上下班需自觉打（刷）卡，因故不能打（刷）卡，需由所在部门经理级或隔级上级签卡并注明原因。"《华润万家员工手册》还规定："公司要求员工在工作时间内完成任务，如因公司经营和工作需要加班的员工，必须使用公司办公自动化系统或书面《加班申请单》提前申请，并经上级审核批准后交人力资源部备案，计算考勤。未按此程序办理者，不视为加班。员工的加班补偿按国家和公司相关规定执行；如需补休的，原则上在六个月内完成补休。"2011年2月17日唐秀华在《员工手册确认书》上签字，确认已收到《华润万家员工手册》。2012年8月6日，唐秀华将华润超市诉至法院称，华润超市安排其休息日节假日加班未按规定支付加班费，将清凉费和餐补费作为工资来计算，变相克扣工资，为维护自身合法权益，请求法院判令：（1）补发2011年3月1日至2012年6月30日休息日加班工资11216.09元；（2）补发2011年3月1日至2012年6月30日法定节假日加班12天的加班工资1173.34元；（3）补发2011年3月1日至2012年6月30日被克扣的工资3600元。该案经法院一审、二审后，唐秀华不服重庆市高级人民法院（2014）渝高法民提字第156号民事判决，向检察机关申诉。最高人民检察院以高检民监〔2016〕189号民事抗诉书向最高院提出抗诉。最高院于2016年11月25日作出（2016）最高法民抗124号民事裁定，提审本案。2017年12月19日，最高院作出判决如下：（1）撤销重庆市高级人民法院（2014）渝高法民提字第156号民事判决、重庆市第五中级人民法院（2013）渝五中法民终字第3342号民事判决和重庆市南岸区人民法院（2012）南法民初字第8588号民事判决；（2）重庆华润万家生活超市有限公

司自本判决生效之日起十日内向唐秀华支付2011年3月1日至2012年6月30日休息日加班工资10554.07元；（3）重庆华润万家生活超市有限公司自本判决生效之日起十日内向唐秀华支付2011年3月1日至2012年6月30日国家法定节假日加班工资1134.54元；（4）驳回唐秀华的其他诉讼请求。

案例分析：劳动合同及企业内部制定的管理文件，如员工手册、工资表、排班表、电子卡考勤记录等可作为员工工时制度、职工出勤及法定节假日加班工资基数的依据。若用人单位违反劳动法律法规相关规定，员工的补发工资、支付加班费、经济补偿金、赔偿金等诉请将受法院的支持。

法律法规：

（1）《国务院关于职工工作时间的规定》第三条规定：职工每日工作8小时，每周工作40小时。

（2）《劳动和社会保障部关于职工全年月平均工作时间和工资折算问题的通知》规定：月计薪天数=（365天–104天）÷12月=21.75天。

（3）《劳动法》第四十四条规定，有下列情形之一的，用人单位应当按照下列标准支付高于劳动者正常工作时间工资的工资报酬：①安排劳动者延长工作时间的，支付不低于工资的百分之一百五十的工资报酬；②休息日安排劳动者工作又不能安排补休的，支付不低于工资的百分之二百的工资报酬；③法定休假日安排劳动者工作的，支付不低于工资的百分之三百的工资报酬。

（4）《劳动合同法》第四十六条规定，有下列情形之一的，用人单位应当向劳动者支付经济补偿：①劳动者依照本法第三十八条规定解除劳动合同的；[①]②用人单位依照本法第三十六条规定向劳动者提出解除劳动合同

---

①《劳动合同法》第三十八条：【劳动者单方解除劳动合同】用人单位有下列情形之一的，劳动者可以解除劳动合同：（一）未按照劳动合同约定提供劳动保护或者劳动条件的；（二）未及时足额支付劳动报酬的；（三）未依法为劳动者缴纳社会保险费的；（四）用人单位的规章制度违反法律、法规的规定，损害劳动者权益的；（五）因本法第二十六条第一款规定的情形致使劳动合同无效的；（六）法律、行政法规规定劳动者可以解除劳动合同的其他情形。用人单位以暴力、威胁或者非法限制人身自由的手段强迫劳动者劳动的，或者用人单位违章指挥、强令冒险作业危及劳动者人身安全的，劳动者可以立即解除劳动合同，不需事先告知用人单位。

并与劳动者协商一致解除劳动合同的；①③用人单位依照本法第四十条规定解除劳动合同的；②④用人单位依照本法第四十一条第一款规定解除劳动合同的；③⑤除用人单位维持或者提高劳动合同约定条件续订劳动合同，劳动者不同意续订的情形外，依照本法第四十四条第一项规定终止固定期限劳动合同的；⑥依照本法第四十四条第四项、第五项规定终止劳动合同的；⑦法律、行政法规规定的其他情形。④

（5）《劳动合同法》第八十五条规定，用人单位有下列情形之一的，由劳动行政部门责令限期支付劳动报酬、加班费或者经济补偿。劳动报酬低于当地最低工资标准的，应当支付其差额部分；逾期不支付的，责令用人单位按应付金额百分之五十以上百分之一百以下的标准向劳动者加付赔偿金：①未按照劳动合同的约定或者国家规定及时足额支付劳动者劳动报

---

① 《劳动合同法》第三十六条：【协商解除劳动合同】用人单位与劳动者协商一致，可以解除劳动合同。

② 《劳动合同法》第四十条：【无过失性辞退】有下列情形之一的，用人单位提前三十日以书面形式通知劳动者本人或者额外支付劳动者一个月工资后，可以解除劳动合同：（一）劳动者患病或者非因工负伤，在规定的医疗期满后不能从事原工作，也不能从事由用人单位另行安排的工作的；（二）劳动者不能胜任工作，经过培训或者调整工作岗位，仍不能胜任工作的；（三）劳动合同订立时所依据的客观情况发生重大变化，致使劳动合同无法履行，经用人单位与劳动者协商，未能就变更劳动合同内容达成协议的。

③ 《劳动合同法》第四十一条：【经济性裁员】有下列情形之一，需要裁减人员二十人以上或者裁减不足二十人但占企业职工总数百分之十以上的，用人单位提前三十日向工会或者全体职工说明情况，听取工会或者职工的意见后，裁减人员方案经向劳动行政部门报告，可以裁减人员：（一）依照企业破产法规定进行重整的；（二）生产经营发生严重困难的；（三）企业转产、重大技术革新或者经营方式调整，经变更劳动合同后，仍需裁减人员的；（四）其他因劳动合同订立时所依据的客观经济情况发生重大变化，致使劳动合同无法履行的。裁减人员时，应当优先留用下列人员：（一）与本单位订立较长期限的固定期限劳动合同的；（二）与本单位订立无固定期限劳动合同的；（三）家庭无其他就业人员，有需要扶养的老人或者未成年人的。用人单位依照本条第一款规定裁减人员，在六个月内重新招用人员的，应当通知被裁减的人员，并在同等条件下优先招用被裁减的人员。

④ 《劳动合同法》第四十四条：【劳动合同的终止】有下列情形之一的，劳动合同终止：（一）劳动合同期满的；（二）劳动者开始依法享受基本养老保险待遇的；（三）劳动者死亡，或者被人民法院宣告死亡或者宣告失踪的；（四）用人单位被依法宣告破产的；（五）用人单位被吊销营业执照、责令关闭、撤销或者用人单位决定提前解散的；（六）法律、行政法规规定的其他情形。

酬的；②低于当地最低工资标准支付劳动者工资的；③安排加班不支付加班费的；④解除或者终止劳动合同，未依照本法规定向劳动者支付经济补偿的。

（三）人力资源退出阶段的合规案例

医疗期内劳动合同期满的，劳动关系何时终止？

案例：梁介树诉南京乐府餐饮管理有限公司劳动争议案

案例来源：《最高人民法院劳动案例指导与参考》

案情简介：梁介树于2009年11月18日入职南京乐府餐饮管理有限公司，合同期限为2009年12月1日至2011年11月30日。2010年5月初，梁介树确诊患有足细胞病并一直住院治疗。南京乐府餐饮管理有限公司支付梁介树病假工资至2011年2月。2011年3月7日，南京乐府餐饮管理有限公司以劳动合同期限顺延至医疗期满为由，解除了与梁介树的劳动关系。2011年6月7日，梁介树向南京市江宁区劳动争议仲裁委员会申请仲裁。2011年7月11日，南京市江宁区劳动争议仲裁委员会作出（2011）第1247号仲裁裁决书，梁介树不服仲裁裁决书并向法院起诉。关于梁介树应当享受的医疗期问题，南京市江宁区人民法院经审理认为，因梁介树所患疾病病情严重，难以治疗，随时可能出现生命危险，应属特殊疾病，不受实际工作年限的限制，梁介树应当享受的医疗期为24个月。法院一审判决：（1）撤销被告南京乐府餐饮管理有限公司于2011年3月7日作出的《劳动合同终止告知书》。（2）被告南京乐府餐饮管理有限公司于判决发生法律效力之日向原告梁介树支付2011年3月1日至2011年11月30日的病假工资8208元。（3）被告南京乐府餐饮管理有限公司于判决发生法律效力之日起每月以南京市最低标准的80%向原告梁介树支付病假工资（自2011年12月起至双方劳动关系依法解除、终止）。（4）驳回原告梁介树的其他诉讼请求。南京乐府餐饮管理有限公司不服一审判决向南京市中级人民法院提起上诉，南京市中级人民法经审理后于2012年2月20日作出判决：驳回上诉，维持原判。

案例分析：员工患有特殊疾病的，应当享受24个月的医疗期。医疗期内劳动合同期满的，劳动合同应当延续至医疗期满时终止。用人单位在医疗期内违法解除或终止劳动合同，劳动者起诉要求继续履行劳动合同的，人民法院应当判决撤销用人单位的解除或终止通知书。

法条：劳动部关于贯彻《企业职工患病或非因工负伤医疗期》的通知（劳部发〔1995〕236号）第三条规定，企业职工因患病或非因工负伤，需要停止工作医疗时，根据本人实际参加工作年限和在本单位工作年限，给予三个月到二十四个月的医疗期：（1）实际工作年限十年以下的，在本单位工作年限五年以下的为三个月；五年以上的为六个月。（2）实际工作年限十年以上的，在本单位工作年限五年以下的为六个月；五年以上十年以下的九个月；十年以上十五年以下的为十二个月；十五年以上二十年以下的为十八个月；二十年以上的为二十四个月。

四、人力资源合规任重而道远

党的十九大报告将防范化解重大风险列为未来重点经济风险工作，并将其作为"三大攻坚战"之一全面部署。国务院国资委印发的《关于加强中央企业内部控制体系建设与监督工作的实施意见》（国资发监督规〔2019〕101号）文件将党的十九大报告落实到了企业微观层面，要求我国从国资企业建立健全以风险管理为导向、合规管理监督为重点，严格、规范、全面、有效的内控体系，进一步树立和强化管理制度化、制度流程化、流程信息化的全面风险管控理念，进一步提升企业防范化解重大风险的能力。企业内部人力资源合规是企业合规的基础，是企业防范风险的根基，人力资源合规缺失将直接影响企业人力资源储备，妨碍企业有序运行，最终影响企业获得持久竞争优势的保障。故建立健全人力资源合规体制机制，充分发挥人的主观能动性，不仅是企业合规的目标之一，也是企业可持续的竞争优势的重要保障。为此，人力资源合规应当给予高度重视，人力资源合规道路任重而道远。

第二节　合同管理合规

企业的经营发展由一系列经济活动所构成，而这些经济活动的背后就是一份份合同。合同不仅是一份法律文件，更是一个载体，一份份合同承载了企业在商业、财税、人事、合规、风控等层面的安排，也贯穿了企业经济活动的萌芽、进行、终止整个生命周期。合同的法律约束，可以促使企业经济活动更加规范，预防企业内部管理风险，同时促进企业经济活动有序开展。因此，企业须重视企业合同风险管理。

企业在合同合规管理中，需要有效、科学、规范地开展合同管理工作，全面地掌握合同管理中所隐藏的风险，并结合实际发生的风险，有针对性地采取优化措施，从而减少风险，推动企业经济利益增长，促进企业持续、稳定发展。鉴于此，本节针对企业内部管理合规体系下如何做好企业合同管理工作展开详细探究，旨在帮助企业修炼内功，构筑坚实、完善的合同管理体系。

一、企业合同管理的目标与流程分析摘要

（一）主要目标

其一，经营目标。企业在经营过程中，通过采取签订合同的形式，为企业业务的开展以及企业整体发展经营目标的顺利实现保驾护航。其中，合同内容的拟定，必须要与企业经营业务要求相符，合同中约定的各项事项必须要建立在不违反技术要求、时间规定的基础上，从而确保所拟定合同内容的科学性、合理性、可靠性，使得签订的合同具备了法律效力，有

着较高的执行力度，成为企业运营经营目标实现的有效利器。

其二，财务目标。通过采取签订合同的形式，以合同约定条款作为保障，可以在预算范围内实现对企业经营成本的合理化控制，实现对企业资金使用的合理规划，达到降低财务运营风险的目的。

其三，合规目标。企业在拟定、签订合同过程中，需要严格遵循国家相关法律法规以及企业的规章制度，标准、规范、科学地进行合同的拟定和签订，严格依照合同签订的相关审批流程开展合同的审批工作，以确保合同签订的合规性及合同法律效力的有效发挥。

（二）主要流程

合同管理主要涉及两个阶段——合同的签订和合同的履行。其一，合同签订阶段。在企业合同的签订阶段，管理工作涉及多个管理环节，主要包括：（1）合同拟定前的谈判准备环节，该环节主要是企业与合作方需要围绕合作项目展开有效的洽谈，确定双方合作的项目内容、利益关系，项目合作期间所涉及的权利义务，各自利益、责任等，并给予明确的执行方案；（2）合同文本拟定环节，在该环节中，需要对先前双方洽谈好的具体内容，以书面文字表达的形式全面具体地书写在合同中，确保合同文本内容制定的准确性、全面性；（3）合同的审查环节，合同文本内容拟定完成后，对合同内容进行审查，确保所拟定的合同符合法律法规、约定的事项具体明确，保障合同具备有效的法律效力。此外，在合同签订阶段中，需要由专门的责任部门对该阶段实时跟踪，做好有效控制，由合同经办部门对签订合同的各环节的步骤开展进行全面负责，由相关审核部门全权负责对合同财务技术要求、法律风险控制、相关主体资格等方面的内容进行审查、审核，把好合同审核关。其二，合同履行阶段。合作双方完成合同签订后就到了合同的履行阶段。该阶段主要是需要合同管理人员实时跟踪和全面了解合同的履行情况，并将合同履行情况及时汇报给相关负责人，及时纠正履行偏差，确保合同的履行情况与合同的约定内容相符，直至合同项目履行完成为止。

二、企业合同管理常见不合规现象及主要风险

（一）合同签署不严谨

合同签订过程中，部分合同常出现未签字、加盖的印章不清晰等失误，导致合同主体缺失；合同没有签订日期，导致合同不生效；合同没有加盖骑缝章，导致合同真实性有异议。另外，企业常出现项目已经处在进行状态，需要对方支付款项时才想起签订合同的情况，若此时发生违约事件，便缺乏有效依据，使得权益无法得到保障。

（二）合同条款约定不明确

企业在进行合同的签订过程中，常出现约定的合同条款存在内容约定不明确的情况，主要包括：付款方式不明确、合同履行费用负担不明确、产品交付方式不明确、技术验收标准不明确等，导致企业在合同履行过程中法律纠纷事件频发。如在一些买卖合同的条款中，未约定货物的运输费用承担方，双方又未能达成补充，以至于在合同的履行过程中产生纠纷；有些技术转让、技术开发合同中约定的验收标准不明确或约定过于简单，导致在合同履行中，双方对同一技术成果的验收标准发生争议，各执一词；合同中没有明确约定开具发票的种类、内容、税率，造成收款方可能不给付费方提供符合付费方要求的发票，在后期合作中，造成企业增值税进项税抵扣无法实现，在一定程度上增加了企业经营成本，从而引发后期双方的合同纠纷。条款内容具体、明确，双方在后续履行合同的过程中，就有具体明确的根据，在一定程度上避免争执，减少纠纷，实现企业与企业之间的良好合作关系的形成，促进企业的良好发展。

（三）合同跟踪监督不到位

合同签订后，企业在履行合同的过程中，常出现履约管理不到位的情况。在实际执行中并未按合同约定的内容履约，对合同随意变更。在合同相对方违约后（如逾期交付、交付标的物不符合约定）没有及时采取措施，导致经济损失。企业必须持续监督和追踪合同履行情况及效果，检查、分析和验收履行情况，若发现有违约可能或已经发生违约行为的，如没有按时支付款项、没有按时交付货物、交付货物的质量不符合约定等，

相关情况需要及时汇报给相关负责人，然后由其及时督促违约方全面、积极地履行其合同义务，或根据实际情况采取补充、变更、解除合同等措施，妥善处理，防范风险，降低损失。

（四）合同归档部门不明

企业所签订的合同，应该由企业设置专门的部门和合同管理人员进行归档管理。然而，部分企业的合同管理中并没有设置专门的合同归档管理部门，对签订完成的合同未进行登记、归档，且没有限制合同等级，任何一个企业员工都可以接触到企业合同，很容易发生企业合同商业机密泄漏问题，这增加了企业合同管理风险，不利于企业的经营发展。此外，企业如果没有做好对合同资料的及时登记和有效管理，尤其是对签订合同数量多的企业而言，会很容易出现合同丢失的情况。而作为解决法律诉讼的重要证据，合同的丢失会对企业造成直接性经济损失。

三、企业内部管理合规中做好合同管理合规的策略

（一）签订过程中明确合同条款约定，做好合同的审批流程管理

企业在进行合同的拟定与签订过程中，必须要做好对合同的管理和控制，这主要可从以下几个方面进行。

1.保障合同要件齐备、条款齐全

企业在拟定合同过程中，需要确保合同要件齐备、条款齐全。一份要件齐备、条款齐全的合同，内容一般包括双方主体信息、合作事项、权利义务内容、有效期、保密条款、违约责任、终止条件、争议解决条款、生效条件或生效日期、签订日期等。合同要件齐备、条款齐全，才能保障合同的效力，保障合同内容有效执行。

2.以书面形式进行签订

企业在签订合同的过程中，合同双方需要以书面文字表达形式对合同要件、条款进行约定，明确双方权利、义务、责任，使得约定事项有据可循。企业双方应当杜绝口头约定、合同以外私下交涉等不良合同签订行为，从根源上杜绝双方在后续履行合同的过程中因缺少书面凭证等原因而

造成争议和法律纠纷。

3.重视对合同内容的审查工作

企业在签订合同的过程中，需要对合同要件、合同条款进行全面、严格的审查、审核，做好认真细致的分析和研究，确保合同内容合法、约定事项明确、约定条款可执行。这主要可从以下几个方面进行。

（1）审查合同主体的适格性。合同主体是否具备签订及履行合同的合法资格，是合同审查中的首要问题。主体资格存在缺陷，将是合同的根本缺陷。而适格的主体，要满足以下条件：第一，应当是具有相应的民事行为能力和民事权利能力；第二，签订合同的主体完整、准确，如企业名称完整，自然人签订则留存自然人身份证复印件；第三，签订合同的主体与合同实际履行的主体一致，如约定的付款主体与实际的付款主体一致；第四，签约主体的资质状况，如有无营业执照、相关的行政许可、经营牌照、经营资质等；第五，签约主体的经营状况、信用状况，如是否涉诉、有无经营异常记录、股权与核心团队变更是否频繁等。企业如果是签署重要合同，可聘请专业的法律服务团队进行尽职调查，获取更详尽、准确的主体信息。

（2）审查条款内容是否合法。在内容合法性审查方面，主要是合作事项的合法性审查，提供的服务是否违反法律强制性规定，是否触及刑事责任、行政处罚。此时，审查不能仅仅停留在合同文本层面，而是要实际了解交易内容、交易模式。此外，用于表达合同的术语等均应最大可能地与法律规范的规定内容相一致，避免因合法性问题或学理上的争议影响交易的安全和结果。

（3）审查双方约定内容是否明确、是否可执行。合同内容不明确是合同的重大隐患，严重影响交易的安全性。主要把握以下几个方面：第一、语言文字表达具体、清晰，没有歧义，从文理上就能理解，专业的术语有专门的条款进行解释；第二、权利义务有明确的履行顺序；第三、有明确的付款或交付产品、提供服务的时间，保障交易事项如期完成；第四、违约金条款清晰可操作，有固定的金额或明确的计算标准，使得合同有足够的威慑，保障合同的执行和后期发生违约后损失得以索赔。

（4）设计相应的审批流程。一份合同的完整审批流程一般包括以下几个环节：①经办人起草合同；②经办部门领导审核；③合同需要部门或执行部门审核；④项目主管部门审核；⑤财务投资部门审核；⑥法律部门审核；⑦公司领导审核。有的公司还将纪检监察部门纳入审批环节，法律、财务等专业审核环节应尽可能做到百分之百全覆盖。各个环节的审批人员在审核完毕后，应出具明确、具体的审核意见。合同审批环节中还需要做好各环节审批的记录，如果合同中出现不合理的内容，需要及时与相应部门进行交涉，并就相应的合同条款进行修改，确保合同内容的合法性和可行性。印章管理部门在完成合同审批手续和合同文本的校验并确认无误后，才可以进行合同的进一步盖章工作。

（二）企业需要做好合同的跟踪监督、履行管理

1.企业做好对合同的跟踪监督管理工作

在签订合同之后的履行过程中，合同相关管理人员需要对合同履行情况做实时跟踪与监督工作，在跟踪监管过程中，如果发现合同履行偏离了合同约定的事项，出现未按照合同约定开展交易、合同履行期间的违约或者疑似违约行为，就需要合同监管人员及时向企业相关部门负责人进行汇报，由相关负责人及时采取对应的措施，促使合同继续依照原约定事项履行。合同相关管理人员在合同履行过程中做好全过程的跟踪管理，做好合同履约监控，从而将违约对于企业造成的负面影响降到最低。

2.企业做好对合同的结算管理工作

合同结算是合同履行的重要环节，一般由业务部门协同财会部门办理，需要严格依照企业财务结算流程进行各类手续的办理工作。主要管理措施包括：（1）对于企业付款的合同，业务部门根据合同约定及合同履行情况及时启动付款程序，财会部门应当在收到付款申请后，审核合同、验收相关资料后办理结算业务，按照合同规定付款；对于企业收款的合同，业务部门及时催收到期款项，及时协助财会部门进行收款。如对方未按合同条款履约、应签订书面合同而未签订的，财会部门有权拒绝付款，并及时向企业有关负责人报告。[①]（2）业务部门要关注合同履行过程中的变

[①]李萍：《财务穿透式核查与风险应对——以软件与信息服务企业为例》，《财务与会计》，2018年第17期，第22—23页。

更，做好付款申请相关的材料准备，包括但不限于合同、补充协议、验收单等相关材料，协助财会部门做好付款及收款工作。

3.企业做好对合同的变更、解除管理工作

企业签订好合同后，在履行合同的过程中，受到经济形势变化的影响，合同无法按原计划履行，企业双方会对合同内容进行变更，包括付款方式、付款期限、交货期限、合同有效期等，此时需要企业双方再次进行磋商，对相关变更重新约定，签订补充合同。

4.企业做好对合同的纠纷处理工作

在履行合同过程中，如果发生了纠纷，首先，合同管理部门相关负责人员需要及时向执行合同的相关负责人了解具体情况，与对方进行协商，同时注意收集证据。如果合同纠纷不能协商解决，那就需要企业采取仲裁或诉讼等方式，必要时聘请专业律师介入。其次，在纠纷处理过程中，合同管理相关人员要提醒相关经办人员在未得到批准的情况下，不应向对方作出实质性答复或承诺。

（三）设置合同管理专项部门，建立完善的合同管理制度和管理流程

1.建立完善的合同管理制度和管理流程

企业需要建立完善的合同管理制度和完善的合同管理流程，促使企业合同管理部门与相关管理人员严格依据合同管理制度及合同管理流程，进行企业签订合同的有效管理。就合同管理过程中的每一个环节，建立、健全具体的、操作性强的管理制度，使合同管理有章可循。这些制度主要包括以下三种：合同管理基本制度，包括立项、审核、批准、履行等环节的基本制度；合同管理其他制度，如合同归档管理制度、合同授权委托制度、合同审查制度、合同会签和审批制度、合同专用章管理制度、合同监督检查制度、合同台账及统计报表制度、合同归档制度等；合同重大失误追究制度，问责、容错纠错、追责制度。[①]

另外，在合同管理中，需要定期开展合同统计和分类工作，做好对合同的分类管理，确保备案台账能够实现对合同签订、合同履行以及合同变

[①]卞传山：《合规视角下的合同管理》，《法人》，2019年第8期，第92—94页。

更情况的详细记录，[①]实现对企业所签订合同的全过程管理，以此保障合同管理的全面性、完整性、精准性。

2.做好合同的归档、保管工作

（1）归档文件主要包括：合同文本、作为合同附件的资料性文件、合同变更的情况下签署的补充合同，以及从合同的谈判、签订到履行各个环节的过程资料（包含合同签订和履行过程中形成的电子邮件、传真、信函等资料），这些随合同文本一同归档保管。

（2）合同档案保管的主要措施包括：建立完善的合同档案管理制度，明确合同归档、使用、借阅和归还的职责权限和审批流程等。合同管理部门采用科学分类、统计、编号等方式，定期对合同进行统计、归档。同时为防止合同机密内容泄露，需要依据合同的机密性分类分级登记，设置合理的查看权限，并设置相应的借阅查看流程。针对企业中一些高密集的合同文件，应缩小查看范围，禁止任何员工超权限查看或借阅相关资料，从而降低合同泄密的概率。合同保管过程中，合同管理人员还要注意防止合同在借阅流转中丢失，需要对借阅人员、借阅时间、归还情况等进行登记。

四、结　语

企业在不断发展的过程中，经济活动日渐复杂，合同形式愈发纷繁多样，内容日益丰富，因此，企业必须要重视合同管理，把合同从诞生到终结做一个完整、有效、规范的合规管理，全面地掌握合同风险，降低因合同风险对企业造成的不良影响，切实保障企业的合法权益，促进企业的健康发展。

---

①陈兰华：《如何做好企业财务内部控制中的合同管理》，《纳税》，2020年第22期，第121—122页。

第三节　反舞弊合规

公司经营领域常见的舞弊行为包括收受贿赂、职务侵占、财务造假等，其主要可分为三大类别：一是公司经营活动中的舞弊，包括收受贿赂、职务侵占等传统舞弊手段；二是会计审计领域的舞弊，主要是会计操纵和交易造假两大类型；三是证券市场舞弊，即管理层、治理层、职工和第三方通过证券市场获得违法利益，损害上市公司利益。

一、企业舞弊行为之现状

（一）企业职工利用职务之便收受贿赂、职务侵占的不同表现形式

（1）企业职工将交付管理、经手、使用的财物据为己有。这种方式主要是企业的高管及其职工利用职务上的便利，将经自己管理、使用的企业财物直接据为己有。这类情况主要发生在企业的销售主管、经理或厂长身上，因为他们便于利用一定的合法事由，在一定的时间内对本单位的财物具有事实上的控制权、支配权。

（2）企业职工互相勾结，监守自盗。这种方式泛指发货员、缴库员、搬运工、修理工等一些具有管理、保管、经手企业财物的人员利用职务上的便利，采用秘密窃取的方式监守自盗。对于设有保安员的企业，由于财物出入均要登记，上述人员在作案时为将财物顺利运出企业，有时便与保安员互相勾结。

（3）企业职工虚构事实、隐瞒真相，骗取本企业财物。这种方式是指企业职工利用职务上的便利，采用虚构事实、隐瞒真相的方法，非法占有

企业的财物。例如收货人员利用职务上的便利与供货单位职员互相勾结，虚记收到货物，使单位的货款虚增，还有购销人员伪造涂改单据、出差人员虚报差旅费等。

（4）企业职工因为薪酬纠纷等原因而擅自截扣公司款项。此类情况，企业职工时常会觉得很委屈并认为是公司先拖欠工资，而自己则是在迫不得已的情况下才出此下策。但即便如此，只要企业职工出于占为己有的目的，利用职务上的便利擅自截扣公司款项，就成立职务侵占。至于员工与公司间的劳资纠纷，应该通过合法的劳动争议仲裁或者诉讼途径解决。

（5）非本企业职员与本企业职工相互勾结共同构成职务侵占。这类情况，非企业职员往往是与本企业职工互相勾搭，共同侵占、窃取、骗取企业的财产。因此，前者或是职务侵占罪的共犯，非本企业内的职员只能作为职务侵占犯罪的共犯情形出现，而不能定性为单独实施职务侵占罪。

（二）会计审计领域中的舞弊表现及案例分析

导致财务报表产生不实反映的具体表现形式，实质上归属于舞弊行为。而财务舞弊则又指舞弊人通过财务方面的欺诈、诈骗、糊弄等违法违规的手段，对财务报告中的数字金额和财务报表附注进行故意报错或忽略相关数字，以此来欺骗财务报告使用者，从而该舞弊人员则可从其中获得经济等利益，最终则会导致财务报告使用者或他人受到伤害、损失的行为。比较常见的财务舞弊手段包括：虚增存货、调整应收账款、伪造净利润和现金流、虚构财政补助、虚构海外业务等。对于企业管理层来说就是通过选择对自己有利的会计判断或虚增交易，达到操纵业绩的目的。

案例：银广夏舞弊案[①]

案情简介：银广夏的前身为1992年成立的广厦（银川）磁技术有限公司。1994年1月28日，广厦（银川）实业股份有限公司宣告成立。同年6月17日，"银广夏A"在深圳证券交易所上市交易。《财经》杂志在2001年8月发表封面文章《银广夏陷阱》，揭露深圳股票交易所上市公司银广夏1999年度、2000年度的业绩绝大部分造假。经中国证监会查证，银广夏

[①]《舞弊审计案例》，原创力文档，https://max.book118.com/html/2019/0328/7035011120002015.shtm.

（银川）实业股份有限公司通过伪造销售合同、出口报关单、虚开增值税专用发票、伪造免税文件和伪造金融票据等手段虚构主营业务收入，虚构巨额利润。1998年、1999年、2000年虚构利润分别为1176万元、17782万元和56704万元，共计76262万元。中天勤会计师事务所担任银广厦公司1999年和2000年年度会计报表审计业务，为其出具了严重失实的无保留意见的审计报告。由于上述问题严重损害了广大投资者的合法权益，违反了证券市场公开、公平、公正的原则，财政部对该案所涉及的会计师事务所和注册会计师依法进行处罚，吊销签字注册会计师的注册会计师资格，吊销中天勤会计师事务所的执业资格，并会同证监会吊销其证券、期货相关业务许可证，同时将追究中天会计师事务所负责人的责任。最终，法院以提供虚假财会报告罪分别判处原银川广夏董事局副主席兼总裁李有强、原银川广夏董事兼财务总监兼总会计师丁功民、原天津广夏副董事长兼总经理阎金岱有期徒刑二年零六个月，并处罚金3万元至8万元；以出具证明文件重大失实罪分别判处被告人深圳中天勤会计师事务所合伙人刘加荣、徐林文有期徒刑二年零六个月、二年零三个月，并各处罚金3万元。

　　案例分析：财务人员是财务舞弊的直接制造者，虽然他们也要服从单位负责人领导，但对其舞弊的产生负有不可推卸的责任，故应当对财务人员开展素质培训。国家和财务人员工作管理部门应加强对财务人员职业道德教育，不断更新财务人员的知识储备，使其能自觉抵制该行业舞弊行为的发生，不断提高财务审计信息的可信度。

　　（三）证券市场舞弊表现及案例分析

　　证券市场是指股票、公司债券、金融债券、政府债券、外国债券、证券投资基金份额等有价证券及其衍生产品（如期货、期权等）发行和交易的场所，其主要是通过各类证券的发行和交易以募集和融通资金取得预期利益。在当今市场经济中，证券市场是完整的市场体系的重要组成部分，它不仅反映和调节货币资金的运动，而且对整个经济的运行具有重要影响意义。证券市场常见的舞弊方式则是企业人员利用内幕信息优势实施股票交易、向第三人泄露上市公司内幕信息、操纵上市公司股票价格，通过上述行为对他人的财产进行侵害。

案例：紫光古汉公司舞弊案[①]

案情简介：1995年12月25日，经中国证监会批准，紫光古汉在1996年在深圳证券交易所挂牌上市。公司在2000年9月更名为"清华紫光古汉生物制药股份有限公司"，2007年7月公司再次更名为"紫光古汉集团股份有限公司"。根据当时《深圳证券交易所股票上市规则》的规定，上市公司出现财务状况异常，导致股票存在终止上市风险，或投资者难以判断公司前景，其投资权益可能受到损害的，公司股票交易会被实行风险警示。实行退市风险警示条件之一是：最近两个会计年度审计的净利润连续为负或因追述重述导致最近两个会计年度净利润连续为负值。证监会对紫光古汉公司的调查结果显示，其在2005年及2006年连续亏损，虚增利润使其财务报表扭亏为盈，当时若没有采取舞弊行为则会收到退市风险警示。上市公司如果被强令退市，不仅损害了公司主要的融资渠道来源，还会危害股东、债权人及当地政府的合法利益。因此为避免退市的风险，紫光古汉公司进行了舞弊造假，虚假披露财务报告。2005年12月，时任紫光古汉公司董事兼总经理的刘箭在未经董事会批准的情况下，决定由紫光古汉公司出资4000.55万元与景达生物公司出资211万元进行合资组建南岳制药公司。[②]为促使景达生物公司顺利完成出资，紫光古汉公司在总经理刘箭的授意下，代南岳制药向景达生物公司开具211万元的银行承兑汇票，由此，景达生物公司完成了对南岳制药的出资。出资完成后，紫光古汉公司持有南岳制药95%的股权，景达生物公司获得了南岳制药5%的股权。然而，合资组建后，在刘箭的一系列股权操纵下，本属于紫光古汉公司的南岳制药最后却被景达生物侵吞，刘箭从中获得巨额收益。这也是紫光古汉公司在年度报告中未披露与景达生物的《合资协议之补充协议》以及该协议实际执行情况的重要舞弊动机。

[①]胡明霞：《上市公司舞弊案例分析——基于舞弊三角理论的视角》，西南财经大学出版社2015年版。

[②]夏晓柏、彭立国：紫光古汉造假惩罚"重拿轻放"聚焦主业收效甚微，《21世纪经济报道》，2013年3月12日，第10版。

案例分析：财务舞弊最初源于上市公司、控股股东和高管，导致财务舞弊行为的原因大致有以下几点：

（1）企业利益。在与会计信息相关的诸多利益中，排在首位的便是企业利益。企业与国家之间，不仅存在着统一的关系，也存在矛盾的关系。企业获得生存的物质基础是利润，国家取得发展的物质基础是税收，经济利益的分配则是社会资本运动中企业与国家之间存在的最大矛盾。相对于国有企业来说，私营企业财务舞弊会更加明显，一些企业为了逃脱国家税收而隐瞒收入，变相地增加自己的利益。

（2）管理者个人利益。管理者在管理企业时更加注重个人利益。他们可能会通过业绩考核或股票增加来主导财务舞弊。因为目前上市公司主要是依照财务指标来考核公司的财务，只要财务指标完成得好，公司管理者就受益更多，社会地位也会逐步上升。相反，若是财务指标下滑，管理者利益就会一同减少。这时，管理层人员就会千方百计地增加业绩，通过财务舞弊来粉饰财务报告。

（3）公司治理结构不完善。公司治理结构的目标是公司持有者在不干涉公司日常事务处理的同时，又能保证经理层以及股东的正常利益和公司利益的最大化。但在现实情况下，上市公司股权结构的不完善直接导致了包括股东大会、监事会、董事会在内的公司治理结构相互约束、相互制衡的扭曲，这为上市公司进行财务舞弊提供了很大机会。

（4）股权结构不合理。在证券市场上，上市公司的财务稳定状况及公司形象的好坏直接关系上市公司在金融市场上能够筹资到多少资金，而提升股价有助于上市公司价值的上涨，使公司的大小股东和持有公司股票的相关利益方以及员工获得好处。股票的价格主要是由每股收益率和市场盈率决定的，所以公司大股东就会通过不正当的关联交易取得更高的利益，从而侵害了中小股东的利益，也增加了上市公司的财务风险。[①]

（5）董事会疏于管理。董事会是公司权利的执行机关，在确保业务和财务报告的质量和可靠性方面，有效的董事会能够扮演公平公正的角色。

[①]秦柯：《企业财务舞弊行为原因及其治理对策》，《财会学习》，2017年第13期，第15—16页。

相反，一些董事会不重视相关控制，态度不端正，严重丧失职业道德、职业操守，缺乏诚信。高层控制者若不能有效地行使自己的监督权力，可谓形同虚设。

（6）监事会监督弱化。监事会主要为财务报表的可靠性和真实性负责，但目前大部分监事会成员缺乏必要的专业知识和能力，不能很好地履行职责，并且公司的监事会大多数由内部人员兼任，其监督权力经常与自身利益冲突，并没有真正地达到独立，因而监事会可能不敢甚至不愿意尽全力认认真真地行使自己监事审查的职权。

二、公司反舞弊调查的取证技巧

在获得舞弊线索后，企业一般都将开展一系列的取证工作，保证取证调查活动的合法性。

（一）初步确定调查目标和调查方案

1.预估风险

针对已获得或掌握的线索，对涉嫌的舞弊行为和可能产生的风险进行预估。先行确定调查目标，进而进一步确定调查取证的范围、调查对象、取证方式。

2.确定工作计划

指导企业提前做好调查所需的文书，确定具体的工作计划。计划一经确定，调查人员应当及时秘密地接触举报人或相关证人，做到迅速、准确、有效。值得注意的是，如果企业以树立反面典型、追究员工刑事责任为目的，就要注意不得以任何承诺利益、保证及贿赂的方式收集证据。

3.确定调查组成人员

要根据涉嫌舞弊的行为人及初步证据所反映的情况，确定合适的调查工作组成人员。企业指定至少副总级别的高层管理人员全权负责反舞弊工作，反舞弊调查小组还应由人力资源部、审计部、法务部相关人员共同组成。必要时可以邀请外部专业人士，比如律师、审计师参与调查组工作。一定规模以上的企业会设立内审部门、监察部门，大型企业或上市公司还会成立审计委员会，可由这样的部门主要负责开展反舞弊的工作。

（二）调查取证实时调整

要根据证据收集情况和企业需求，随时调整取证方案。随着调查行动的开展，舞弊行为的相关事实越来越清晰，企业也将更准确地看到可能产生的风险和影响，因此企业应随时衡量案件处理的目标和实际需求。不涉及刑事违法的，企业可决定对舞弊行为调查的深度，是为了解除与行为人的劳动人事关系，还是同时需要返还侵占资产、赔偿企业损失。如案件可能涉嫌刑事违法的，应当及时与公安机关沟通并报案，争取借用公安机关强大的侦查能力确定犯罪事实，及时对财产线索采取刑事强制措施进行控制，以便后期挽回经济损失。

（三）调查方式多样化

关注调查程序的合理性。调查活动应当从舞弊涉案人员行为可能涉及但与其关系不紧密、不易察觉的部门或领域开始，再过渡到针对舞弊涉案人员的主要工作情况展开调查。例如可以先行从合同、财务报表、财务凭证、往来沟通文件、涉嫌舞弊人员的个人情况和家庭关系入手。而收集证据线索，目的是避免过早暴露调查意图，防止涉案人员做好对抗准备。在证据的收集过程中，物证、书证是实物证据的主要构成部分，与各类电子数据证据、视听资料、鉴定意见和审计报告等是构成追究舞弊行为人责任的最有力的证据，它们也是强化各类证言和涉案人员供述等言词证据证明力的基础。可以在调查前期涉案人员尚未做准备的情况下，争取更多地掌握他们的信息和资料。这些证据中，都会存在有可能单独直接证明案件主要事实的证据即直接证据，也可能存在需要与其他证据相结合才能证明案件主要事实的间接证据。需要对证据及时进行分析，为形成完整的证据链，把握调查证据的主动性，及时进行证据补强。

（四）调查程序合法化

由于企业不具备法定的实施强制措施的权力，在调查取证的过程中应注意方法和手段的合法性，避免发生任何侵权行为，以使自己陷入被动。轻则影响调查的推进，重则可能承担相应的刑事责任。故要注意以下几个方面的禁忌：不能采用可能侵犯公民人身权利的手段，比如限制人身自由，实施暴力、威胁、引诱、欺骗等非法方式，要保证接受调查人员有充分的休息和人身自由；不能窃取或以非法方式获取涉案人员个人信息，包括对涉案人员电脑、邮件、手机等设备用品中信息的调取，需要注意不能采用窃取等方式，不能超过调查需要的范围，涉及个人隐私的更应加强调取信息的保存和保密工作；在调取证据过程中应注意及时保存、固定证据，以防止证据的灭失。即使出现可以确信存在舞弊行为，但证据有缺失，或者经查实的证据发生遗失、毁损情形的，也不能伪造、编造证据。随着调查的推进，可能出现在事实查证确凿的压力下，涉嫌舞弊行为人坦白并表示愿意承担相应违规、违法责任并同意与企业达成赔偿协议的情况，调查人员应当及时采用录音录像的方式记录，但不能要求赔偿显著高于舞弊行为人的过错所导致企业造成的损失。为保证案件办理过程的合法性，还应注意：应保证每次调查活动的调查人员为两人以上，及时做好调查记录，必要时可以采用录音录像方式。在与相关人员尤其是涉案人员的访谈过程中，有条件的应全程录像，并在访谈时说明进行录像的要求以及录像的目的，向访谈人员确认此次访谈内容将可能被用于认定舞弊行为的证据使用，谈话笔录的全部内容需要被访谈人员及调查人员签字确认。另外，需要调取员工的办公设备和用品的，应考虑该办公设备和用品的权属情况，再采取不同措施。如是由企业为员工配备，可以予以没收或要求员工限期归还；如是企业赠送给员工或员工自行配置，需要清查设备用品并调取相关信息的，需要征得员工同意。

（五）涉嫌刑事犯罪案件的处理

对于可能涉嫌刑事犯罪的案件，对企业的破坏性和影响力较大，其涉及的舞弊行为也会较为复杂，企业能够动用的调查手段有限，对行为人的限制和影响较弱。刑事犯罪行为损害的不仅仅是企业的利益，也涉及对公共利益的损害。企业优先启动刑事案件的程序，利用刑事侦查的强制力手段，查实企业无法掌握的证据，依靠司法机关的力量，对行为人予以惩罚，挽回企业的损失。当然企业还需要把握的是，一旦启动刑事追诉程序，企业在该案件中不再具有主动地位，需要遵守法定的程序和办案机关的工作安排。企业不能对已被采取强制措施的涉案人员进行访谈，不能动用涉案的资金和财产。刑事办案程序也不会因企业在内的个人或第三方的要求而中止，公安机关还可能在刑事案件的侦查办理过程中发现企业存在其他涉案人员和其他犯罪事实的情况。为此，企业在向公安机关举报启动刑事追诉程序前，应当做好充分的前期内部调查取证工作，以防止出现企业不可知的情况和对企业不可控的不利影响。企业如果能向办案机关提供充分系统的报案材料，会有利于公安机关尽快掌握案情，提高办案效率。

（六）调查结论报告及内部结案

在核查所获得证据的基础上，企业对舞弊事实进行客观梳理形成调查报告，报告还应当包括舞弊行为造成的损失或潜在损失风险、舞弊行为违反的规定依据以及处理决定。为了确保调查结果的客观公正，需要将前述结论告知被调查对象，也需要听取调查对象的申辩。根据已经查实的事实和证据，调查小组应当全面分析舞弊行为已经造成和可能造成的结果，尤其需要客观分析对企业的影响，需要做好利益平衡的分析，作出对舞弊人员的处理建议。对于给企业造成的影响和风险，只有客观全面将所有可能面临的舆论风险、社会责任都转化为企业可能将承担的不利后果，才能制定出切实为企业挽回损失的方案，这也是内部得以结案的基本要求。

（七）处理决定的执行和通告

经核查发现不存在违法违规事实的，应终止调查，并在企业经营范围内予以公布，恢复调查对象的职务和名誉；对已构成违反工作纪律及相关工作制度但情节轻微且未给企业造成损失的行为人进行批评教育或给予通报批评；对已构成违反工作纪律及相关工作制度且情节较重或给企业造成重大经济损失的，可以根据劳动合同及相关法律法规、规章制度的规定，解除与行为人的劳动用工关系，并有权利追讨相应的民事赔偿；对触犯法律构成犯罪的，移交司法机关处理，待司法机关对刑事犯罪案件处理后，可以适时向行为人主张损失赔偿。处罚措施执行完毕，还有一个关键环节是应当及时将查实的舞弊行为、调查结论、处理意见以及处罚措施的执行情况等，向各部门全体员工及必要的外部第三方进行通报，以彰显企业处置舞弊行为的决心和能力。对舞弊行为查处不力，情况通报不透明，会使员工存在侥幸心理。必须建立严格执法、公正透明的反舞弊处理机制，并以案件实例对员工进行宣传教育，让员工充分了解舞弊行为给个人和企业甚至社会所带来的严重后果，这才可以对舞弊行为起到应有的威慑作用。

三、建立健全反舞弊制度

企业的反舞弊不只是针对企业内部的管理人员，而是需要面向全体人员，包括每一级别的管理工作人员、企业内部审计人员，也包括其公职人员，都有监督舞弊行为、防范舞弊风险的责任。企业对于舞弊案件的防范和处理，也会给予全体员工、利益相关者及社会公众关于该企业对于商业行为的标准、舞弊行为的容忍度和反舞弊的管理能力的明确信号。

企业反舞弊建设是全面反腐、构建法治营商环境的需要。

企业舞弊也可以称为企业腐败犯罪。企业和单位行贿罪等腐败犯罪高发，直接折射出了企业腐败犯罪与公职人员腐败犯罪之间是具有关联性的，通过企业反腐建设，有利于达到廉企促廉政的目的。营商法治环境建设的政策背景下，政府建立公平市场竞争秩序，保护企业知识产权，企业更要依法经营。因此，企业反舞弊建设是全面反腐、构建法治营商环境的内在要求，为企业反舞弊法律服务的发展创造了良好的市场机遇。

企业反舞弊建设是完善企业治理的需要。

企业反舞弊建设是对企业治理结构的完善，将企业刑事合规思维纳入企业管理的各个环节，形成企业内部权力运行的制衡机制、合规机制，提高企业治理水平，增强企业核心竞争力，从而实现从"人治"到"规范管理"的转换，最终达到依法营商、力争无"刑"的目标。

第五章

营销体系保护

第一节　价格保护

一、价格保护的理论背景

供求规律（Law of supply-demand）是指商品的供求关系与价格变动之间的相互制约的必然性，它是商品经济的规律。商品的供给和需求之间存在着一定的比例关系，其基础是生产某种商品的社会劳动量必须与社会对这种商品的需求量相适应。供求关系就是供给和需求的对立统一。供求规律就是供求关系变化的基本法则。

（一）供求变动引起价格变动

供不应求，价格上涨。这种供不应求会引起价格上涨的趋势，可能在供应量不变，而需求量增加的情况下发生；也可能在需求量不变，而供应量减少的情况下发生；还可能在供应量增长赶不上需求量的增长的情况下发生。商品供过于求，价格就会下降；供不应求，价格就会上涨。

（二）价格变动引起供求的变动

其他因素不变，市场需求量与价格呈反方向变动，即价格上涨，需求减少，价格下跌，需求增加。同理，市场供给与价格呈同方向变动，即价格上涨，供给增加；价格下跌，供给减少。价格的涨落会调节供求，使之趋于平衡。价格下跌，会刺激更多消费者购买，这是市场上低价泛滥的根本原因。

二、价格保护的意义

（一）价格保护的意义（厂家）

从某种程度上来说，厂家营销的核心问题是价格保护。所谓营销，其根本是维护品牌的价值，这是营销的目的和深度。维护好品牌价值就要维护好产品价格和利益链，利益链关键点的控制就是产品流通各个环节的价格控制。其中，终端零售价格的控制是核心中的核心。所以，优秀品牌一定是要做价格保护的，价格保护能够引导市场规则，兼顾市场、分销商、消费者等各方利益，保障企业后续发展的研发投入、产品升级、服务管理。所以，价格保护有利于企业品牌的打造和提升。

讨论这个问题的关键点在于很多中小规模的厂家在没有做到一线品牌时，也清楚价格保护的重要性，但是感觉价格管控很难。价格保护做不到，品牌做不大，对自身价格管控效果也会表示怀疑。其实，做到合理价格管控是完全有可能的，关键取决于厂家的决心和对于长远利益、近期利益平衡点的把握。要想做好价格管控，就不能过多考虑甚至要损失一些近期利益，但长期利益能够得到保障，所以有效实施价格管控政策是非常必要的。品牌方一定要重点考虑长期利益，不能因为短期价格控制导致订单的减少而疑虑，放弃对价格保护的努力。

对于价格的管控，有些人有一些理解误区，觉得这似乎违反了市场竞争的有关规定，其实这里所讨论的价格管控并非相关法规规定的"行业内各个企业之间不允许搞价格串通和联合控价"，而是某个企业在内部渠道施行的价格管理。厂家对产品零售价、经销商价格体系拥有控价权。如果零售商与厂家没有产生直接的利益关系和法律上的契约关系，至少，厂家可以将此权力控制到本品牌代理商层面，管控好代理商的销售价。另外，合法经营的零售商也不会将商品低于厂商规定价格去销售。所以厂家价格管控的关键在代理商，如果把代理商队伍管理好，区域经理各自将市场各个渠道的价格管控做好，做好价格保护是完全有可能的，关键是厂家不要害怕牺牲近期的利益，这是一个关系长远利益的长线工作，也是贯穿整个营销工作的核心内容。

（二）价格保护的意义（经销商）

任何一个层级的经销商愿意销售某个品牌产品的前提是销售这个产品有利可图，其销售意愿与利润空间是成正比的。当经销商发展到一定数量时，因薄利多销或低价引流，往往会有部分经销商不遵守经销协议，低价乱价扰乱市场，抢占其他经销商市场份额。接下来就是其他经销商纷纷效仿，最终形成了价格战。从商业角度讲，价格战是一种常见的把价格作为竞争策略的商业竞争手段。但是如果厂家没有合理设定各个层级的底线价格，经销商价格战用力过猛，就变成了恶意竞争。经销商们打价格战，价格压得越低，就意味着他们得把成本压得更低，那就只能从产品和服务上下手，比如真假掺卖、减少或者取消买赠和售后服务等等。当利润空间被压缩至极限，经销商们就再无销售此产品的意愿了。毫无底线的价格战如果不能及时遏制，最终的结局一定是品牌生命周期的缩短甚至是立即消亡：再好的产品，没有销售渠道，就失去了存在的意义。所以，价格保护，就是对销售渠道的保护，就是对经销商的保护，也是对品牌生命的保护。

（三）价格保护的意义（消费者）

所谓"鹬蚌相争，渔翁得利"，如果经销商们打起了价格战，按理说消费者应该是最开心的，价格战打得越激烈，消费者就能买到更便宜的产品。但事实却是恶意竞争下的市场并没有赢家。消费者在选购产品时，价格是一个非常重要的参考指标。当某个产品的价格过于混乱时，消费者在选择时反而会迷茫：选择价高的会不甘心，选择价低的，又担心产品质量。上文提到，经销商为压缩成本，会从产品和服务上下手，通过真假参卖、减少或者取消买赠和售后服务等方式营利，这就会给消费者购买产品带来非常不好的体验，进而会对此产品失去信任。如果消费者只以低价作为最重要的购物指标，则会倒逼厂家压缩各项成本来低价售卖。现在已经有部分图书公司出现了PDD专版：同样的书小一半，字号变小，页数也少。厂家为了生存，这也是没办法中的办法了，劣币驱逐良币就是这样。这种做法如抱薪救火，只会加速品牌厂家的消亡。作为消费者，当然也不希望看到这种现象。另外，假货因为成本低廉，往往会以更低的售价来抢占市场，获得更多的利益。如果消费者因为低价的吸引而选择该产品，最终发现其是假货，那对品牌厂家来说也是致命的打击。综上，价格保护，无论是对于厂家，还是对于经销商、消费者，都有极其重要的意义。价格保护是品牌厂家实现长远发展必须做好的、紧急且重要的事情。

三、价格保护的方法

怎样管控产品在各个层级的销售价格，一直是令厂家头痛的问题，在电商出现并日益发展壮大的今天，低价、乱价、窜货、假货等现象更是层出不穷。所以，如何制定合理有效的价格保护方案并落地执行就显得尤为重要。这里先提供一个管控思路，下个章节详述管控细节。

（1）指定管控部门。一般来说，负责产品价格保护的部门为销售部、市场部、法务部、督察部。各厂家可以根据自身的情况来确定，责任到部门，责任到具体的负责人。布局产品溯源码。比如简单的明码、暗码，以及目前最新型的集产品溯源、真假鉴别、扫码积分、物流追踪、窜货经销商数据库等一身的指纹码等。

（2）制定需要管控的产品清单和价格表（限价表）。厂家可以根据产品的销售情况来适时、适当调整。

（3）签订经销协议，明确限价要求，依法依规办事。

（4）区域经理负责制。区域经理在规定的时间内缴纳一定数额的保证金，保证所属区域内下级代理商不低价乱价、窜货；视违规情况扣除部分保证金，违规严重则取消其代理资格，如无违规则到期退还。

（5）线上、线下巡查。针对部分违规链接将商品进行少量回购，通过商品上防伪溯源标识，查询商品的销售链路，对链路相关负责人进行追责。

（6）设置合理的季度、年度奖惩制度。对于违规经销商，在扣除保证金的基础上，可以按照经销协议上的约定处以罚款；对于合规经销商，则可以奖励一定销售额比例的奖金（或者奖励相应价值的产品）。

四、品牌卫士——一站式价格保护解决方案

关于网络价格，重点在于全盘布局，而不是单一终端打击。目前控价只是短期控制，随着平台规则与市场的发展，价格是控不住的，需要保护起来。短期而言，多通道治理，解决短期乱价的问题；长期而言，多体系全面维护，从货源保护、知识产权保护解决审货、乱价等问题。两者的关系为：治理为先，维护为后；治理治标，维护治本；治理为短期，维护为长期；治理为战术，维护为战略。针对价格保护，品牌卫士软件可以给品牌方提供全方位的一站式保护方案，它包括价格检索、价格诊断、价格治理、价格维护、升级保护。

1.价格检索

由务新网络科技有限公司自主研发的品牌卫士软件可对全网价格进行检索，并对结果进行人工排查，做到及时、准确、高效。通过检索到的数据，品牌卫士还可以对其进行分项整理汇总。乱价链接：根据品牌方价格标准，筛选整理乱价链接。授权店铺：根据品牌方授权名单，筛选授权和非授权销售链接。发货地址：整理汇总在售店铺发货地址，进行地区分析。全网数据检索：依据品牌的需求筛选各平台的销售数据信息。

2.价格诊断

品牌卫士将为商品的低价、乱价情况及渠道货源体系、知识产权全域提供专业、详尽、个性化的分析及建议。

（1）低价、乱价情况诊断：根据品牌方渠道管理的需求，提供数据分析报表和专业化的管控方案及建议。

（2）渠道情况诊断：通过全网数据收集，整理分析渠道地区销售情况。由品牌卫士项目团队成员与公司相关负责人一对一访谈，并通过合规诊断问卷的形式，了解品牌的渠道布局、授权体系，找出问题及时进行修正。

（3）货源情况诊断：通过全网数据收集，整理分析出货源区域情况。品牌卫士项目团队成员与公司相关负责人一对一访谈，并通过合规诊断问卷的形式，了解品牌的货源体系，找出问题及时进行调整。

（4）知识产权情况诊断：对品牌方的权利进行全面的分析诊断，全

面布局。以公司现状为基础，针对公司知识产权（商标权、专利权、著作权）的情况展开初步风险调查，品牌卫士项目团队成员一对一访谈，通过合规诊断问卷的形式，排查企业的知识产权风险。

3.价格治理

深度钻研法律法规和平台规则，多种方式结合，助力品牌实现短期价格保护的目标。

（1）价格治理的方案。①常规治理：品牌卫士需要全面告知管控要求（数据采集、通知、复查）、沟通谈判（数据复查、分析、汇总，结合法规、制度、处罚手段等）。品牌方：渠道治理（店铺区域负责人协调、采买追溯货源、内部的处罚公示等，品牌卫士同步把处罚公示传递给顽固店铺，表明管控决心）；品牌卫士：多通道处理（知识产权投诉、页面举报、12315举报、消费者举报等）。②专项治理：专项治理小组出具治理方案，干扰店铺正常运营，倒逼卖家妥协配合。③定制个性化治理方案：与品牌方一起制订方案。

（2）价格治理方式。店铺沟通：专业的谈判专员与店铺协商整改。多沟通方式：旺旺＋电话＋微信＋其他；多沟通手段：禁销函＋收编函＋控价函＋律师函；多沟通话术：部门＋身份＋话术等。

（3）价格治理通道。①平台治理：利用知识产权、平台规则等通过平台端口发起投诉或举报，通过电商平台的知识产权保护端口发起投诉，如图5-1所示。②受理平台：覆盖全网（淘宝、天猫、京东、苏宁、拼多多、

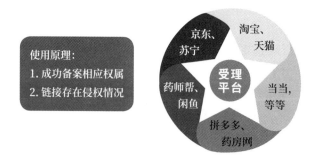

图5-1　通过电商平台的知识产权保护端口发起投诉

药房网、闲鱼、药师帮、当当，等等）。③行政监管部门治理：利用广告法、淘宝开店规则、消费者权益保护法、行政监管法律法规等，通过相对应的处理端口进行维权（12315举报，也就是"政府部门举报"）。处理逻辑：根据相关法规，找到店铺的不合规之处，向相对应的政府受理部门举报。处理时间为3—15个工作日不等，具体看当地政府部门的电话回执。④消费者投诉举报治理：利用《消费者权益保护法》，通过购买账号后台举报端口进行举报。⑤第三方媒体治理：曝光到第三方媒体，借力举报。利用消费者权益保护法，通过消费者向第三方媒体公众投诉平台（黑猫、21聚投诉等端口）发起维权。

（4）诉讼维权治理：五位一体"品牌无忧"整合打假服务。主动排查模块：品牌卫士软件可通过大数据检索，结合人工干预，主动排查发现线上疑似假货链接，形成独立案件。公证存证模块：整合"自有采买＋多家权威公证机构创新合作"模式，提供效率高、容量大的采买固证体系。打假诉讼模块：与多家知名律所战略合作，结合自主开发的"案件全流程管理系统"，实现案件容量大、处理快速的强大支撑体系。举报固证模块：整合"初步固证＋工商质监举报固证"双重固证，确保对制假售假的最大打击。投诉维权模块：整合母公司业务丰富的经验优势，能够自主及时干预案件处理环节，及早阻断侵权对品牌带来的伤害。

4.价格维护

管理规则的核心在于抓住客户的核心痛点——利润＋流量：扶持合规店铺，削弱违规店铺，辅以其他营销策略支持，结合品牌方和渠道方的共同利益，达到双赢。

（1）价格疏导：分层分级，建设有序乱价体系。价格策略：分层分级设定零售价格，相互促销，相互引流，相互扛盘（可引入自有店铺或者自营店铺）；建设有序乱价体系；分层分级设定供货价格，结合店铺流量和运营能力，能者多得，做大流量池；设置合规返利，奖优罚劣，掌握主动权。账期销售：合规店铺账期销售，提升合规店铺活跃性，整合品牌卫士销量监控，控制财务风险。

（2）促销策略疏导。广告宣传：产品与渠道联合，引流和转化；标准装修：产品形象、品牌形象、授权验证与品牌形象互为增补，同时做到引流、维权及优胜劣汰的自然生态（品牌卫士提供合规店铺装修监控及违规店铺打击）。

（3）渠道监管：利用品牌方对授权渠道的管理规则，协助品牌方进行规范管理。根据品牌方管控要求，基于丰富的客户管控经验，协助品牌方制定限价函等规则性文件。渠道监管可分以下六步执行。

①追溯源：货源流通可视化，建立货源追溯管理体系，借助电子监管码、防窜码、暗码等。落惩罚：强化考核监督，品牌方内部定期公示处罚情况，品牌卫士会同步告知网销店铺，加深价格管控的精神宣导。抓顽固：业务协调，针对因渠道失控产生的遗留问题店铺，品牌卫士多通道处理若无效，上报后需要品牌方业务经理上门协调。

②畅沟通：高效稽查群，建立区域经理乱价沟通群，针对沟通障碍卖家，在群内公示。高重视：限时整改，品牌方对违规店铺信息通过内部渠道发放给各地第一责任人，要求根据内部规定限时整改。立规矩：制定渠道链管理规则，制定精细的绩效考核制度和监督机制，激励各级销售人员和各级经销商严格执行限定价格政策。

③货源追溯：通过购买溯源、披露等方式找到网上的店铺货源信息，对店铺信息做好登记，方便品牌方全方位了解线上店铺货源的来源。店铺信息资源：代客采买，通过购买溯源、披露等方式找到网上店铺的货源信息，对店铺信息做好登记，以便与店铺及时沟通、协调等。

④知识产权布局：提供涉电商及相关领域品牌知识产权的保护方案，筑起品牌发展的保护壁垒。根据品牌现状，保护品牌权益不受损害。

⑤大数据分析：根据品牌方渠道管理的需求，提供数据分析报表。针对黑白名单管理的需求，提供黑白名单的分类分析，其中白名单提供月销量占比分析、链接数占比分析、价格违规情况分析等，可细化到产品系列；非授权店铺可提供销量和链接数占比分析，在品牌方提供相关资料的情况下，可提供非授权分类分析；针对控价管理需求，提供全网乱价情况分析，可细化提供符合控价的店铺销售占比分析、乱价店铺销量占比分析

等，可细化到产品系列；针对禁销管理需求：提供禁销链接和店铺纬度的销量占比分析；针对品牌行业分析需求，得到相应的销量竞争力比对以及销售额竞争力分析，为品牌方制定线上价格政策以及销售策略提供支撑。

⑥收编分销：品牌卫士谈判专员与品牌方明确沟通话术以及相应的优惠政策，传递给卖家，协助卖家与品牌方签订招商加盟合同。

5.升级保护

在溯源码、知识产权布局、知识产权申请等方面做好价格的升级保护，达到长治久安的保护目的。加强市场价格监管是市场经济的内在需求，价格有序稳定是宏观经济政策的目标。监管不是指每种商品的价格固定不变，而是指价格指数的相对稳定。通过前期的治理和维护后，日常持续的监管非常重要。价格监控使供求关系相互适应、相对一致，消除供求差异，实现供求均衡。价格稳定，供求便相对稳定。

第二节　渠道保护

在线上的激烈竞争中，强关联下的品牌与渠道商体系在面对弱关联下的品牌与渠道商体系时，如同正规军对阵散兵游勇般的降维打击。电商崛起带来线上渠道高速发展的数年间，各品牌基本都经历了三个阶段：先开渠道，品牌不动，市场发展混乱；品牌加以控制，渠道被束缚，市场占有率降低；品牌觉醒，渠道得到合理的管控，线上市场也获得良好的发展。那么，如何实现品牌与渠道商强关联关系下的共赢发展？首先得清楚目前的处境，然后明确线上渠道管理和开拓的目标，最后找到最合适的方法来落地执行。处境是势，目标是道，方法是术。

一、势：先谋后动

除了部分没有市场影响力的品牌或者极少数坚持自营线上线下渠道的品牌外，绝大部分品牌都不是依靠自营来经营线上市场，而是借助于渠道商。所有的品牌都希望有一个良好的渠道体系，优秀的线下品牌必定离不开优秀的渠道管理经验。然而现实是，很多品牌完全照搬线下渠道的经验来运作线上市场，然后会发现有很大的问题：如果管理得太严格，很快就会失去市场；如果粗放管理，又会发现线上渠道乱起来，线下渠道也会受到非常严重的影响。据了解，之前做得很优秀的手机行业和奶粉行业，目前线下渠道已经被线上市场冲击得非常厉害，甚至有很多批发商都在线上炒货，渠道价值链完全被打破。

简而言之就是，线上市场体量巨大，后续发展前景不可限量，是必须要做的。同时线上市场管控也难，在实现管控的同时，又要实现品牌价值与市场占有率的提升，就会更加艰难。

不同品牌对线上渠道的态度有着较大的区别。奢侈品品牌大多更注重线下体验，普通品牌则更注重市场占有率。基于线上市场规则及线上消费者的购买行为，需要激发渠道的活力，让渠道商有动力增加线上投入；需要实现控价及窜货和未授权的有效管控，以保证品牌良好形象及渠道价值链；需要提升品牌线上曝光率及产品转化率，以扩大品牌市场占有率和利润，维持品牌健康可持续发展。

二、道：分而治之

客户管理的第一法则是，不要把所有的鸡蛋都放在同一个篮子里。

一说到线上渠道管理，很多品牌首先想到是控价和窜货问题。然而，有效控价和管理窜货的前提是完善的市场布局。

线上市场与线下市场的管理有着很大的不同。线下市场操作清晰成熟，所以都是先布局，后管理。线上市场大部分都是渠道先行，品牌商组建电商部门的时候，发现渠道控制力完全掌握在少数渠道商手中，于是第一时间找TP公司或者扶持大的线上渠道商开设旗舰店，却又会发现渠道控制力又迅速集中到一两个客户手中。线下渠道做得再大也大不过一个城市或一个省，线上渠道则是赢者通吃。品牌商未能均衡地进行市场布局，就会被迫在失去渠道控制力还是失去市场份额之间艰难选择。

线上管理，需要有明确的思路，简而言之就是分而治之。

角色定位：品牌商的电商部门往往既做裁判员（定制度），又做主教练（抓营销），甚至又做球员（开店）。再强大的平衡大师也很难做到这三个角色的平衡。品牌商线上渠道的核心管理部门一定要逐渐更专注于定制度、打造产品本身竞争力及推进大平台战略合作这三项内容。更多的细节营销交给渠道商去做，即使旗舰店自营也建议其作为一个独立核算的经营体，与主要渠道商在同一进价成本基础上及制度上公平竞争。

渠道布局：渠道客户在精而不在多，不能过多也不能过少。过少会缺乏渠道覆盖及相互竞争，过多则必然使终端价格很难掌控。强势的单品类之下，设天猫旗舰店1个，重点专卖店2—3个（含京东POP），重点专营店3—5家（含大型集市店铺），京东、亚马逊、唯品会、一号店自营平台供货商3—5家（覆盖北上广成四地仓库）。北区的线上经销商负责供货京东北京仓、沈阳仓、亚马逊与当当网；南区的线上经销商供货京东上海仓、广州仓、武汉仓，同时供货一号店与唯品会。当然这些经销商可同时开设天猫、京东专卖店。实现第一梯队客户至少5家，第二梯队客户至少10家。第一梯队客户一定要尽力保持均衡，如一家独大则渠道商会敛取过高不合理利润，无所谓市场投放；如规模都不够大，则优秀的渠道商会缺乏重视，转投其他品牌，或者京东与天猫平台将不够重视渠道，缺少话语权。如果是单品牌多品类或多品牌多品类公司，则需要在每个品类之下如此设置。弱势品类渠道商数量需相应减少。

鉴于京东、亚马逊等平台相对更不可控和自营平台操作的简单性，若非绝对一线品牌或受限于自身的财务制度，自营平台也可采用品牌商直供的模式操作。这些客户体系形成之后，就要想方设法建立强关联的关系，包括建立渠道商老板（总经理）的QQ群、微信群，建立渠道电商运营负责人的QQ群和旺旺群。

渠道价值链设计原则：渠道不能按照销售额来定价值链，部分品牌某渠道商做得越大，给予该客户的返点越多。若利益不均衡，就很难在渠道之间形成良性的竞争关系。如成本一致，建议按照贡献度给予不同市场费用。成本一致就是所有渠道进货价一致，完成任务的正常返利一致，这样渠道之间就不会形成大量的炒货和窜货的行为。贡献度则为该渠道为品牌价值塑造、品牌市场占有率提升作出的明确贡献。设定线上渠道拿货价格体系，当然各品牌有各自的供货价格体系，这里需要强调的是线上供价体系一定要与线下供价体系一致，将线下用于地面投放的资源用于线上投放。

三、术：合作共赢

"令即立未布。恐民之不信己，乃立三丈之木于国都市南门，募民有能徙之北门者予十金。民怪之莫敢徙。复说：'能徙者予五十金。'有一人徙之，辄予五十金，以明不欺。卒下令。"

渠道价格的稳定至关重要。一则品牌价格形象的维持；二则线上线下渠道利益链的稳定；三则消费者打开网站，价格五花八门，必定影响选择；四则渠道付费推广转化率的保证。线上价格体系的稳定，首先需要品牌保持渠道的控制力。

对渠道的控制力并非重罚才能够实现，"乱世必用重典"一定是一个阶段性行为，持续使用则会伤及渠道活力。

共赢之术在于：

1.言出必行，赏罚分明

这就是讲需要做到渠道立威。如果缺乏对渠道的控制力，则价格政策无法执行，促销手段也无从谈起。其执行重点就是言出必行、赏罚分明。

要有一套完整的线上渠道价格政策。很多外资品牌忌惮于《反垄断法》，无法以文件形式"限定渠道商的转售价格"，但是，线上要有一套三栏价格：供货价、建议零售价、建议促销价。其实，建议促销价就是红线价格，如果部分渠道客户屡次突破该价格，那么需要果断将该客户淘汰出局。在品牌内部形成拼内功做运营推促销氛围的时候，持续乱价的客户就是最大的毒瘤。

2.让扰乱市场的客户出局

让扰乱市场的客户出局的手段有很多，比较常见的有取消授权、以品牌侵权或者图片侵权的名义申请删除乱价链接、连续三个月的断货、取消一级商资格等。其中删除链接为目前多数品牌使用较多也较有效的手段，但是删除链接是件慎重之事，删除太多而没有积极的手段，不但影响品牌在平台的占有率，更影响品牌商与平台商的客情关系。

3.大禹治水重在疏

其实很多品牌对待线上的管理，更多的关注点都集中在上文两点。线上的发展如同激流，有些品牌视如洪水，花大力气构建堤坝，却发现堵不胜堵，四处决堤。上善若水，消费者从线下往线上的转移已是大势所趋，线上管理，堵不如疏。

当然疏也是建立在常规市场价格体系稳定的基础之上，整体价格没问题了，只要开始由品牌商推进大型促销（疏），促销商品的流量与转化率必然会超乎想象。

线上促销的手段过于繁多，单淘宝就有钻展、直通车、淘宝客、聚划算，对于店铺的买赠、满减、搭售等促销，品牌商应放手让渠道商去执行，关注点应放在大型的活动之上，比如"6·18""双11""聚划算"等，也就是在公告第一条三栏价格的同时，品牌商手中应该还有一个隐藏于红线之下的大促价格线。谁能提报得上大型活动，谁就可以用大促价格执行；谁有能力、有魄力投入聚划算，就给予谁一定的流量费用补贴（比如聚划算坑位的投入）。

如果做到以上三点，具有运营能力和推广能力的客户就会在竞争中脱颖而出，整个品牌线上市场的竞争氛围也会从混乱无序的价格竞争走向可控发展的道路。[①]

四、线上线下销售渠道布局

新冠疫情期间，要想做好线上、线下销售渠道布局，打造品牌线上、线下良性生态，需要将维权控价与品牌布局及渠道管理关联起来，形成一个完整的方案。

1.线上销售，价格混乱是表象，渠道治理是根本

梳理、引导，建立良好的分销价格体系。

2.如何处理线上线下的冲突

冲突的原因：渠道的结构和利润需求不同，追求销量最大化。解决冲突，首先需要渠道各个层级有利益保障。

3.如何引导授权经销商的利益，建立品牌互联网生态

联动：线上线下做不同层级；线上线下做平行层级；辅助：定价策略、产品策略、促销策略。

---

① 《线上渠道布局和管理》，百度文库，https://wenku.baidu.com/view/2ff091e366ec102de2bd960590c69ec3d4bbdbd2.html。

4.产品定位策略和互联网销售结合

差异化产品策略：线上款和线下款。差异化包装策略。

5.定价策略和互联网销售结合

差异化定价，优化利润结构（渠道支出或市场支出或引流支出）。

6.品牌宣传策略和互联网销售结合

包括广告宣传和标准装修。

7.品牌渠道管理和货源追溯出现线上线下窜货、低价问题的主要原因

（1）渠道层面：渠道销售层级较多，品牌方有授权的一级、二级分销商，但是渠道销售压力大，一级、二级分销会做二次转分销，这样加大了渠道治理的难度。二转分销主要是利益和完成目标，对于品牌的规划，战略目标认识不够。

（2）价格层面：价格管理有特批现象，在头部分销或者渠道不完善的前提下，会低价进货。渠道成本大，利润空间大，分销的优劣点也会放大，价格层面就会低价、乱价。

（3）产品层面：同质化产品线上线下同时销售。

8.渠道保护对品牌的影响

各级渠道利润得不到保障，渠道积极性会降低。价格：价格崩盘，触达成本线，公司利润降低；产品：产品生命周期缩短，销售总规模降低，研发平摊成本上升。

9.常见平台渠道保护机制现状

综合类平台：基本具备较完善的投诉处理机制，但平台倾向性不同，处理效果不同。阿里系如淘宝、天猫、闲鱼、1688等，具备相对完善的投诉处理机制；京东具备相对完善的投诉处理机制；拼多多具备投诉入口，但投诉时效和投诉效果较差。

专业类平台/小平台：有赞、微店、各直播平台；书籍平台：当当；药品平台：药房网、药师帮、1药网等。其基本无投诉端口或端口形同虚设，处理效果不佳。

五、渠道疏导

渠道策略疏导：线上线下做不同层级，即线上做线下的上级，阻断线下客户线上销售；O2O战略：线上线下互为引流，提升流量转化率、产品感知，减少库存相关成本；线上线下做平行层级：渠道支出或市场支出或引流支出，引流合规店铺；示范效应收编经销商；一件代发：缩短流通环节，降低流通物流成本，掌控货品供应链条。

促销策略疏导：包括前文提及的广告宣传和标准装修。

六、品牌卫士渠道保护解决方案

1.建立渠道大数据库

打破时间差，系统监控：7×24小时无差别监控。

2.系统排查

大数据时代，每个用户的习惯已经被标注、记录、分析。

3.专业团队

经验丰富，系统实时监控，大数据维权高效精准。能有规划性地就价格治理、价格维护等，按服务的时间段提供服务方案。部分服务方案内容见表5-1。

表5-1 专业团队可提供的部分品牌保护服务

未授权、侵权管控（1—3个月）品牌卫士依靠自主研发的监控软件，由品牌商提供正规授权名单，在系统内进行设置及筛选，打击未授权、知识产权侵权店铺，假货、窜货店铺	渠道、低价管控（1—6个月）由品牌方提供需要控价的商品价格表，在系统内进行设置，排查商品乱价、市场影响大且销量高的店铺，予以重点打击	店铺监控（1—9个月）品牌卫士依靠自主研发的监控软件，由品牌商提供正规授权名单及重点的产品，在系统内进行设置及筛选，以侵权产品购买等方式判断侵权行为	整理维护（全年监控）使用品牌卫士监控软件，对品牌进行多维度的保护，对乱价、商标侵权、盗图等行为进行把控，节假日前重点排查，保持品牌90%以上的健康度，及时提供品牌健康报告

预防机制：大部分企业不主张发展网络分销，原因在于无力管控，因此前期要做好规划，为后期管控做准备。互联网时代下，电商已经成为标配，网络销售"宜疏不宜堵"。

专属授权：为分销商颁发网络销售专属授权书，为打击虚假授权做好准备。

授权打标：授权商家宝贝主图左上角必须悬挂商标Logo，为打击商标侵权做好准备。

奖惩机制：收取专属保证金，建立完善奖惩机制。

授权展示：发布可以查询的网络销售渠道，授权商家名单展示，占领道义制高点，防止公司内部出问题。

七、管控机制建立

（1）制定分销规则。基础要求：确立主图风格，悬挂Logo及授权书，保证正价，建立奖励、惩罚制度等。

（2）梳理已有商家。符合分销要求的店铺，如已授权店铺、可被授权店铺；不符合分销要求的店铺，如已授权店铺、未授权店铺。

（3）打击假货、侵权商品。普通侵权通过阿里巴巴知识产权保护平台进行投诉。严重侵权可线下打击，采取相应维权措施。

（4）招募分销商。将符合分销要求的但尚未授权的店铺分类处理，进行统一管理。

（5）日常分销管理。使用品牌卫士分销工具，查看分销商数据了解市场，设置分销规则，在分销商操作不规范时自动提醒。品牌卫士通过优化传统人工分销管理，进行系统性地沟通，提高了分销商的积极性，提升了消费者的体验，使消费者能认准授权店铺购买，认准正品，评价直达品牌商，反馈更及时。

八、渠道保护的相关实例

1.产品服务的类别

产品服务可分为三类，见表5-2。

表5-2　产品服务类别

类别	名称	释义	费用
一类	基础服务	根据品牌方要求进行检索、通知、投诉服务	打包收费
二类	进阶服务	处理疑难问题、非平台规则侵权问题	单项收费
三类	咨询服务	渠道及法律方面的咨询、建议、方案服务	按项目收费

2.产品与案例

产品与案例分类见表5-3。

表5-3　产品与案例分类

项目名称	分类
线上品牌诊断服务	一类
数据检索服务	一类
违规店铺通知服务	一类
违规链接投诉服务	一类
购买鉴定服务	一类
代为购买服务	二类
知识产权培训服务	三类
提供维权账号代注册和备案服务	一类
诚信账号维护服务	一类
假公章鉴定服务	二类
法务谈判服务	二类
律师诉讼	三类
知识产权保护及维护服务	三类
线上渠道管理体系咨询服务	三类
线上渠道管理相关服务	三类

注：以上项目按行业需求占比归类。

3.历史实例

（1）品牌全网100页非白名单店铺处理情况见表5-4。

表5-4 品牌全网100页非白名单店铺处理情况

店铺状态及数量	品牌名A
初始值（5月20日）	3000
过去量（6月28日）	2400
现有量（11月11日）	1000
新增数（对比10月30日）	300
减少量	2300

注：统计品牌/产品全网数据的变动情况。

（2）发货地址大数据库（按市划分发货情况）。

（3）发货地址统计见表5-5。

表5-5 发货地址统计

店铺名	旺旺名	店铺链接	发货地址	店铺查询情况	链接情况（条）	卖家姓名	卖家手机号码	收款人姓名	收货人手机号码

注：统计发货地区的百分比，从而进行渠道相关治理。

（4）诚信账号的养分体系，增加投诉的通过率。

第三节　货源保护

货源，一般是指进购某种货品的渠道。从"货源"二字就可以明白，网络上有许多网店货源代销类网站。

网店代理代销是指一些网络批发商城或一些为网店提供货源的商家，为网店店主提供商品图片和商品介绍等资料而不是实物商品，然后淘宝等网店商家再通过淘宝助理上传这些商品数据包到自己的网店。当网店卖家出售商品后，再到提供货源代理的商城处下订单，同时提交买家的详细收货信息，提供货源代理的商城直接给买家发货，而网店店主在这个过程中是看不到实物的，网店店主主要由此赚取差价，这种模式又称网店代销、网店代理或网店加盟。

网店代理代销的优势是无须大量启动资金、无须囤货、无须拍照、无须物流，是个风险非常低的电子商务运营模式，适合运行资金有限、技术有限、没货源渠道的网店店主。因为货源的渠道形式不同，货源保护就很重要，品牌方能做到窜货治理、一地一价、线上线下区分销售等。品牌卫士主要通过"溯源码＋知识产权保护"的方法进行货源保护。具体分为明码、暗码。溯源码就是追本溯源，从产品的出售往回追溯到产品的本源。溯源不像其他质检证书，一本证书代表一批产品没有问题。但是商家有没有窜货换货之类的，品牌方也不清楚。溯源码，一物一码，就好像每个人的微信二维码一样，一个产品都有一个专属的二维码，此二维码可以让消费者对产品的生产销售一目了然，不担心产品的问题。一直以来，产品安全就是人们所关注的问题，面对众多的商品，溯源码起到了关键作用。

一、溯源码的种类划分

1.明码：二维码、防伪码、紫外码、激光码、RFID/NFC

明码主要短期使用，成本比较低，主要是做防伪。以标签为载体，通过简单直观的方法即可进行鉴别，使用方便，但易于破解和复制，仅适用于防伪要求不高时使用。缺点就是检测步骤多，受外部影响因素大；检测效率低下，浪费大量成本。随着防伪技术越来越先进，传统的溯源技术，早已可被轻易破解和伪造。传统的溯源、吊牌、二维码等由于可轻易被撕毁、破坏，影响正常的产品检查。

2.暗码：赋码系统（数字、图形）、检码系统（手持PDA）、区块链商品码、指纹码

暗码的使用也是在明码解决不了大部分问题的时候，考虑到"隐形"的条件下进行真伪识别。暗码的优势就是真隐性、唯一性，防伪极强让假冒产品无所遁形。无法复制、不易破坏、难仿造，这些也是暗码的优点。甚至有人说，暗码是防伪、防窜、溯源、控价技术终结者。暗码技术可以运用于各类纸张、PE塑料、PVC塑料、金属、陶瓷等多种材料的包装上。暗码需要打码系统与解码设备，包含的设备有明码采集器、专用识别设备、工控机、暗码实施设备。暗码的设备成本比较高，需要专业的流水线与操作人员。

二、货源的知识产权保护

货源的知识产权保护主要是对包装、产品进行知识产权的布局与知识产权的保护，结合知识产权诉讼做到知识产权的安全性与不可复制。货源保护是品牌方重要的保护手段，借此可以进行渠道的治理，解决乱价低价，在知识产权维权的同时可以进行取证公证，打击盗版等侵权行为。

知识产权一般是指人类智力劳动产生的智力劳动成果所有权。它是依照各国法律赋予符合条件的著作者、发明者或成果拥有者在一定期限内享有的独占权利，一般认为它包括版权（著作权）和工业产权。版权（著作

权）是指创作文学、艺术和科学作品的作者及其他著作权人依法对其作品所享有的人身权利和财产权利的总称；工业产权则是指包括发明专利、实用新型专利、外观设计专利、商标、服务标记、厂商名称、货源名称或原产地名称等在内的权利人，享有的独占性权利。自2008年《国家知识产权战略纲要的通知》颁布之后，我国陆续出台了《商标法》《专利法》《著作权法》和《反不正当竞争法》等法律法规文件。

面对经济全球化和国际知识产权保护发展的新形势，尤其是中国加入世贸组织后，中国经济与世界经济逐步一体化，中国知识产权工作面临着巨大的压力和挑战。必须切实加强知识产权保护工作，通过有效地保护知识产权，使国家在知识资源上形成比较优势，从而促进整个国家经济的发展和科技的进步。首先，各级政府应按照依法治国的方针，转变职能，适应入世后发展社会主义市场经济的需要，营造出良好的政策环境和法律环境，改进知识产权保护的方式和手段，加大知识产权保护的力度，健全国家和地方的知识产权工作体系，促进国家经济包括高新技术产业的快速发展。

一是在政策上予以倾斜。从笼统扶持科技成果转化到重点支持专利项目，特别是那些高科技专利项目、影响行业发展水平和方向的专利项目，建设拥有自主知识产权的高科技民族工业群体。同时，采取有力措施，保证专利制度各项奖酬兑现，重奖一些重大发明专利技术。同时在技术创新中，要充分发挥科技优势，在若干技术领域内取得优势，并申请专利保护，注重开发专利新产品，利用知识产权制度占有市场。

二是在资金上予以扶持。各级政府都应建立专利基金，以财政、企业为主体，广开资金来源，多渠道、多形式地筹集资金。重点支持那些有广阔的市场前景、高技术含量、高附加值的专利技术的实施。同时，星火计划、高新技术产业化、技术改造项目、新产品开发项目等各种科技和经济计划项目资金应向高科技专利项目实施上倾斜，积极扶持和发展中国自主知识产权的高科技民族工业。

三是在机制上予以保障。加强知识产权保护工作，还必须不断完善中国的知识产权机制。要不断完善知识产权立法体系和执法体系，加大知识产权的执法力度，通过执法来推动全民重视知识产权法律保护，激励科技人员创造出更多的知识产权成果，鼓励建立自主知识产权产业，推动中国经济发展。

（一）越来越多的国家将知识产权保护提升为国家发展战略

随着知识产权在世界经济和科技发展中的作用日益凸显，越来越多的国家都认识到未来全球竞争的关键就是经济的竞争，经济竞争的实质是科学技术的竞争，科学技术的竞争，归根到底就是知识产权的竞争。因此，许多国家，尤其是发达国家，已把知识产权保护问题提升到国家大政方针和发展战略的宏观高度，把加强知识产权保护作为其在科技、经济领域夺取和保持国际竞争优势的一项重要战略措施。美国自20世纪80年代起，为恢复其在世界经济中的强势地位，陆续采取了一系列加强知识产权保护和管理的重大举措。日本在过去几十年里，曾提出过"教育立国""科技立国"等口号，到2002年进一步认识到知识产权的战略地位，制定了《知识产权战略大纲》，成立了跨政府部门的知识产权战略会，把"知识财产"定位到"立国战略"的高度，要发展成"全球屈指可数的知识产权大国"。此外，俄罗斯、韩国和印度等国在制定技术创新战略的同时，也把对技术创新过程中的知识产权保护纳入国家战略。

（二）国际知识产权的保护范围不断扩大，权利内容不断深化

随着新技术、新知识的不断涌现，知识产权的新类别相继出现，现代知识产权的保护范围，已从传统的专利、商标、版权扩展到包括计算机软件、集成电路、植物品种、商业秘密、生物技术等在内的多元对象。发达国家在高新技术方面占有绝对的优势，因此不断地扩展电子、通信、网络、生物领域的保护范围，如美国、德国、英国、瑞典等国家都开办了基因专利授予业务。美国甚至将网络营销模式等理念都列入了专利保护范围。在国际上，长久以来商业方法专利都被认为是一种"自然产物"而不能给予专利保护。但随着世界商业的快速发展，这种传统观念正受到挑战。商业方法是否具有"获专利保护的可能性"，同生物基因专利一并成为业界最为关注的话题之一。发展中国家越来越多地对遗传资源、传统知识和民间文艺提出了保护的构想。

另一方面，知识产权的保护更加强化专有性。比如，驰名商标已经脱

离了商品或服务而作为一个专有种类被列入保护范畴。美国专利和商标局颁发的基因专利，不仅有完整的生物化学、遗传学等方面功能证据的新基因，而且还包括功能尚不明确的DNA序列。

（三）知识产权审批的时间加快，保护的期限延长，对侵权的处罚力度加大

为了鼓励创新，增加知识产权的贮备量，许多国家通过简化审批程序、缩短受理时间来提高审批效率。如美国专利和商标局成立200年以来，共授予了600多万件专利，其中授予第一个100万件专利花了大约100年，授予第二个100万件专利花了大约50年，授予第三个100万件专利花了大约25年，而授予第四个100万件专利仅花了12.5年。

知识产权是重要的民事权利之一，其存续是有法定期限的。对技术创新过程中形成的不同知识产权的保护期，不仅在不同国家、不同地区都曾有过不同的规定，而且在同一个国家或同一个地区的不同时间也曾有过不同的规定。依据有关知识产权国际公约的规定，凡参加国际公约的国家或地区，该国或该地区对同类知识产权的保护时间可以超过而不能少于国际公约年限。

随着知识经济的兴起和知识作为生产要素地位的空前提升，世界各国均加强了对知识产权侵权的处罚力度。一方面，知识产权侵权赔偿额逐步增加，如美国在1990年到1994年间知识产权诉讼中所涉及的损害赔偿总额初步估计达到9200万美元，侵权赔偿呈现高额化趋势。另一方面，相当一部分知识产权侵权行为要承担刑事责任，如《刑法》就专章规定了侵犯知识产权罪。

第六章

网络企业舆情的
监测和应对

第一节　如何认识网络企业舆情

一、企业舆情的含义

舆情是"舆论情况"的简称，是指在一定的时间范围和社会环境内，围绕某一特定社会性事件的发生、演变过程，以及由事件中政府、企业、个人等不同主体的行为举动，所产生的意见、评论、态度、情绪的集合。而企业舆情则具有更为具体的含义和指向性，即社会公众对某一企业发展情况和行为举动的态度、观点、情感的总和。

近些年来，受社会思想的发展、法律法规的完善、科技应用的提升、消费态度的转变等因素影响，企业舆情所涵盖的范围不断扩大，外延不断伸展。企业舆情不再囿于传统意义上的守法合规、产品质量、生产安全、环境保护、市场行为等法律法规限度内的"自上而下"规定的"硬指标"，构建企业文化、建设品牌形象、履行社会责任、传递价值观念、迎合公众情感、展现人文关怀等"自下而上"树立的"软标准"，也逐渐成为企业舆情的关键内容，成为社会公众衡量企业形象和品牌价值的重要维度。

二、互联网时代的企业舆情

伴随着信息技术的迭代更新、移动网络的广泛普及，互联网及社交媒体平台以超乎想象的速度及规模更新和发展着，已然成为当前信息扩散、意见交流、舆情发酵的主要场域，由此催生了以互联网新媒体为载体、以突发或热点事件及其关联人物为核心、以网民情感表达为要素的网络舆情形态。社会舆情通过网络传导、扩散，但又并非在网络媒体平台、网络社交平台等场域简单和直接的反映。一方面，网络舆情继承和延续了传统媒体时代通过纸媒、平面媒体作为信息聚集以及媒体讨论的模式和特征。另一方面，互联网打破了传统媒体时代信息传递及扩散的固有格局，消除了媒体与社会公众之间的信息壁垒，为普通民众平等、自由、高效地发表意见搭建了新媒体渠道和平台。互联网扁平化、交互式的交流模式深刻地影响了网络舆情的传播方式和扩散范围。面对网络舆论环境如此快速变化的局面，企业经营活动投映在网络中并快速发酵成为社会公共事件的可能性越来越大，甚至说企业现状实时曝光于网络之中也不为过。

此外，网络舆情的多种特性也深刻影响着企业舆情。网络舆情具有规模性特征，手机等移动端设备的普及和国内不同信息汇聚平台的不断创新，吸引并聚集了大量网民驻足网络平台围观社会热点事件，而更具话题性、讨论度和不确定性的逐步释放的企业舆情极易引起公众关注、猜疑和热议，进而形成规模性的讨论和不同观点群体间的争斗；网络舆情具有自由性的特征，自由、简易的发帖方式为网民曝光企业违法违规行为提供了高效便捷的发声渠道，使得企业负面舆情在事发后能够"第一时间"进入公众视野；网络舆情具有偏差性的特征，涉及公众利益的企业舆情在发酵过程中，公众在信息失真、情绪激动的情况下，不可避免地发表"非理性"言论，且更易引起舆论的共鸣和响应，促使舆论走势偏离正轨。因此，当前形势下，如何根据舆情发生、发展规律，积极科学监测并应对网络舆情，是每一个现代企业面临的崭新而又严峻的课题。

三、网络企业舆情的风险类型及其成因

从近年来企业舆情实践工作来看，随着互联网技术的发展和新媒体多态化，企业舆情风险呈现多发、散发状态，给舆情监测和分析应对带来了越来越多的困难。因此，分析企业舆情的风险类型、研究舆情产生的原因，对企业舆情监测和处置应对及减少负面舆情的影响有着积极的作用。

（一）价值导向风险

指企业在管理、宣传、营销、服务过程中，传递错误的价值观而造成的舆论广泛批评并呼吁市场抵制等舆情风险。正确的价值观是个人追逐梦想的基础，企业树立和传播正确价值导向也是企业繁荣发展的根本。我国提倡社会主义核心价值观，富强、民主、文明、和谐是国家层面的价值目标，自由、平等、公正、法治是社会层面的价值取向，爱国、敬业、诚信、友善是公民个人层面的价值准则。同时，我们也倡导全球共同价值观，坚守和平、发展、公平、正义、民主、自由的全人类共同价值，推动构建新型国际关系，推动构建人类命运共同体。因此，企业在文化建设、价值传递和经营管理实践中，需要融入并践行社会主义核心价值观和全球共同价值观，杜绝错误价值观对社会施加的负面作用。然而近年来，有不少境内外企业在经营过程中传导有违社会和谐及人类共同进步的错误价值观，包括涉及国家民族、历史虚无主义、极端民粹主义、青少年保护等问题的错误观念和思想意识，不仅污染了社会风气、也给企业自身带来极大的危害和损失。

1.国家主权问题

2021年3月，由A股上市公司"奥飞娱乐"投资引进的儿童动漫《超级飞侠》，被微博网民曝出存在涉及国家主权和领土完整的严重问题。部分片集中，国内版本存在藏南地区、阿克赛钦地区、长白山片区的地图缺失；国外通行版将台湾划分在中国外，且海南岛缺失。粤语版配音直接把台湾称为"亚洲的一个地区"，并将"中秋节"称为韩国节日。随即，《超级飞侠》在国内遭全网下架。3月15日，奥飞娱乐通过其官方微博发布声明并诚恳道歉，强调针对问题将认真反思，并在相关主管部门指导下实施整改。作为国内热播儿童动漫，出现如此严重的涉及国家领土主权的错误问题和对中国传统节日的错误表述，固然有境外制作方故意采用"双标"对待我国领土和地区的可能，但更需要引起企业重视的是此类文化产品在制作、引进、发行等各个环节的内容审核责任的落实，否则这种涉嫌违法的行为，不仅会给企业造成极大的损失、对儿童的认知造成不良影响，也会给国家和社会带来严重危害。

2021年3月22日，欧盟、美国及加拿大等宣布就新疆维吾尔族人权问题对中国官员实施制裁。随即从3月24日起，包括H&M、优衣库、耐克、阿迪达斯、匡威、MUJI、GAP等50多个服装品牌陆续被曝，以"强迫维吾尔人劳动为借口"，拒绝并抵制使用产自新疆的棉花，并要求合作的供应商也不允许使用。此事引发国内民众愤怒，大量网民发声呼吁抵制涉事品牌，政府部门、官方媒体集体发声批判这种借机抹黑、干涉中国内政的行为，包括王一博等众多明星艺人纷纷与涉事品牌解约，电商平台下架相关商品，"抵制涉事品牌"的各种举动瞬间波及全国。与此同时，包括"李宁"等国内品牌向社会明白宣告所生产的产品"使用新疆棉花"，获得网民"怒赞"，品牌形象和企业声誉大幅提升。可见，此次由境外企业错误利用营销手段表达政治观点而引发的舆论浪潮中，品牌企业、代言明星、合作企业、竞品企业之间的所有举措，都会对舆情态势形成推波助澜的作用，无论哪一方参与其中并对舆情作出反应，都会不断推高舆情热度。当然在国家情感面前，只有表达正义和公理的一方，才能得到最大限度的舆论支持。

因此，企业可以通过各种形式传递、表达自己的政治意识和价值观念，但在全球一体化时代，任何冒犯或侵害国家主权的行为都将是对人类共同愿望和共同价值的挑战。无论是有意或无意行为所导致的负面舆论，企业必须为此承担非常严重的后果。

2.民族尊严问题

2018年发生的"杜嘉班纳""辱华"事件至今仍在不断产生影响。2018年11月，网络曝出意大利奢侈品牌D&G广告涉嫌辱华，并且其设计师在境外社交媒体上发布涉嫌辱华言论。后虽经两次网络道歉，但"起筷吃饭"短视频广告中的夸张表演及道歉时毫无诚意的"甩锅"言行，导致舆论批判之声四起，网民号召抵制该品牌商品。随后，代言明星纷纷表态解除合作，线上线下大量下架该品牌商品，杜嘉班纳在华营业额一落千丈。据报道，在2018年杜嘉班纳总收入中，以中国市场为主的亚太地区的营业额同比下滑7.7%。事件发生三年来，杜嘉班纳多次在中国各大社交平台上投放广告"试水"，但每次都会遭到网民抵制。2021年6月，香港著名女歌手莫文蔚发布新歌MV，背景中出现杜嘉班纳商品，一时间"莫文蔚道歉"等相关话题冲上微博热搜榜，而莫文蔚也旋即发布声明致歉。新华社对该事件这样评论："消费者看一个品牌的品质，既看产品的质量，更看文化的涵养。收起偏见，真诚以待，尊重文化差异，才是品牌应有的价值。"可见，价值观的传导对企业形象和品牌形象将会产生直接和深远的影响。

2021年6月30日，索尼利用官方微博账号公告将于2021年7月7日发布新产品。信息刚发布即被网民指出有故意关联"七七事变"的嫌疑。面对一夜的舆情发酵，索尼中国公司于7月1日就新品上市的时间安排作了说明并表达歉意，承认由于安排不周，在日期的选择上给社会造成了误解和困扰，并宣布取消相关活动安排。然而有网友提供更多的信息显示，索尼的首支超广角镜头的发布日期居然是2020年的7月7日。部分舆论认为如此巧合的安排并非一次日期选择不当，"故意为之"的嫌疑无法排除。此后，尽管舆论热度逐渐下降，但舆论影响依然在起作用。除部分用户宣布将更换所使用的索尼产品以外，索尼（中国）有限公司因此次广告内容违反《广告法》中"广告不得损害国家的尊严或者利益，泄露国家秘密"的条款，被北京市朝阳区市场监督管理局罚款100万元。

以上两起舆情事件带给我们的思考是，企业在重大营销活动、广告文宣策划、明星代言等方面，一定要重视事先的专业舆情评估、风险预警和危机公关预案，避免由于内容和方案触及敏感事件、敏感时间、敏感人物，或是由于宗教及文化认同等原因，侵害用户或受众的国家荣誉感和民族自豪感，为企业发展制造困局。

3.历史虚无主义问题

2021年8月6日，手机游戏《江南百景图》在社交账号上官宣了8月签到福利卡为"闲人"岳飞，然而岳飞却被设计成了"赤身免冠，手牵绵羊"疑似具象化成语"肉袒牵羊"的"投降者"形象，遭到舆论抨击。包括"乌合麒麟""沈逸"等网络大V纷纷下场发表评论观点，直指游戏以戏谑的态度歪曲历史、侮辱英雄人物。8月11日，中国历史研究院发布题为《岳飞"肉袒牵羊"？历史不能"游戏"！》的文章，认为"使用历史人物作为游戏角色形象，绝不能忽略人物所具有的历史意义。手游年轻玩家众多，更需尊重事实、尊重历史。如果青少年接触的是扭曲的历史，那么历史将不成其为历史，民族记忆也将走向破碎与虚无"。8月13日，人民网发表题为《英雄不容轻慢，历史不容戏说》的文章，指出"游戏是虚拟的，但制作方不能陷入历史虚无主义。手游具有文化产品的公共属性，玩家众多，特别是很多年轻人爱玩手游，如果手游制作方对历史缺乏正确认知，存在史实偏差，势必误导年轻人塑造三观"。面对急剧飙升的负面舆情和网络批评，《江南百景图》官微及设计人员虽三度发声为自己辩解和道歉，但"顾左右而言他"的回应和轻慢态度并未得到网络谅解。根据舆情监测，截至8月20日，《江南百景图》在TapTap上的评分已降至6.8分，近一个月内的负面评论达到了13181条，占到总评论数的93.2%。

近年来，网络文化产品消费市场高速发展，根据国家统计局发布的数据，2020年数字出版、动漫、游戏数字内容服务、互联网文化娱乐平台等文化新业态实现营业收入31425亿元，同比增长22.1%。随着大数据、云计算、5G、人工智能等新一代信息技术在文化产业领域的深度应用，网络文化产业发展的平台和环境将进一步优化。巨大的市场前景促使相关企业在不断推陈出现、抢占市场的同时，忽视内容安全风险，降低内容审核标准，造成网络文化产品内容安全问题频发，严重威胁网络文化产业生态构建与可持续发展。创新与安全、发展与责任，是企业成长过程中无法回避的话题。

4.儿童健康保护问题

2021年9月19日，有网民发文称江南布衣旗下童装品牌"jnby by JNBY"服装上印有"Welcome to hell""let me touch you"等字样，以及撒旦、骷髅头、断肢等诡异图案。随后，不断有网民发帖称，在已购买的"jnby by JNBY"品牌童装上，发现有暴力、血腥、色情等"邪典"问题的文字和图案。舆情发酵后，9月21日，江南布衣只在最初质疑的网友的微博评论区留言致歉，称已下架所有相关产品。直到9月23日，江南布衣才通过官方微博发布公开致歉信，称"公司已开放消费者退货渠道，已购相关下架商品的消费者可以去原购买渠道进行退货"。但同时江南布衣仍不忘自夸，宣称品牌是以"自由的想象力"为理念，借助艺术的手法进行设计的。对此，有豆瓣网民披露，早在2017年该品牌童装就存在印有女性下体的图片，不认同江南布衣道歉信中所谓"个别产品"有问题的说法。网民纷纷质疑江南布衣在舆论压力之下还态度傲慢地"把无知当个性"，这不只是设计师个人的问题，这是企业高层或者说整个企业的意识形态问题，怀疑该品牌设计是故意以"个性化"为名"夹带私货"。9月24日，江南布衣股价在股市收盘时下跌13.21%，市值缩水11.83亿港元。9月26日晚，根据微博"西湖发布"的信息，杭州市西湖区相关部门已约谈江南布衣，责成企业立即下架涉事童装及同类型款式服装，对已售涉事童装做无理由退货处理，同时成立调查组对事件进行调查。9月27日，江南布衣股价再次一路下挫，收盘价下跌9.35%。

　　2017年，包括《纽约时报》等境外媒体报道，视频网站YouTube上有数以千计的看似儿童动画片却含有大量阴暗、暴力、色情等不适合儿童观看的"邪典"内容。事件曝光后，美国社会各界对此提出强烈抗议，YouTube因此开始大规模下架这类视频并封禁相关账号。直至2017年11月，YouTube宣布删除了超过50个相关频道、15万个视频。该事件通过网络传播至国内，优酷视频、腾讯视频等主流视频播放平台均发布声明，表示将对问题视频坚决进行下架、屏蔽处理。据新华网等多家媒体报道，2018年2月，全国"扫黄打非"办公室部署开展"邪典"等涉儿童色情信息的网络专项整治，清理有害信息37万余条，对多个提供传播的互联网平台予以行政处罚并曝光，严厉查处制作"邪典"的视频企业，有关负责人被刑事拘留。如此声势浩大的全球性清理儿童"邪典"内容、保护青少年身心健康的运动，作为儿童服装生产商的江南布衣如果未能及时获知或未对舆情进行监测，那只是品牌管理工作的失职，但如果是有意放任设计方案问题的存在和问题产品的销售，那就正如微信公众号"首席商业评论"的评论所说的：企业生产、经营、营销一定要有尺度，有一把社会价值观衡量的"尺子"，抛开社会主流价值观谈个性化展示，让产品设计"剑走偏锋"，总会迎来"翻车"的结局。

　　5.极端民族主义问题

　　2021年1月，亚马逊对其App使用了多年的Logo做了修改，在原来招牌

"微笑嘴型图案"的上方，增加了蓝色锯齿形"封箱胶带"设计。设计方案一经发布即遭到部分客户和网民的批评，认为锯齿形图案的添加，使整个Logo看似留着小胡子的希特勒形象，消费者强烈要求亚马逊"重新考虑新Logo"。网络舆情发酵后，亚马逊悄然将形似"希特勒小胡子"的锯齿形图案改成了折叠一角形状。霍夫斯特拉大学公共关系教授阿莱莫（Kara S. Alaimo）指出，"在社交媒体有着狂暴影响的时代，品牌专家在Logo发布前必须要弯下腰，思考人们误用或误解的各种可能性"。

然而近年来此类"招致误解"的事件并非个案。2014年，以色列、英国等国媒体报道，西班牙服装品牌ZARA旗下一款儿童睡衣形似二战时期犹太种族惨遭大屠杀时所穿的"囚服"，同时睡衣上的六芒星标志更和德国纳粹要求犹太人佩戴的"大卫之星"非常相像。欧洲犹太组织要求ZARA撤回产品并向全社会公开道歉。另外，2018年，H&M选用一名黑人儿童模特身穿一款绿色卫衣拍摄广告，衣服上写着"森林里最酷的猴子"字样。此事不仅引发了网络社交媒体上对H&M涉嫌种族歧视的质疑，也引起南非抗议者对多家H&M门店的打砸。虽然H&M在第一时间撤下该广告并道歉，但来自舆论的"声讨"并未停止。因为卫衣事件，多位明星表示要与H&M断绝关系。加拿大知名音乐人威肯（The Weekend）在社交媒体上表示，这则广告让他感到"震惊和尴尬"，并由于此事断绝与H&M的合作。说唱歌手G-Eazy也加入了谴责行列，并中止了与H&M的合作计划。美国著名NBA球星勒布朗·詹姆斯也发声痛批这则广告。

同样，类似事件在国内也曾发生过。2021年9月9日，南京茶饮品牌"伏见桃山"通过官方微信公众号发表声明称，品牌将正式更名为"伏小桃"，同时还对此前由于企业和品牌起名及更名引发的争议和风波道歉。"伏见桃山"由南京千利休餐饮管理有限公司创立于2017年，原名"汴京茶寮"，于2019年更名为注册商标"伏见桃山"。但在2020年就有网民指出，该品牌名称与发动甲午战争的日本明治天皇陵墓重名。后虽经南京千利休餐饮管理有限公司解释称"伏见桃山"其实是地区名称，而日本明治天皇陵墓只是处于该地区。但更多的网民则表示，"伏见桃山"名称受争议的根本原因不仅是跟日本明治天皇陵墓重名，更是"一个南京的奶茶品牌，取了日本地区的名字"，而且企业名称也采用了日本茶道创始人"千利休"的名字。根据天眼查App显示的信息，2021年8月3日，该公司更名为"南京和奇宜餐饮管理有限公司"。

从以上案例可以看出，企业和品牌方并没有故意传播极端民族主义，但考虑到种族歧视、纳粹主义、日本军国主义都曾经给世界人民造成了极其深重的灾难，任何一点对极端民族主义进行宣扬的"疑虑""误解"极易被网络放大，也都将对企业形象产生非常严重的打击和破坏。所以，企业在形象设计、产品宣发过程中，应重视此类由于自身内容审核不严、风险预判不够而造成的网络误解、舆论批评，同时对品牌管理人员加强历史文化知识的教育，避免由此带来的负面影响和成本浪费。

（二）产品服务风险

是指企业销售和服务过程中，因存在商品或服务质量缺陷、涉嫌销售假冒伪劣商品、侵犯知识产权等原因引发一定规模的用户投诉和维权舆情风险。自1991年起，中央电视台每年通过"3·15"晚会向社会曝光不良企业和商家侵犯消费者权益的各种案例以及背后真相，旨在谴责利用假冒伪劣商品欺骗消费者牟取暴利的行为、揭露售卖违法违规商品对消费者的侵害、宣传消费者权益保护的法律法规。广大消费者通过观看，可以加强辨识真伪商品的能力，了解维权渠道，提高维权意识。而万千企业则可以通过"3·15"晚会，学习理解相关法律法规，掌握行业监管态势，并通过对案例的解读，举一反三对照自身，及时发现和排除潜在风险。然而即便保护消费者权益的各项举措已经常态化进行，仍有不少企业在生产、销售或提供服务的过程中不重视产品质量或服务质量，甚至出现涉嫌生产销售违法违规商品或侵犯知识产权行为，而由此形成的消费者维权、被监管方处罚等负面舆情也不断反噬着企业形象和品牌形象。

1.产品质量问题

近年来，电商直播不仅给消费者带来了购物便利和新体验，也给生产企业创造了销售佳绩，直播平台及头部主播更是赚得盆满钵满。根据中国互联网络信息中心2021年发布的数据，我国直播电商用户规模达3.88亿，其中超过6成的人在直播间买过商品。然而，在电商直播行业迅猛发展的同时，涉及商品虚假宣传、数据造假，以及产品质量和服务质量低劣的乱象屡见不鲜。在消费者投诉和网民曝光之下，负面舆情不断给以生产企业、电商直播平台和主播为主体的行业造成冲击。

2020年11月3日，有消费者发布网络视频质疑"辛巴"直播售卖的燕窝"造假"，随后该视频被大量转发，播放量近2000万次。11月5日和6日，"辛巴"和该款燕窝品牌方广州融昱有限公司也对此事作出回应，称产品不存在质量问题，并将用法律维护正当权益与商誉。11月19日，"职业打假人"王海发出一份质检报告，称涉事燕窝产品就是糖水，再次将舆情推至风口浪尖。直到11月27日，辛选创始人辛有志（辛巴）对已发酵多日的"燕窝事件"发表声明，首度承认产品在直播间推广时存在夸大宣传，燕窝成分每碗不足2克，并表示主动承担责任，召回已售出的商品并退一赔三。据悉，涉及的订单共57820单，销售金额1549万余元，共需先退赔6198万余元。事件并没有因此而落下帷幕，相反，网络媒体仍在关注和预测事件的发展，影响面也逐步扩大。不仅生产企业广州融昱贸易有限公司被处以200万元罚款，作为"辛巴"直播间的开办方广州和翊电子商务有限公司也被处以90万元罚款。此外，与"辛巴"有关联的两家上市公司起步股份和盛迅达的股价也因此有不同程度的下跌。之后，位居快手直播电商"一哥"地位的"辛巴"的账号被封禁，后虽被解封并继续从事电商直播业务，但风光不再。

此次事件发生的根本原因还是对消费者权益保护的重视程度不足。企业生产瑕疵产品、直播销售企业把关不严，最终致使多方利益受损。此次事件已经成为网络关于电商直播行业健康发展、政府加强行政监管、网络购物消费者权益保护等方面讨论的典型案例，可见该事件产生的网络舆情影响之深远。

2.产品合规问题

2020年12月15日，杭州市市场监督管理局发布通告称，哥老官旗下一家店铺销售的1批次牛蛙检出呋喃西林代谢物不合格。呋喃西林是2002年就被禁止使用的一种兽药，一旦通过动物源性食物进入人体，最多可在人体内留存2年之久，长期食用可能会诱发各种疾病，危害身体健康。然而由于具有广谱抗菌功效、获取方便且价格便宜，呋喃西林常被不法养殖者使用。事件一经曝光，网络讨论极为激烈，微博出现与"哥老官涉禁药"相关的话题多达几十个，其中"哥老官兽药"阅读量高达2亿次、"哥老官牛蛙不合格"阅读量达1.3亿次。绝大多数网民表示暂时不会去消费，并等待哥老官的回应。微博"天眼查"更以图文的形式披露，哥老官关联企业曾经在2018年6月和2019年8月分别被检出恩诺沙星不合格，且在食品卫生方面多次接受行政处罚。不少网民也集中"吐槽"在哥老官消费时包括食品卫生问题等方面的不良感受。事件还导致上海、南京、成都等多地市场监督管理部门紧急排查辖区内哥老官门店，随之而来的媒体报道、网络讨论也不断助推着舆情热度，消费者质疑的声音和担忧的心态从杭州一家门店蔓延至全国各地。12月17日，哥老官通过官方微信公众号，对该事件在网络中持续发酵而引起各地监管部门和媒体的关注、给粉丝和网友造成的担忧及对于供应商管理中的疏漏，表示诚挚道歉。同时哥老官方面坚称，其向供应商采购的牛蛙抗生素残留均符合国家标准，成本高于市场上其他牛蛙价格约25%。除了向供应商索取检疫检测合格证明外，该公司还每月在供应商不知情的情况下，对各门店使用的牛蛙进行随机抽检。哥老官诚挚的道歉和详细的情况说明，也许能消除部分网络疑虑，但对这家全国连锁餐饮企业来说，要重新树立品牌形象和消费信心，则任重道远。

合法合规经营是企业的责任，餐饮服务行业经营管理链路较长，原材料采购渠道众多，所生产的食品与消费者身体健康关系极大，所以任何环节的管理疏忽极易产生重大负面影响。此次哥老官事件，消费者抵制、要求彻查及加大处罚力度的呼声远远盖过了企业的道歉，舆论不仅涉及餐饮企业合规经营，也触及水产养殖、环境保护、食品安全等多个领域，网络舆情影响可见一斑。

3.知识产权问题

改革开放之初，我国企业的知识产权保护意识不强，经常遭受国际社会诟病。随着经济体制改革的不断深入，以及与全球经济的逐渐融合，我国加快了知识产权保护制度的建设，并取得了巨大的进步，知识产权保护意识也逐步深入人心。据《人民日报》报道，世界知识产权组织发布的全球创新指数显示,中国知识产权创新能力综合排名从2015年第29位跃升至2021年第12位。在分项指标中,中国在知识传播大类的指标进步明显,知识产权收入在贸易总额中的占比持续增加,表明中国正逐步从知识产权引进大国向知识产权创造大国转变。企业的不断创新就意味着新的知识产权的增加,同时也意味着企业经营效益的增长。然而面对市场竞争的加剧,企业保护自身知识产权和尊重他人知识产权同样重要。否则,将抵消创新带来的效益和已经树立的社会形象。

2022年4月21日,网易旗下手机游戏《时空中的绘旅人》官方微博发文,用嘲讽的语气指责腾讯旗下《王者荣耀》"再次"抄袭其宣传海报。随后,舆情快速发酵,大量游戏玩家加入网络评论,有点赞"绘旅人"的,也有罗列腾讯其他游戏"抄袭"的。微博话题"绘旅人指控《王者荣耀》抄袭"当日阅读量达到2.16亿次,并登上微博热搜榜第一的位置。当天中午,微博"全速网络"回应称,被指控抄袭的栏目公告图是其为《王者荣耀》设计的。"本公司正在紧急调查该设计创作的实际情况,会尽快作出完整说明。"4月22日上午,"全速网络"在微博发表声明称,经核实,其美术设计人员在进行设计创作时,不存在抄袭第三方素材的行为,创作思路和灵感均源于《王者荣耀》已经发布的宣传物料。同时,"全速网络"在声明中列举了设计样稿元素来源和设计修改过程,以表明最终设计成稿不存在抄袭的理由。随后,微博话题"《王者荣耀》供应商否认素材抄袭"再次登上热搜,当日阅读量近1.48亿次。而这一次,网民并未理会《王者荣耀》供应商的解释,更是将矛头直接指向腾讯和《王者荣耀》,各种网络负面情绪喷涌而出。有法律界人士指出,《王者荣耀》并不是第一次被控抄袭,虽然每次都是否认之后不了了之,但网友的眼睛是雪亮的,一次两次也许是巧合,但经常性相似就很难让人不生疑。尽管《王者荣耀》坐拥众多玩家,背靠腾讯大山,但也不能肆无忌惮侵犯别人的权利,希望《王者荣耀》能尊重他人的劳动成果,这样才能获得别人的尊重。

然而作为国内最大的网络内容提供商之一,腾讯也频频受到侵犯知识产权的袭扰。2021年8月21日,抖音官方微博发布说明,回应了腾讯就电视剧《扫黑风暴》在抖音上存在侵权视频而提出的投诉。声明由于腾讯提交了相关独家版权证明，抖音及时下线了超8000个被投诉视频。微博话题"抖音回应腾讯投诉"阅读量达1468.8万次，引发了大量网民对视频平台存在的侵权行为的讨论。而此前发生过一起舆情热度更高的类似事件。2021年5月28日，爱奇艺、优酷、腾讯三家网络视频平台联合发布声明称，《老友记重聚特辑》在三大平台上线发布后仅数小时，B站就出现了大量盗版侵权视频，这种行为不仅"不尊重知识产权、公然盗版、扰乱网络视频行业秩序"，也"严重损害了创作者以及版权方的正当权益"，并表示严厉谴责，呼吁行业和社会共同抵制这种侵权行为。之后B站下架相关侵权视频，搜索"老友记"等相关关键词已无结果。微博话题"B站上线老友记重聚特辑被指侵权"阅读量将近1亿。

如今企业的各种经营活动透过网络实时展现在大众面前，及时发现被第三方侵犯知识产权的行为，并尽快通过法律手段固定证据、提出告诫或诉讼，是企业保护自身权益的正确做法。同时也需要注意己方是否存在侵犯他人知识产权的行为，并及时回应和纠正，这也是企业应有的尊重知识产权的态度。

4.投诉维权问题

2022年4月27日晚，保时捷通过官方微博直播"Taycan Cross Turismo"线上发布会，为这款新车型的上市进行造势宣传。结果由于之前保时捷缺少芯片对车辆减配，并且未提前告知消费者及补偿方案不合理等原因，大批保时捷车主在直播时进行了刷屏式维权，使得保时捷的上市发布会变成了"大型翻车现场"。事件因此登上了次日的微博热搜。微博话题"保时捷新车线上发布会变维权现场"当日阅读量达391.6万次。然而事件的缘起并非只是车辆配置及解决方案的问题，更多的原因是保时捷在此之前对待消费者投诉所持有的轻慢态度。通过舆情监测发现，早在保时捷直播发布会之前的4月25日，微博话题"百万保时捷减配仅赔2300元代金券"的阅读量就已经高达3543.6万次，热度远远超过直播变维权的"闹剧"。正是由于保时捷未能及时回复消费者投诉，也缺乏跟消费者之间的正常协商，态度消极甚至是傲慢，最终使消费者自发联络，通过直播刷屏制造舆情事件，扩大影响，并以此逼迫保时捷作出公开回应。4月30日，保时捷发布公开信对车主表示歉意，承诺成立特别工作组，共同研究所有的可能性，期望尽快找到解决方案。对此不少车主并不认同，他们最不满的还是保时捷的态度问题。据报道，中国已连续7年成为保时捷品牌全球最大的单一市场，而此次网络舆论透出不少保时捷潜在用户表示不会购买上述车型，并对保时捷其他车型也持观望态度。

在投诉维权得不到及时回应以及缺乏正常沟通的情况下，消费者往往会采取一些极端措施，目的就是让事件扩大以得到网络关注，倒逼企业应对。在汽车消费市场，不乏相似事件。2021年4月19日，网络流传一段视频显示，在当天举行的上海国际车展上，一位身穿"刹车失灵"字样T恤的女士站在一辆特斯拉展车车顶，高声呼喊"特斯拉刹车失灵"，随后，该女士被工作人员拖离现场。对于刚开始发酵的舆情，特斯拉当天两度作出公开回应称：不管是消费者还是企业，无论表达什么诉求，在法理上是平等的。处理纠纷，无论是企业还是消费者，都离不开"法理"二字，双方只有合理合法地去沟通和解决，才是真正对消费者和企业都适用的一种公正和公平。同时表示"对不合理诉求不妥协"。急切的回应、堂皇的言语以及坚定的态度并没有化解舆论的风险，反而给网络留下了傲慢和霸道的印象。当天新华社发表评论文章《"车顶维权"成热点，是谁让谁不"体面"？》，第二天《新华每日电讯》发表评论文章《谁给了特斯拉"不妥协"的底气》，都质疑并批评了特斯拉的态度，告诫"如果车企不能提供质量过硬的产品和良好的售后服务，不能保障消费者安全行驶，甚至恶意猜测维权者的动机，可能会砸了自己的招牌"。至此，特斯拉陷入舆论被动地位。

由此事件不难看出，企业在面对消费者维权时，既要做到合法，也要做到合理。应保持畅通的沟通和对话机制，以理性的方法和温和的态度去化解矛盾，面对公开舆论保持客观和坦诚，避免将事态扩大。正如网民所说："如果消费者能顺畅维权，谁会冒险站在车顶维权？"

（三）营销企划风险

是指企业在经营过程中面临的舆论对其营销手段、宣传方法、经营策略等的质疑、批评，形成扩散并对企业形象、品牌形象造成负面影响的舆情风险。

1.营销策略问题

例如，2022年4月网络质疑连花清瘟的药效和营销模式，导致"以岭药业"股票两次跌停。据媒体报道，4月5日开始，国内不断有媒体刊文称"世卫组织认可中医药治疗新冠肺炎疗效"，甚至还有的媒体声称"连花清瘟防治获得可靠依据"。4月6日，作为连花清瘟生产企业的以岭药业股价大幅高开直冲涨停，此后在4月7日至11日三个交易日内以岭药业再涨20%。2022年4月14日，微博网民"王思聪"转发质疑世卫组织推荐连花清瘟的文章，同时建议"证监会严查以岭药业"。4月15日，以岭药业股价从前一日的涨停变成当天的大跌10%。而4月16日至17日连续两天，微博大V"丁香医生"再次发文称连花清瘟不能预防新型冠状病毒感染。针对网络质疑，尽管以岭药业表示该公司从未在任何场合表示"世卫组织推荐连花清瘟"，但是并未对此前突然出现将"世卫组织认可中医药"和连花清瘟效用进行关联文章的情况作出解释，导致不少网民质疑这些文章背后有企业营销嫌疑。4月18日，以岭药业股价再度跌停。

姑且不论部分质疑以岭药业的网络声音本身是否经得起推敲，也不论这些声音背后是否存在利益纠葛和冲突，但就舆情事件本身来说，以岭药业面对舆论并未充分回应网络质疑，反而避重就轻，在获得极大的销售业绩和名声的同时，此种应对办法更容易扩大质疑声音和影响网络情绪向负面发展。其后，微博"王思聪"因此事被禁言却获网民同情，这就已经说明了问题。

2.虚假宣传问题

2021年6月，有网民在社交媒体平台爆料称，农夫山泉发布的新品"拂晓白桃"苏打气泡水，在外包装与宣传物料上都打出了"日本福岛县产"的广告宣传语。而据农夫山泉微信公众号介绍，这款风味苏打气泡水"拂晓白桃"产自日本福岛县，因此网民质疑农夫山泉产品取材自日本福岛。而国家质检总局自2011年日本福岛发生严重核泄漏后，明令禁止从日本福岛县等12个县城采购进口食品、食用农产品及饲料，因此，不少消费者对此款农夫山泉产品的安全产生怀疑。对此，农夫山泉于6月27日通过官方微博回应，表示这款气泡水是风味饮料，配料中没有从日本福岛进口的成分，并且强调该产品的标签标示符合相关法规要求，并无任何错误或误导，同时"要求今日头条等媒体平台和各社交媒体账号立即删除对农夫山泉名誉造成伤害的文章和评论，以避免进一步造成对农夫山泉名誉的传播性伤害"。然而恰恰是这则回应，不仅没有为这次的营销翻车事件熄火，反而将"农夫山泉否认涉日本福岛进口成分"的话题送上了微博热搜。不仅有网友调侃农夫山泉，称"我们不生产水，我们只是福岛核废水的搬运工"，舆论还发出了"拂晓白桃风味确实不能和福岛产的拂晓白桃画上等号，既然没有福岛产的白桃，为何又要宣传呢？"的疑问。显然，农夫山泉对产品原料来自日本福岛的网络疑虑进行了回应，但又将自己推向了涉嫌虚假广告宣传的尴尬境地。

事实上，早在当年4月，元气森林也曾深陷虚假宣传、误导消费的舆论漩涡。4月10日，元气森林在其官方微博发布道歉声明称，"在乳茶产品的产品标示和宣传中，没有说明'0糖'和'0蔗糖'的区别，容易引发误解"。在此三个月之前，知乎上就已有网民对其"0糖"概念进行讨论，其中有专业人士质疑该产品涉嫌虚假宣传，产品主打"0蔗糖·低脂肪"，配料表却显示添加了结晶果糖，其实是利用"0蔗糖"的宣传，让消费者误以为是"0糖"。据央视新闻早前报道，有专家表示，市面上标称"零卡零糖"的饮料，甜味大多来自甜味剂，其热量比高糖分饮料低。"但它也并非完全健康。国际上已发现，摄入甜味剂会对人体的糖耐量及血脂代谢产生一些不良影响。"

《广告法》第二十八条规定，广告以虚假或者引人误解的内容欺骗、误导消费者的，构成虚假广告。广告有下列情形的，为虚假广告：（1）商品的性能、功能、用途、质量、成分、价格等信息，以及与商品或者服务有关的允诺等信息与实际情况不符，对购买行为有实质性影响的；（2）以虚假或者引人误解的内容欺骗、误导消费者的其他情形。《食品安全法》第七十三条规定：食品广告的内容应当真实合法，不得含有虚假内容，不得涉及疾病预防、治疗功能。食品生产经营者对食品广告内容的真实性、合法性负责。

无论是有"水中茅台"之称的巨无霸企业农夫山泉，还是饮品界"新晋网红"的元气森林，给人的印象都是极其擅长营销。但在营销推广过程中，不管是由于无意识地疏漏，还是故意利用认知偏差误导消费者，这种已经涉嫌违法的虚假宣传，对于企业而言，是一种不正当竞争行为，对于消费者而言，则属于消费欺诈行为。2021年4月13日，新华网发布评论称，元气森林该好好反省，否则"文字游戏一时爽，翻车塌房难收场"。

3.企划文宣问题

茶颜悦色是湖南长沙茶悦餐饮管理有限公司旗下的茶饮品牌，近年来成为"网红"奶茶而受到许多年轻消费者的追捧。据悉，其创始人为策划出身，在茶颜悦色的品牌和形象设计方面下足功夫。无论是店铺、商标、包装还是品名，在设计上大量使用中国古典元素。然而在2021年2月19日深夜至2月20日凌晨，短短三个小时之内，茶颜悦色却为其产品创意文案连续两次向社会道歉。原因是2月19日晚间微博网民"厌女文化观察室"发布了一组关于茶颜悦色广告创意的图片，显示茶颜悦色产品上印有类似于"捡篓子""官人我要""撩人从这一套开始吧"等包含不尊重女性、低俗、性暗示等含义的广告文案，质疑茶颜悦色"歧视、侮辱女性""拿低俗当有趣"。对此，茶颜悦色紧急道歉并承认对于创作的边界把握失当，"错误地把抖机灵、打两性关系擦边球当作创意灵感"，并表示"会认真反思这次事件产生背后的原因，从创作尺度、创作管理、产品管理等各个环节去改进我们的工作"。人民网对此评论称，任何试图挑战公众底线、突破幽默边界的手段、套路，不仅添不了彩，反而会起到反作用。

无独有偶，同样是茶饮品牌，益禾堂于2021年7月25日，就其官方媒体转发"侮辱女性"的视频，在其官方微博公开发布致歉信。事件登上微博热搜，当天晚间相关话题阅读量高达1.6亿次。与茶颜悦色案例所不同的是，益禾堂在其新品宣传中配上的问题视频并非自己企业制作，而是转发了一位短视频博主的原创打卡视频，但视频中配有"空姐的品质、吉祥村的价格""这么大一杯够你三四个秘书喝"等低俗文案，被众多网民认为"表达低俗，充满了对女性的侮辱隐喻"。益禾堂承认由于品牌监管不严和审核不力，导致事件的发生，对此深感自责，并立即删除下架了各平台的相关视频，同时进行全网平台速查。

随着短视频、网络直播的兴起，绝大多数企业都建设了自有的媒体矩阵，利用微博、微信及网络视频平台发布各种"打卡""直播""种草""探店"等以提升网络热度为目的的营销内容，使新产品、新创意能便捷快速地传递给消费者。但无论是企业自己创作，抑或是网络转载，所有的宣传文案既然通过品牌官方媒体矩阵对外发布，就代表了企业及品牌的价值观念，就必须承受所带来的舆论后果和对企业形象的影响。因此，企业应从源头上加强风险管控，提前对文宣文案进行专业审核以及风险预判。

尤其值得注意的是，面对近年来社会上女性权益意识的崛起，女性消费者维护社会地位和价值认同的意识的强化，企业必须在营销手法、宣传文案等方面更加注重对女性的尊重，避免在营销过程中出现对女性"物化"、对职业"性化"的行为，避免对女性低俗"调侃"等违背社会公序良俗的行为，以免给企业及品牌形象造成负面舆论环境。

4.营销活动问题

2022年2月27日，一段网络视频显示，小鹏汽车某门店迁址开业时，其址所在的云南昆明某商场内出现了一群道士做法事，被外界质疑是在搞封建迷信活动。对此，小鹏汽车在2月27日作出回应并致歉，称某门店擅自举办了带有封建迷信色彩的活动，其行为与小鹏汽车"天生智能，探索不止"的企业理念背道而驰，有悖公序良俗，已责令该门店立即停业整顿，并从官网下架。未来小鹏汽车将进一步加强对经销商行为的监督管理，以实际行动向社会展示积极进取的品牌形象。事件在网络空间发酵后，不少网民表示此事"毁三观、辣眼睛"，一家标榜科技与进步的公司，在21世纪还搞迷信这一套，拉低了品牌价值。但也有网民表示这是传统文化的一部分，不能算封建迷信。甚至有网民罗列了近几年包括B站、网易等也有类似"玄学行为大赏"，以证明无须小题大做。

随着社会进步和发展，有一些传统的带有迷信色彩的民间活动已经成了民俗活动。另外，宗教信仰自由也是法律所赋予的公民权利。企业在举办庆典、祈福等活动中采用一些含有宗教色彩或民俗成分的元素本无可厚非，但此次小鹏汽车门店活动之所以形成舆情事件，导致企业向社会道歉，乃至对品牌形象产生负面影响，是因为此次企业活动是在公共场所举办，忽略了受众的接受度及公众对此的情感反应，以致遭受部分网民批评，小鹏汽车一直宣传的企业文化也被质疑。因此，企业无论是举办促销仪式、庆典祈福还是开展重大宣传活动，均有必要事先审核活动方案、预测大众反应、做好公关预案，为企业和品牌形象的维护和提升保驾护航。

（四）人事管理风险

由企业内部管理导致的突发事件、人员投诉、员工爆料等现象，引发舆论传播并遭致质疑、批评，甚至可能演变成公共事件的舆情风险。由于此类信息源于内部人员，真假难辨，众说纷纭，不确定性较大，而经由网络传播容易产生各种"谣传"和舆论的反转。

1.企业高管负面

2020年4月，阿里巴巴集团最年轻的合伙人蒋凡因个人家庭问题处理不当，引发严重舆论危机。这场由"张大奕""花花董花花"在网络空间"互生事端"而引爆的舆论焦点，致使微博产生多达上百个相关话题、几十亿阅读量。事件波及范围极为广泛，涉及舆情发酵的各个环节均遭受负面冲击。当事人蒋凡遭阿里巴巴集团除名合伙人，被杭州市人社局中止认定"高层次人才"；由张大奕持股13.5%的如涵控股受事件影响，股价大跌，最高跌幅达10%，市值蒸发约2200万美元；就连原本被网民同情的微博名为"花花董花花"的蒋凡"原配"亦被网民"扒出"自身负面信息。耐人寻味的还有此次事件中作为公共平台的微博被大量网民指责"及时全面"地"删帖""降热搜"，是被"资本"所利用，原因是阿里巴巴集团占有微博30.2%的股份。至于阿里巴巴集团，更是被网民指称利用资本影响力，玩弄网络，操控舆论，实为包庇自己投资的如涵控股和视为马云"接班人"的蒋凡。而事件历经2年时间，依然在网络空间持续发酵。2022年4月，有媒体报道，蒋凡已不再担任浙江淘宝网络有限公司、浙江天猫网络有限公司的法定代表人、董事长兼总经理，不再担任阿里巴巴迅犀（杭州）数字科技有限公司的法定代表人及董事长。当前，蒋凡已无法定代表人职务。几乎同时，网络再曝"蒋凡张大奕结婚"消息。

蒋凡对阿里巴巴集团来说无疑是重要的，就像美团王兴曾经的评价，"接下来几年，看拼多多的黄铮和淘宝天猫的蒋凡这两个非常聪明的人如何较量，应该会很精彩"。而蒋凡的降职，对淘宝天猫来说，不止是一次高层的震荡，对电商市场的"搏杀"来说，很有可能带来变数。但无论如何，在企业形象面前，正如阿里巴巴集团首席人才官童文红所说，"无论是谁，都必须遵守公司商业准则，没有任何例外"。

2.员工管理负面

2021年12月，据媒体报道，阿里巴巴集团已经与自称被"性侵"的女员工周某解除劳动合同，使这桩发生在2021年7月的轰动全国的"阿里女员工遭猥亵"事件再次引起舆论的热议。从事件爆发之初的7月至当年12月，该事件热度之高令人咋舌，微博相关话题达到349个，其中"阿里巴巴女员工被侵害""阿里回应女员工被侵害"两个话题的阅读量均高达十几亿次。围绕着该事件不断涌现的"内幕"、相关关系人千差万别的"说辞"、警方的态度和处罚及阿里巴巴集团对双方当事人的处理，舆情多次反转，舆论场热闹非凡。

时至今日，事件的来龙去脉、是非曲直，几方仍是各执一词。涉嫌"性侵"的两位当事人，一位被批准逮捕，一位被行政拘留。两位当事人的家属却均认为周某存在诬陷行为，被网络透出的警方调查结果似乎也与"受害人"周某指控的内容存在较大差异。2021年12月1日，因此案引咎辞职的阿里巴巴集团原副总裁李永和向法院提起诉讼，诉请法院判令被告周某在全国性网站首页显著位置连续15日书面向原告赔礼道歉，为原告消除影响、恢复名誉，并索赔人民币1元，法院对该起诉讼已依法受理立案。而被告周某的代理律师也已向法院递交答辩状和中止审理申请。

该事件在网络中的持续发酵，不仅引起大众对职场性骚扰的关注，更在蒋凡卷入"出轨丑闻"之后又一次掀起了对阿里巴巴集团"不健康的企业文化"的网络批判。旨在揭露阿里巴巴集团内部扭曲的价值观的微博话题"阿里破冰文化"一度成为热搜榜第一，甚至引来了《人民日报》旗下微信公众号"踏浪青年"的严厉批评，"骑在人民头上的，人民把他摔垮。背弃人民的人，也终将被人民抛弃……当一个巨头触犯社会公义时，不需要另一个巨头与之商战，一个人民就能打倒他"。其提出呼吁和告诫称"当下的阿里，亟需一次大变革，去腐生肌，大破大立，才能洗清高速发展积累的沉疴。不要妄想大而不倒，自然规律告诉我们，一鲸落，万物生。更不要妄想像韩国财阀一样操控一切，这里是中国"。

3.员工伤亡事件

2022年2月以来，网络曝光多起互联网"大厂"员工"猝死"事件，引发媒体对过度加班、996文化进行批判。2月7日，多位网民爆料称，B站武汉AI审核组组长，因过年期间被要求加班，在晚上9点到早上9点的工作强度下，2月5日凌晨脑出血猝死。而公司火速把此事压了下来，现在企业微信上已查无此人。此后因微博平台疑似拦截相关稿件、涉事企业删除加班记录、猝死员工家属质疑和B站回应等，引发网络持续关注。2月23日，微博"时间视频"曝光字节跳动28岁员工在公司猝死。同日，微博"天涯社区"爆料称，软通动力荣耀外包员工猝死，有网友称跟加班相关，而软通动力和荣耀对此迅速封锁了消息，因在家猝死，企业方拒绝了高额赔偿，仅拿出20万作为慰问金。对此，网络媒体和网民都认为加班文化盛行，源自企业对绩效的过度追求，但从社会层面来看，继续任由非正常的加班文化、加班制度蔓延，无论是从短期还是从长远来看，对社会稳定以及对经济的健康可持续发展，都是一种伤害。

（五）信息安全风险

是指由于企业违法采集、使用、贩卖用户个人信息，或由于管理原因导致个人信息泄露等，而产生的用户投诉、监管处罚、舆论批评等网络舆情风险。随着互联网的发展和云计算技术的广泛应用，大数据在企业的产品销售和宣传推广中发挥的作用越发突出，相当多的企业利用各自掌握的数据对用户进行人物画像、喜好分析，以达到精准营销的目的。然而在先进的技术应用给消费者带来了极大的便利的背后，此类数据的价值却催生了对消费者行为喜好及消费习惯的任意采集和过度分析，甚至导致公民个人隐私信息的非法买卖。随之而来的"大数据杀熟""网络欺诈""杀猪盘"等违法违规行为，侵扰着人们日常生活。个人信息保护已成为全社会极为关心和重视的问题。

2021年12月，小鹏汽车销售服务有限公司登上微博热搜，起因是违法采集客户人脸照片被处罚10万元。上海徐汇区市场监督管理局行政处罚决定书显示，上海小鹏汽车销售服务有限公司购买具有人脸识别功能的摄像设备22台，将其安装在其7家门店内，从当年1月至6月，共采集上传人脸照片431623张，以此统计进店人数、结合年龄分析男女比例，并通过软件查看分析结果，用于公司经营。该行为未经消费者同意，也无明示和告知消费者收集、使用的目的，违反消费者权益保护法。对此，小鹏汽车销售服务有限公司方面解释称，此次事件，事出上海区域的门店希望通过客流等数据的收集与分析，改善接待流程，更好地服务于到店客户，但由于对相关法律条款的不熟悉，错误采购并使用了违反了相关法律条款的第三方供应商的产品。但无论如何解释，小鹏汽车销售服务有限公司的行为已经触犯法律。

2021年"3·15"期间，央视就曝光了科勒、宝马等门店通过安装摄像头，并在消费者无感的情况下，违规收集消费者人脸数据的情况。当年7月，最高人民法院发布司法解释，对人脸识别进行明确规定，在宾馆、商场、银行、车站、机场、体育场馆、娱乐场所等经营场所、公共场所违反法律、行政法规的规定使用人脸识别技术进行人脸验证、辨识或者分析，应当认定属于侵害自然人人格权益的行为。2021年11月开始实施的《个人信息保护法》则对个人信息的收集、存储、使用等进行了规定，进一步明确任何组织、个人不得非法收集、使用、加工、传输他人个人信息；处理个人信息应当取得个人同意，处理敏感个人信息应当取得个人的单独同意，还应当向个人告知处理敏感个人信息的必要性以及对个人权益的影响。

尽管国家法律法规不断更新、司法解释不断出台、执法单位加强监管，非法和滥用个人信息的情况仍不断见诸网络。2021年12月7日，《澎湃新闻》连发三篇调查报道，披露婚恋平台世纪佳缘线下门店存在会员个人隐私信息在后台"裸奔"等问题。记者调查发现，门店为上岗人员开通后台权限后，可以查看世纪佳缘注册会员的个人信息，包括用户浏览的异性照片记录和聊天记录。"销售红娘"则会利用这些用户的隐私信息，来掌握用户的择偶偏好，借此实现"精准营销"。此外，即使工作人员在网站内发现"杀猪盘"等网络诈骗的行为，也不会警示或举报，原因是为了避免用户发现世纪佳缘公司侵犯个人隐私的事实。就此律师指出，婚恋平台这一行为，明显超过了平台合理的商用目的，属于"过度收集个人信息"

行为，且未通过"显著方式"向用户履行告知义务，触犯《个人信息保护法》第六条规定。同时，其不合理的收集、存储行为，也极有可能触犯了《数据安全法》和《网络安全法》的相关规定。当天下午，世纪佳缘通过其官方微博发布致歉声明，称实际工作中出现了滥用职权查阅用户信息的严重违规行为，目前公司已经在后台去除此功能，并进行了多项整改。这已经是这家注册用户超1.7亿的婚恋网站再次"犯规"了，2020年7月，工信部通报的58款侵害用户权益行为的App中，世纪佳缘赫然在列，具体原因为私自收集个人信息、私自共享给第三方、强制用户使用定向推送功能。

第二节　网络企业舆情的监测

一、企业舆情监测的概念

企业舆情监测是指专业人员利用智能舆情监测平台或搜索引擎工具对企业经营管理活动过程中暴露出来的问题、现象在互联网的反应进行发现、采集、分析的过程。

监测的范围包括新闻网站、网络互动社区、社交媒体平台、新媒体平台。监测的目的是及时掌握国家颁行的最新法律法规、政府部门出台的最新管理办法措施，以促进企业管理人员理解和贯彻执行，保证企业合规合法经营；同时舆情监测还需要及时发现涉及企业的正面、负面舆论，分析网络空间对舆论的情感反应，为企业有效应对舆情、维护品牌形象、改善经营秩序、优化发展思路提供依据。

二、企业舆情监测的内容

（一）政策法规以及管理措施监测

及时获知并解读国家最新政策法规、政府最新管理办法措施，避免由于掌握和理解不及时、不到位而造成的企业经营管理过程中出现违法违规现象。同时可以根据政策法规和管理措施的变化，及时预判经营风险、调整经营管理办法，从而避免企业负面舆情的产生。

（二）企业正面舆情监测

采集并提取网络空间对企业的积极宣传、正面报道，并通过自有媒体矩阵加以推广传播，以获取更多的网络好感和满意度，提升企业知名度和品牌形象。

（三）企业负面舆情监测

对涉及企业违法违规经营、管理人员过失、商标及设计侵权、产品及服务质量投诉、虚假广告宣传、数据隐私泄露等负面舆情进行监测并告警，使企业及时了解负面舆情的发生发展、舆论热度、扩散范围、网络情感等现状，为应对处置企业舆情提供相关依据。

（四）行业、竞品舆情监测

对企业所在行业整体发展现状、发展环境、行业内企业动态，尤其是竞品企业动态（包括竞品企业负面舆情）进行监测。不仅可以使企业更好地分析行业整体未来发展，也可以使企业据此制定发展战略，更可以使企业以负面案例为参照，优化经营管理，提升应对市场变化的能力。

此外，对竞品企业动态监测还包含其在生产经营中可能出现的商标、知识产权侵权行为，第一时间提取信息并通过法律手段固定证据，以便企业随后进行商标及品牌权利的维护维权。

（五）海外市场舆情监测

对企业投资出海、项目出海、产品出海等对象国家或地区进行基本现状和政策法规的搜集分析，包括这些国家地区的风土人情、消费水平和消费习惯、宗教意识形态、相关政策法规等。为企业预判投资经营风险、制定危机应对策略、降低成本投入和增加营收提供环境风险评估支持。

三、网络企业舆情监测的方法

（一）智能舆情平台的使用

目前普遍采用的舆情监测方法是利用智能舆情平台对互联网信息进行采集分析。无论是哪一款智能舆情平台，都应具备以时间、地点、人物、事件、关键字词进行舆情采集的功能，同时应具备一定的舆情信息源、舆情热度值、周期变化指数等维度的分析功能。企业可以事先在所采用的智能舆情平台客户端做好相应的设置，平台即可24小时不间断采集相关互联网信息，并通过企业设置的包括网页页面、邮件、移动短信、即时通信工具、移动客户端等推送方式进行信息的推送及各维度分析结果的展示。

其优点在于广泛采集、智能推送、便捷分析、快速展示。只要完善各种设置，平台将按照企业要求对全网各个信息渠道进行有针对性的信息采集。舆情信息推送可以按重要性分等级，在接收方需要的时间段内，通过设定的传输渠道，向不同的对象进行智能推送。同时对信息去重、聚类后再进行多维度分析，即时完成并输出相应报表。便于企业及时全面掌握舆情动态和舆论反应。

其缺陷在于采集推送的数据量较大、精准度不够、需要人工介入核查筛选。目前智能舆情平台本身具有的词语词义分析能力还处在逐步提升的阶段，所以采集到的"命中"事先设定条件的舆情信息往往错误率较高、无效信息过多，需要人工进行信息的筛选、采集规则设置的优化。如果面对突发舆情事件，则又需要重新设定采集条件和规则，不仅费时费力，还添加了人力成本。

（二）人工主动舆情监测

即以专业舆情监测人员，利用各个网站、媒体平台自带的搜索引擎，或者是已采用的智能舆情平台进行有特定目的和目标的主动舆情监测。由于专业人员具有对舆情信息的高敏感度、对涉及舆情事件的相关词语词义分析能力的长期训练、对舆情发生发展过程和传播途径渠道的经验积累、对舆情发酵过程中网络情感变化的预判能力，因此他们可以随机制定搜索规则，自主编写关键字词，灵活变换搜索引擎或智能舆情平台，从而达到高效精准的舆情信息采集。同时，专业人员面对主动采集提取的舆情信息，无须再进行去重和去伪，在此基础上对舆情事件的分析，能更明确地揭示舆情背后的原因，更清晰地阐述舆情发展的过程，更准确地判断舆情的走势，更全面地呈现网络情感，最终为企业采用更实际高效的舆情应对策略措施提供充分的信息分析依据。

然而需要说明的是，人工主动舆情监测并非对智能舆情平台的排斥，反而是在充分利用智能舆情平台的基础上，将专业人员的能力进一步放大。两者的有机结合既能使舆情信息的采集更精准，又能使舆情分析的基础信息覆盖面更广；既能快速反映舆情态势，又能使舆情分析更具有效性。

第三节　网络企业舆情的应对

一、舆情应对的基本条件

舆情应对是否有效、能否消解负面舆情给企业带来的危害，关键要做到及时采集舆情信息、精准分析网络情感、全面把握舆论动态，并在此基础上正确实施舆情引导策略，从而使企业抓住舆论处置的主动权和立于主导地位。而这一切需要建立在专业的舆情工作团队建设、快速反应的预警机制及完善高效的应急管理手段的基础上。

许多企业都设有公共关系事务部门，用以处理企业对外公共关系梳理、危机公关应对，但却忽视了企业舆情团队的建设。企业在负面舆情发生发展过程中，不能及时全面地了解舆情现状、动态趋势，给企业合理应对舆情造成了迟滞，使企业因丧失舆情应对主动权和主动地位而身陷舆论旋涡。因此，无论是自行建设舆情工作团队还是对外购买舆情团队服务，都是企业应对舆情需要的基石。

在具备了专业舆情团队的基础上，制定风险预警机制，对企业存在的舆情风险提前预判，降低企业负面舆情的发生率也十分重要。有效的风险预警机制以保障企业日常舆情监测、突发舆情监测、行业舆情案例分析为基础，并结合企业自身特点、行业特性，预判企业可能面临的舆情风险，涉及日常管理、品质控制、服务质量等。同时，风险预警机制对企业重大活动企划、品牌形象宣传、产品促销手法等商业活动进行风险评估，涉及企划文案的合法合规、形象代言的风险调查、促销手法的市场反应等等。某种意义上说，舆情风险预警机制下的前置管理比负面舆情的事中、事后应对处置更为重要。

组建舆情团队是企业舆情应对的基础，搭建风险预警机制是舆情应对的前置手段，那么建设和完善舆情应急管理体系则是舆情应对的重要组成部分。负面舆情可能涉及企业经营管理的方方面面，需要各个职能部门相互协作、共同应对。企业管理部门、技术部门、生产部门、服务部门、品控部门、法务部门，均需要抽调人员力量与舆情团队共同搭建舆情应急管理体系。在日常工作中各守其职，舆情团队向体系内成员提供每日或每周舆情情况简报以供参考。如遇突发舆情，则立即激活应急管理体系，由舆情团队提供实时舆情情况监测、舆情分析研判和舆情处置建议，由体系内成员协调沟通本部门，积极参与舆情应对策略的制定和调整。

二、企业负面舆情的分析要点

企业负面舆情采集的分析结果将直接影响企业是否能快速有效地应对负面舆情、降低或消除负面舆情影响。与一般的社会舆情不同，企业负面舆情往往由"内部人员""知情人员""神秘人员"爆料，不仅具有较强的主观臆断，还常常伴随着水军、黑公关的炒作。所以对负面舆情的判断和分析，不仅要建立在广泛全面的舆情采集基础上，还要注意在信息材料的使用上做到去伪存真。

（一）**舆情信息溯源**

企业面对负面舆情，应当尽可能及时发现和掌握，如果负面舆情已经存在一定范围的传播，则首要的分析要点就是信息的溯源。查找信息最初发布的主体和最先发布的渠道，迅速分析判断该主体的身份和发布舆情信息的动机，并随时关注该主体网络动向，是进一步继续"爆料"，还是撤稿删帖。同时也需要关注较早转发舆情信息的网络账户和渠道，尽可能查找和判断相互之间的关系，为下一步分析判断舆情的真实性和预判传播态势提供素材。

（二）**舆情真实性判断**

与社会舆情发展曝光在大众的审视下不同，企业舆情的发生发展存在着信息的不完整、不对称等特点，逐渐被披露的信息和网络的"推波助澜"往往与利益纠葛相关，信息真假难辨。因此，对负面信息的真实性判断是舆情分析的一个难点。只有根据已掌握的负面信息源以及相关"爆料"的主体资料，迅速对照企业内部情况，摸清舆情事件来龙去脉，同时比照挖掘负面舆情中存在的虚构事件、歪曲事实、夸大危害等要素，才能更好地为企业舆情应对提供有效的帮助。此外，真实性判断还需要落实在对负面舆情传播的监测上，随时关注以原帖转载、关联人持续爆料、事件原因分析、综合报道等形式出现的播散内容中，是否存在"带节奏"的炒作、"灌水"等片面引导舆情的行为，是否存在"水军""黑公关"等关联账号的规模化涌现等情况。以此为依据，剔除已经发现的负面舆情中掺杂的虚假内容，真实反映网络情感，为企业在进一步的舆情应对中揭露反驳虚假、夸大内容提供有力的佐证。

（三）舆情传播态势分析

在对负面舆情持续的监测过程中，实时分析包括舆情传播的主要渠道、舆情的声量、舆情起伏的时间点、网络情感意见的变化等要素，是舆情分析的重点。一方面，企业在对负面舆情进行溯源搜证、真实性判断后，需要及时发布针对性"声明"以避免网络质疑的扩大和网络谣言的传播，而在此期间，实时的舆情态势分析可以让企业根据变化及时调整应对策略。另一方面，企业的各种应对措施也将成为舆情的一部分被传播、被质疑、被讨论，甚至造成舆情的不断反转而推高传播热度。所以，舆情态势的分析需要贯穿于整个舆情发生、发展、消退的过程，在舆情发展不同时段、不同阶段持续为企业应对舆情提供支撑。

三、企业负面舆情应对的基本原则

舆情事件有发生、发展、消退的变化规律，在不同的阶段根据舆情的不断演化，有的放矢地采取不同的应对举措，有利于及时化解舆情给企业带来的影响。

（一）事前防范：做好舆情日常监测，预判可能出现的舆情风险

坚持对舆论环境的实时监测，不限于企业负面舆情，还应包括政府监管政策、行业发展趋势、用户情感搜集、消费市场反馈、竞品最新动态等信息，并在舆情大数据的长期积累上进一步采用专家分析，摸清相关舆情信息的传播规律和脉搏，预测网民意见态度和情感变化，洞察网络黑公关黑水军的行动。只有这样，才能为企业的重要市场商业活动和重大企划宣传提供有价值的预判和方案优化建议。

（二）事中化解：及时主动回应网络质疑，抢占舆情引导先机

商业竞争中，有不少网络舆情案例是由网民及自媒体制造话题、挑起争议，其目的是蹭热度、赚眼球，一旦涉事企业应对不当，反而容易落入对方陷阱。然而，在网络舆情事件出现苗头和端倪之始，一味拖延时间、等待"退热"，或是采用传统的"大事化小"的思维，则容易被对手利用攻击、引导网民跟风热炒，从而导致舆情的反转和热度的攀升。因此，及时正面应对舆论、有效回避主要矛盾、争夺舆论引导先机和主导权至为关键。及时主动回应涉事主体的诉求，有助于为企业化解负面舆情影响争取时间；积极引导舆论，有助于化解网民的跟风从众心理，消弭网络传言的扩散。

例如，前述2022年4月网络质疑连花清瘟药效和营销模式，导致以岭药业股票两次跌停事件中，以岭药业第一次网络回应只是声称"对于网络上的不实言论，我们必要时将通过法律手段维护自身的合法权益"。此种看似十分严厉实则空洞乏味的表态并未在第一时间回应质疑的内容，反而使企业陷于舆论被动。以岭药业在第二次网络回应时声称，从未在任何场合表示世卫组织推荐连花清瘟，却对4月初在网络集中出现的将"世卫组织认可中医药"和连花清瘟关联的文章"只字不提"，此种避重就轻、躲避矛盾的做法，使以岭药业在短短的一周内即处在舆情汹汹的网络环境之中，导致其股票两次"跌停"，市值蒸发近百亿元。

反观前述"阿里女员工遭猥亵"事件，当事人周某于2021年8月7日在网上发文控诉受领导"逼迫"出差、遭客户"猥亵"、被上司"强奸"。而仅仅过了两天，阿里巴巴集团董事会主席兼CEO就在公司内网公布此事

件的阶段性内部调查结果和处理决定，辞退涉嫌"侵害"女员工的当事人，迫使涉事领导辞职，尤其还对阿里巴巴集团首席人力资源官作出记过处分。情真意切的道歉、态度坚决的处罚、深刻自省的反思，通过网络迅速传导至舆论场，成功消解了刚刚开始发酵的涉及阿里巴巴集团的负面舆论，也成功将舆论焦点转移至事件本身，使阿里巴巴集团及时掌握了舆论处置的主动权。

（三）事后修复：公布改进措施，加强正面宣传，优化网络环境

当舆情逐渐消退之时，继续监测和分析舆情起伏变化原因，做好舆论环境风险评估与舆论影响风险评价，及时调整舆情应对策略，主动宣导企业在负面舆情产生之后的改进措施，加强企业正面宣传，最终实现企业舆论环境的优化，为企业挽回原有形象奠定基础。

例如，前述的《江南百景图》事件中，企业在经历两次负面舆论高潮时，虽然在第一时间不断发声，但苍白的辩解和简单的道歉甚至是埋怨式的回应，不仅没有化解网络负面情绪，反而推高了网民的反感、迟滞了舆情消退的速度。直至8月20日，《江南百景图》制作方"椰岛游戏"才发布了一份近千字的道歉声明。然而恰恰是这份"虽迟但到"的道歉，却让人感受到了与之前完全不同的认真和诚恳：不仅有剖析和反思，也有处罚和整改；不仅充分回应了网络批评，也一并处置了其他问题；不仅强调了企业自身的责任担当，也呼吁网络进行监督和帮助。加之同时公布的给与玩家的详细的补偿说明，使网民情感出现明显变化，起到了挽回企业声誉和品牌形象的积极作用。

第七章

刑事保护与合规

第一节 知识产权保护刑事现状

从知识产权保护来看，对知识产权刑事司法保护是知识产权保护中最具有强制力和威慑力的方式。2020年11月30日，习近平总书记在主持中共中央政治局第二十五次集体学习时强调，要提高知识产权保护工作法治化水平，要完善刑事法律和司法解释，加大刑事打击力度。这也意味着，我国知识产权保护已进入了精细化阶段。

根据最高人民法院发布的《中国法院知识产权司法保护状况（2020）》，2020年，地方各级人民法院新收侵犯知识产权刑事一审案件5544件，审结5520件，比2019年分别上升5.76%和8.77%。其中，新收侵犯注册商标类刑事案件5203件（包括假冒注册商标罪2245件，销售假冒注册商标的商品罪2549件；非法制造、销售非法制造的注册商标标识罪409件），同比上升4.44%；侵犯著作权类刑事案件288件，同比上升37.14%。在审结的侵犯知识产权刑事一审案件中，假冒注册商标刑事案件2260件，同比上升5.90%；销售假冒注册商标的商品刑事案件2528件，同比上升10.93%；非法制造、销售非法制造的注册商标标识刑事案件395件，同比下降6.62%；侵犯著作权刑事案件273件，同比上升42.93%；销售侵权复制品刑事案件17件，比2019年增加9件；侵犯商业秘密刑事案件45件，比2019年增加6件。地方各级人民法院新收涉知识产权的刑事二审案件869件，审结854件，同比分别上升7.55%和5.82%。2020年，人民法院审理的具有较大影响的知识产权刑事案件有：李海鹏等9人侵犯著作权罪上诉案，镇江华业汽车用品有限公司等6人销售假冒注册商标的商品罪案，姜建辉等6人侵犯商业秘密罪案等。

知识产权保护是一个品牌的核心，采取刑事司法保护是对品牌知识产权保护最强硬的武器。作为品牌保护的卫士，我们要充分了解知识产权类型的犯罪，在品牌穷尽其他途径无法争取到自身合法权益之时，能够熟练地拿起刑法的武器保护品牌的合法权益。当然，知识产权型企业因其自身的特点，在企业的日常经营过程中因未做好刑事合规等相关防范，也极其容易侵犯其他品牌的商标、商业秘密等知识产权，因此，做好品牌的刑事合规也是企业刑事司法保护的必要条件。

因此，要想从刑事角度保障品牌权益，需从品牌知识产权刑事保护及知识产权刑事合规两个角度出发。不论何种角度，企业都必须熟悉掌握知识产权的各类犯罪，只有熟悉罪名的构成才能在自身品牌被侵权时快速采取刑事手段维权，也只有明晰罪名的构成才能快速识别违规风险点，规避企业自身侵害他人知识产权的行为。作为品牌的刑事保护，本章将从典型案例的分析出发，解析现行刑法规定的各大罪名，为品牌维权提供支持，帮助企业从罪名解析中找出企业风险点，更好地规避风险，做到合规。

第二节　假冒注册商标罪

一、典型案例

丁某某、林某某等人假冒注册商标立案监督案：[①]

玛氏食品（嘉兴）有限公司（以下简称玛氏公司）是注册于浙江省嘉兴市的一家知名食品生产企业，依法取得"德芙"商标专用权，该注册商标的核定使用商品为巧克力等。2018年1月23日，嘉兴市公安局接玛氏公司报案，称有网店销售假冒其公司生产的"德芙"巧克力，该局指定南湖公安分局立案侦查。2018年4月6日，南湖公安分局以涉嫌销售伪劣产品罪提请南湖区人民检察院审查批准逮捕网店经营者张某等人，南湖区人民检察院进行审查后，作出批准逮捕决定。在审查批准逮捕过程中，南湖区人民检察院发现，公安机关只对销售假冒"德芙"巧克力的行为进行立案侦查，而没有继续追查假冒"德芙"巧克力的供货渠道、生产源头，可能存在对制假犯罪应当立案侦查而未立案侦查的情况。后南湖区人民检察院经调查发现，本案中的制假行为涉嫌生产销售伪劣产品、侵犯知识产权等犯罪，最终向公安机关发出《要求说明不立案理由通知书》，最终公安机关立案侦查假冒注册商标罪的行为。

---

①参见嘉兴市南湖区人民法院检例第93号。

二、案例分析

本案中，检察机关审查批准逮捕销售假冒注册商标犯罪嫌疑人时，发现公安机关对制假犯罪未立案侦查，于是积极履行监督职责。同时，对于跨地域实施的关联制假售假案件，[①]检察机关可以建议公安机关并案管辖。[②]

因此，品牌权利人在发现侵权行为人在销售侵害自身商标权的产品时，不仅仅可以向公安机关控告立案侦查售假行为，公安机关还应当依据售假线索去侦查制假犯罪行为。如本案，对于实施了假冒注册商标行为，又销售该假冒注册商标的商品，构成犯罪的，择一重罪论处，以假冒注册商标罪予以追诉，权利人可依据重罪向公安机关控告。

三、罪名解析

（1）主体要件：一般主体，自然人和单位均能成为本罪主体。

（2）客体要件：商标的管理制度和他人的注册商标专用权。（犯罪对象：他人的注册商标）

（3）客观方面：表现为未经注册商标所有人许可，在同一种商品上使用与其注册商标相同的商标，情节严重的行为。

（4）主观方面：故意，即行为人明知某一商标是他人的注册商标。是否"以营利为目的"并不是假冒注册商标罪的构成要件。

构成假冒注册商标罪并不要求假冒的商标与他人注册商标完全一致，假冒商标因各种元素的差别与注册商标总会在某些方面存在细微不同，认定是否"相同"主要考虑一般消费者对其是否容易混淆。

《刑法》第二百一十三条规定，未经注册商标所有人许可，在同一种商品、服务上使用与其注册商标相同的商标，情节严重的，处三年以下有

[①]《最高人民法院、最高人民检察院、公安部、国家安全部、司法部、全国人大常委会法制工作委员会关于实施刑事诉讼法若干问题的规定》第三条、第四条。

[②]《最高人民法院、最高人民检察院、公安部关于办理侵犯知识产权刑事案件适用法律若干问题的意见》第一条。

期徒刑，并处或者单处罚金；情节特别严重的，处三年以上十年以下有期徒刑，并处罚金。具体量刑标准详见表7-1。

表7-1 假冒注册商标罪量刑标准

罪名	情节			数额（元）	刑期
假冒注册商标罪	情节严重	非法经营数额		≥ 50000	三年以下有期徒刑，并处或者单处罚金
		违法所得数额		≥ 30000	
		假冒两种以上注册商标	非法经营数额	≥ 30000	
			违法所得数额	≥ 20000	
		其他情节严重的情形		/	
	情节特别严重	非法经营数额		≥ 250000	三年以上十年以下有期徒刑，并处罚金
		违法所得数额		≥ 150000	
		假冒两种以上注册商标	非法经营数额	≥ 150000	
			违法所得数额	≥ 100000	
		其他情节特别严重的情形		/	

第三节　销售假冒注册商标的商品罪

一、典型案例

景某甲、景某乙、魏某某等销售假冒注册商标的商品案：①

2015年5月至2017年4月，被告人景某甲和刘某丙（另案处理）明知从被告人刘某甲、王某某购买的系假冒雷士牌、三雄·极光牌灯具，仍雇用被告人景某乙、魏某某、黄某某、高某甲通过实体店铺、淘宝网店对外销售，销售金额为5710993.25元。2017年4月26日13时许，公安机关在景某甲租赁的本市郑东新区化庄社区8号楼1单元及邢屯社区8号楼2单元的地下室内共查获大量假冒雷士牌、三雄·极光牌灯具及标识，货值金额达665260.18元。被告人提出有刷单情形却未能提供证据线索及相关材料，故不认可。最终，法院认定被告人明知是假冒注册商标的商品而仍予销售，销售金额数额较大，其行为均已构成销售假冒注册商标的商品罪。

二、案例分析

本案中，被告人销售的假冒商标商品大部分通过网店销售，由于电商平台的不断发展，这也是近年来销售假冒注册商标的商品罪的主要表现形式之一。本案中，在认定犯罪数额时，被告人辩称，涉案网络销售金额中含有刷单数额，但未能提供证据线索。法院的认定规则是，刷单系虚假的

①参见河南省郑州市中级人民法院（2018）豫01刑初6号；李玉萍：《知识产权刑事案件裁判规则》，法律出版社2020年版，第220页。

网络交易行为，并未发生真实的商品买卖，因而在计算侵犯知识产权犯罪的"销售金额""违法所得数额""非法经营数额"时，应当扣除刷单部分的金额。在侵犯知识产权犯罪中，被告人辩称公诉机关指控的犯罪数额中含有"刷单"金额的，应当提供证据线索或者相关材料；被告人未能提供证据线索或者相关材料，或者经司法机关依法查明不存在刷单情形的，对其辩解不予采纳。事实上，在实践中，计算品牌被他人侵权的损失时，侵权行为人总会以刷单为由逃避责任。而事实上侵权人所谓的"刷单"多为雇人在电商平台上真实买卖的行为，一般公安机关难以查证，侵权人也无法提供证据证明刷单，那么，违法金额便无法减少。销售型犯罪的量刑一般由犯罪金额决定，因此，在网络电商业务繁荣的今天，刷单金额的举证对假冒注册商标的商品罪还是有较大影响的。

三、罪名解析

（1）主体要件：一般主体。自然人和单位都可以成为本罪的主体。

（2）客体要件：他人合法的注册商标专用权和国家商标管理秩序。

（3）主观方面：故意，即明知是假冒注册商标的商品而销售的。

（4）客观方面：行为人非法销售明知是假冒注册商标的商品，违法所得数额较大或有其他严重情节的行为。

《刑法》第二百一十四条规定，销售明知是假冒注册商标的商品，违法所得数额较大或者有其他严重情节的，处三年以下有期徒刑，并处或者单处罚金；违法所得数额巨大或者有其他特别严重情节的，处三年以上十年以下有期徒刑，并处罚金。具体量刑标准见表7-2。

表 7-2 销售假冒注册商标的商品罪量刑标准

罪名		情节	数额（元）	刑期
销售假冒注册商标的商品罪		销售金额	≥ 50000	立案追诉
		尚未销售，货值金额	≥ 150000	
		销售金额不满五万元，但已销售金额与尚未销售的货值金额合计在十五万元以上	/	
		假冒注册商标的商品尚未销售，货值金额在十五万元以上	/	未遂
		假冒注册商标的商品部分销售，已销售金额不满五万元，但与尚未销售的假冒注册商标的商品的货值金额合计在十五万元以上的	/	
		假冒注册商标的商品尚未销售，货值金额	≥ 150000 < 250000	三年以下有期徒刑，并处或者单处罚金
	数额较大	销售明知是假冒注册商标的商品	≥ 50000	
	数额巨大		≥ 250000	三年以上十年以下有期徒刑，并处罚金
		假冒注册商标的商品尚未销售，货值金额	≥ 250000	

第四节　非法制造、销售非法制造的注册商标标识罪

一、典型案例

中山市永润塑料五金有限公司、崔某非法制造、销售非法制造的注册商标标识案：[①]

奥迪股份公司是第9626181号的奥迪文字商标和第8567230号、第G979439号、第G879638号的图形商标的持有人。被告单位中山市永润塑料五金有限公司自2013年5月起，在未获得奥迪、audi等注册商标所有人授权的情况下，以中山市永润塑料五金有限公司为据点，组织工人生产、假冒上述注册商标标识的机油瓶，销售得款人民币467823.4元。其构成选择罪名非法制造、销售非法制造的注册商标标识罪，择一重罪定罪处罚。

二、案例分析

本案中，中山市永润塑料五金有限公司未经注册商标所有人许可，擅自制造与注册商标相同的商标，足以对公众产生误导，情节特别严重。

本案中，当事人制造、回收机油瓶，并标上他人注册商标。针对上述事实一般具有四种定罪情形：

（1）机油瓶未独立注册商标，尚未灌装、装载商品。使用机油瓶

---

① 参见广东省中山市中级人民法院（2016）粤20刑终221号。

未经注册商标权人许可，对已经丧失区别机油瓶来源等功能的商标标识（audi、奥迪）进行回收整理，再次赋予其商标标识功能。这在实质上属于非法制造注册商标标识的行为。

（2）机油瓶未独立注册商标，已进行灌装、装载商品。该情形还构成假冒注册商标罪，择一重罪处罚，一般按照假冒注册商标罪定罪处罚。但有时存在非法制造注册商标标识行为已完成，但灌装、装载商品未完成的情形，这时，以非法制造注册商标标识罪的处罚可能更重，最终以非法制造注册商标标识罪定罪处罚。

（3）机油瓶已独立注册商标，尚未灌装、装载商品。一般瓶子、包装物印有两种注册商标：一种是瓶子、包装物独立注册的商标；另一种是拟灌装、装载商品注册的商标。同时也会构成假冒注册商标罪，仍是按照重罪处罚。

（4）机油瓶已独立注册商标，已进行灌装、装载商品。此种情形，意味着行为人既假冒了瓶子、包装物商品商标，又假冒了灌装、装载物商品商标，依照《最高人民法院、最高人民检察院关于办理侵犯知识产权刑事案件具体应用法律若干问题的解释》第一条规定的"假冒两种以上注册商标"的情形定罪处罚。此外，上述行为过程中，行为人掺杂掺假、以假充真、以次充好或者以不合格产品冒充合格产品，情节严重的，还同时构成生产、销售伪劣商品罪，按照处罚较重的罪名定罪处罚。①

三、罪名解析

（1）主体要件：一般主体。自然人和单位均可构成本罪的主体。

（2）客体要件：国家的商标管理制度和注册商标所有人的商标专用权。

（3）主观方面：故意，即行为人明知是他人的注册商标标识。

（4）客观方面：表现为行为人违反商标管理法规，伪造、擅自制造他人注册商标标识或者销售伪造、擅自制造的注册商标标识，属于情节严重的行为。

---

①李玉萍：《知识产权刑事案件裁判规则》，法律出版社2020年版，第72页。

《刑法》第二百一十五条规定，伪造、擅自制造他人注册商标标识或者销售伪造、擅自制造的注册商标标识，情节严重的，处三年以下有期徒刑，并处或者单处罚金；情节特别严重的，处三年以上十年以下有期徒刑，并处罚金。具体定罪量刑标准见表7-3。

表7-3　非法制造、销售非法制造的注册商标标识罪量刑标准

罪名	情节			数额（元）	刑期
非法制造、销售非法制造的注册商标标识罪		尚未销售他人伪造、擅自制造的注册商标标识数量在六万件以上		/	未遂
		尚未销售他人伪造、擅自制造的两种以上注册商标标识数量在三万件以上			
		部分销售他人伪造、擅自制造的注册商标标识，已销售标识数量不满二万件，但与尚未销售标识数量合计在六万件以上			
		部分销售他人伪造、擅自制造的两种以上注册商标标识，已销售标识数量不满一万件，但与尚未销售标识数量合计在三万件以上			
	情节严重	伪造、擅自制造他人卷烟、雪茄烟注册商标标识或者销售伪造、擅自制造的卷烟、雪茄烟注册商标标识			以非法制造、销售非法制造的注册商标标识罪定罪处罚
		伪造、擅自制造或者销售伪造、擅自制造的注册商标标识数量在二万件以上	非法经营数额	≥ 50000	三年以下有期徒刑，并处或者单处罚金
			违法所得数额	≥ 30000	
		伪造、擅自制造或者销售伪造、擅自制造两种以上注册商标标识数量在一万件以上	非法经营数额	≥ 30000	
			违法所得数额	≥ 20000	
	情节特别严重	伪造、擅自制造或者销售伪造、擅自制造的注册商标标识数量在十万件以上	非法经营数额	≥ 250000	三年以上十年以下有期徒刑，并处罚金
			违法所得数额	≥ 150000	
		伪造、擅自制造或者销售伪造、擅自制造两种以上注册商标标识数量在五万件以上	非法经营数额	≥ 150000	
			违法所得数额	≥ 100000	

第五节　假冒专利罪

一、典型案例

熊某假冒专利罪一审刑事判决书：[①]

被告人熊某于2012年7月20日注册成立北京德力视贸易有限公司，后于2013年3月8日以该公司名义在天猫商城注册成立"某旗舰店"并开始销售眼镜，并在未经专利权人某（漳州）光学科技有限公司授权许可下盗用该公司专利申请文件，将专利号"×1"篡改为"×2"，并用于某旗舰店销售的防蓝光眼镜产品的广告宣传页面，误导消费者，最终判以假冒专利罪。

二、案例分析

本案被告人在未经专利权人许可之下擅自使用专利名称及专利申请文件，具有侵害他人权利的主观故意与客观事实。值得注意的是，数额巨大是本案的构罪要件并不是加重条件。要想追究侵犯专利权人的刑事责任，还需根据《关于公安机关管辖的刑事案件立案追诉标准的规定（二）》中的数额要求进行认定，具体定罪量刑标准见表7-4。

[①]参见漳州市龙文区人民法院（2016）闽0603刑初139号。

表 7-4　假冒专利罪量刑标准

罪名	情节			数额（元）	刑期
假冒专利罪	情节严重	假冒他人专利	非法经营数额	≥ 200000	三年以下有期徒刑或者拘役，并处或者单处罚金
			违法所得数额	≥ 100000	
			给专利权人造成直接经济损失	≥ 500000	
		假冒两项以上他人专利	非法经营数额	≥ 100000	
			违法所得数额	≥ 50000	

三、罪名解析

（1）主体要件：一般主体，包括单位和自然人。

（2）客观要件：专利权及国家专利管理部门的管理秩序

（3）主观方面：故意，明知假冒他人专利侵权。

（4）客观方面：根据《知识产权刑事司法解释》，假冒专利权的行为主要有：

①未经许可，在其制造或者销售的产品、产品的包装上标注他人专利号的；

②未经许可，在广告或者其他宣传材料中使用他人的专利号，使人将所涉及的技术误认为是其专利技术的；

③未经许可，在合同中使用他人的专利号，使人将合同涉及的技术误认为是其专利技术的；

④伪造或者变造他人的专利证书、专利文件或者专利申请文件的。

结合专利对象特征，构成本罪还需要满足专利合法有效、行为发生在专利权期限内、未经专利权人许可这三个要件。

《刑法》第二百一十六条规定，假冒他人专利，情节严重的，处三年以下有期徒刑或者拘役，并处或者单处罚金。

第六节　侵害著作权罪

一、典型案例

安徽许某、王某侵犯著作权案：[①]

自2014年5月始，被告人许某租用服务器，使用相关软件，未经著作权人授权，采集复制他人文字作品上传至其个人运营的网站供读者免费阅读以增加读者点击量，并通过收取广告联盟的广告费非法获利。安徽省合肥市公安局高新分局接到报案后，于2017年12月7日对许某、王某以涉嫌侵害著作权罪立案侦查，并于2018年1月12日对许某刑事拘留。经检察官做工作，被告人家属向被害单位赔偿120万元，弥补了被害人损失，取得了被害人谅解，后被以侵犯著作权罪判处有期徒刑。

二、案例分析

本案中，被告人利用互联网实施犯罪，作案时间长，在时间跨度上看，证据的固定十分困难，但是又是由于互联网的特性，数据存储与追踪也有了先天的便利性。在实践中，如果出现品牌被他人在网络上侵权，我们应当在发现的第一时间保全所有证据，采取证据固定措施，以便日后维权。

---

①参见最高检发布2019年度检察机关保护知识产权典型案例之十三。

三、罪名解析

（1）主体要件：本罪的主体为一般主体，自然人和单位均能成为本罪主体。

（2）客体要件：侵犯的客体是国家的著作权管理制度以及他人的著作权和与著作权有关的权利。

（3）客观方面：行为人在客观上实施了侵犯他人著作权和与著作权有关的权利，情节严重的行为。

（4）主观方面：本罪在主观方面表现为故意，即行为人在主观上是故意的，并且以营利为目的（不包括教学科研单位未经权利人许可少量复制他人作品供教学、科研之用；图书馆、档案馆、纪念馆等为了陈列或保存版本的需要，复制本馆收藏的作品；为个人学习、研究或者欣赏，使用他人已经发表的作品等）。

《刑法》第二百一十七条规定，以营利为目的，有下列侵犯著作权或者与著作权有关的权利的情形之一，违法所得数额较大或者有其他严重情节的，处三年以下有期徒刑，并处或者单处罚金；违法所得数额巨大或者有其他特别严重情节的，处三年以上十年以下有期徒刑，并处罚金。具体定罪量刑标准见表7-5。

表 7-5　侵害著作权罪量刑标准

罪名	情节		数额（元）	刑期
侵犯著作权罪	违法所得数额较大	未经著作权人许可，复制发行其文字作品、音乐、电影、电视、录像作品、计算机软件及其他作品	≥ 30000	三年以下有期徒刑，并处或者单处罚金
		出版他人享有专有出版权的图书		
		未经录音录像制作者许可，复制发行其制作的录音录像		
		制作、出售假冒他人署名的美术作品		
	有其他严重情节	非法经营数额	≥ 50000	
		未经著作权人许可，复制发行其文字作品、音乐、电影、电视、录像作品、计算机软件及其他作品，复制品数量合计在五百张（份）以上	/	

续　表

罪名	情节		数额（元）	刑期
侵犯著作权罪	违法所得数额巨大	未经著作权人许可，复制发行其文字作品、音乐、电影、电视、录像作品、计算机软件及其他作品	≥ 150000	三年以上十年以下有期徒刑，并处罚金
		出版他人享有专有出版权的图书		
		未经录音录像制作者许可，复制发行其制作的录音录像		
		制作、出售假冒他人署名的美术作品		
	有其他特别严重情节	非法经营数额	≥ 250000	
		未经著作权人许可，复制发行其文字作品、音乐、电影、电视、录像作品、计算机软件及其他作品，复制品数量合计在二千五百张（份）以上的	/	

第七节　刑事保护及合规路径规划

一、刑事保护路径规划

除上述解析的典型罪名，知识产权类犯罪还包括销售侵权复制品罪、侵犯商业秘密等。2019年11月，中共中央办公厅、国务院办公厅出台了《关于强化知识产权保护的意见》，该《意见》进一步明确"加强刑事司法保护，推进刑事法律和司法解释的修订完善。加大刑事打击力度，研究降低侵犯知识产权犯罪入罪标准，提高量刑处罚力度，修改罪状表述，推动解决涉案侵权物品处置等问题"。因此，对于知识产权型企业来说，这无疑是重大利好。

对本品牌的知识产权，各企业应当利用好刑事保护这一武器，具体包括：

（1）充分理解熟悉知识产权类犯罪的各大构成；

（2）保证自身知识产权合法无瑕疵；

（3）安排专业团队对侵权行为进行监测（对外部环境的监测及合作伙伴的监测）；

（4）管理上布好预警措施，并且能够在发现被侵权的第一时间固定好证据；

（5）及时向有关部门举报控告，配合调查。

二、刑事合规路径规划

合规的基本内涵实际上是一种刑事犯罪风险的内部防控机制，表现为：（1）以刑事法律为标准，避免承担刑事法律责任；（2）通过刑事合规，增强刑事风险的防范能力，达到预防犯罪的效果。

知识产权类企业在经营中也更容易与同行业产生侵权纠纷，甚至上升至刑事犯罪，且知识产权类犯罪主体多为一般主体（包括自然人和企业）。因此，在企业行业内要做到刑事合规，笔者建议可从以下几个方面入手：

（1）要有尽职（背景）调查。首先，在行业层面要做好背景调查，要对本行业甚至可能触及的行业进行充分调查了解，避免自身对他人的侵权。其次，合作伙伴及核心员工也需要做充足的背景调查，避免对他人权利的侵犯。

（2）要设立合规部门，熟悉知识产权类刑事犯罪及公司日常经验责任，监测实时风险点，及时规避风险。

（3）定期对公司员工进行知识产权刑事犯罪合规培训。

（4）采取必要的措施来应对因未及时监测风险点而出现的犯罪行为，并不断预防、完善合规计划。

近几年，国家对于知识产权犯罪的司法保护日渐加强，对于法律规定中落后与时代科技发展的条文也与时俱进不断调整，呈现出犯罪行为范围扩大、刑事打击力度加强、入罪标准降低等特征。因此，知识产权型企业要想以刑事手段保护自身权益，势必要重视刑事相关立法的更迭，选择专业的人员对此负责，实际上达到刑事保护与合规的效果，这样企业方能长远稳步发展。

参考文献

[1]姚作为. 论品牌保护[J]. 南方经济，2002（08）：62-65.

[2]杨如意. 品牌的法律保护问题研究[D]. 上海：华东政法大学，2007.

[3]侯天航. 中国企业如何做好品牌保护[D]. 长春：吉林大学，2007.

[4]曹新明. 商标侵权理论之多维度思辨——以"今日头条"诉"今日油条"案为例[J]. 政法论丛，2022（01）：19-29.

[5]李萍. 财务穿透式核查与风险应对——以软件与信息服务企业为例[J]. 财务与会计2018（17）：22-23.

[6]卞传山. 合规视角下的合同管理[J]. 法人，2019（08）：92-94.

[7]陈兰华. 如何做好企业财务内部控制中的合同管理[J]. 纳税，2020（22）：121-122.

[8]肖睿. 品牌保护成潜力股[N]. 中国新闻出版广电报，2021-12-08（007）.

[9]张静雯. 电子商务交易商品品牌保护的研究[J]. 老字号品牌营销，2021（06）：15-16.

[10]肖升. 品牌建设与保护中知识产权制度的应用探微[J]. 法制与社会，2021（12）：19-20.

[11]苟明. 涉及品牌保护的市场监管法律法规[J]. 中国质量监管，2020（05）：35.

[12]仇中强. 加强品牌保护 促进社会共治[J]. 中国市场监管研究，2019（09）：35-36.

[13]马君. 加强商标品牌保护 共建创新发展之路——2019中国商标年会综述[J]. 中华商标，2019（07）：10-15.

[14]马佳. 民族品牌保护振兴需要多管齐下[N]. 中国黄金报，2019-03-12（003）.

[15]吴怡. 加强商标保护 打击攀附商誉、"搭便车"[N]. 云南法制报，2022-04-22（001）.

[16]徐子淋. 商标保护模式下商标新增商誉的保护[J]. 中华商标，2022（02）：58-63.

[17]李明德. 两大法系背景下的商标保护制度[J]. 知识产权，2021（08）：3-20.

[18]韩乔亚. 驰名商标保护中"误导"与"混淆"的认定标准及其跨类保护范围的界定——兼评腾讯科技（深圳）有限公司、腾讯科技（北京）有限公司与深圳市微信食品股份有限公司等侵害商标权及不正当竞争案[J]. 中华商标，2021（07）：34-38.

后 记

Postscript

　　《企业品牌保护》一书自2022年起始至年底，历时一年终成书稿并顺利出版。该书的出版正处新冠疫情反复、国家防疫政策实时而变之时，而侵犯品牌知识产权、制假售假的行为却在疫情期间于各行业均处于低迷之际，依托于线上受众更广、造假成本更低之优势，发展迅猛，为假货的流通开辟了新的渠道。当假货横行、以次充好逐渐变成市场主流，原有品牌市场份额被挤占，销售数额逐年下降的时候，品牌方才惊觉品牌保护管理制度的缺失让他们损失惨重。

　　基于此，我们编写创作了本书，相信该书对于拥有自身品牌的企业、中介机构及品牌保护行业相关的从业人员均具有极高的实务操作指引价值。本书在编辑、出版过程中得到了专业品牌保护机构、相关企业和个人等多方面的帮助和支持，在此表示衷心的感谢！本书凝集了浙江金道律师事务所律师及杭州、上海、北京、广州、江苏、山东、兰州律师同行的智慧结晶，在此亦感谢各位律师的辛勤付出！

　　因本书篇幅所限，所列之章节未能涵盖企业品牌保护之全部内容，不足之处欢迎各位读者多提宝贵意见。衷心希望我们所编之书在企业品牌规范化经营、法律风险防范方面能起到良好的借鉴作用。

浙江金道律师事务所律师　史源　张国华

2022年12月6日于杭州